学科教育学研究丛书

丛书主编◎季　苹　顿继安

U0646252

多维目标单元教学

设计与实施

初中篇

顿继安◎主　编

方美玲　李宝荣　卢　杨◎副主编

北京师范大学出版集团
BEIJING NORMAL UNIVERSITY PUBLISHING GROUP
北京师范大学出版社

图书在版编目（CIP）数据

多维目标单元教学：设计与实施．初中篇/季苹，顿继安主编．—北京：北京师范大学出版社，2020.8
ISBN 978-7-303-25643-3

Ⅰ.①多… Ⅱ.①季… ②顿… Ⅲ.①课堂教学－教学研究－初中 Ⅳ.①G632.421

中国版本图书馆 CIP 数据核字（2020）第 003829 号

营 销 中 心 电 话 010-58802135 58802786
北师大出版社教师教育分社微信公众号 京师教师教育

DUOWEI MUBIAO DANYUAN JIAOXUE SHEJI YU SHISHI

出版发行：北京师范大学出版社 www.bnup.com
　　　　　北京市西城区新街口外大街 12-3 号
　　　　　邮政编码：100088
印　　刷：天津旭非印刷有限公司
经　　销：全国新华书店
开　　本：787 mm×1092 mm 1/16
印　　张：16.25
字　　数：265 千字
版　　次：2020 年 8 月第 1 版
印　　次：2020 年 8 月第 1 次印刷
定　　价：49.00 元

策划编辑：郭　翔　　　　　　　　责任编辑：马力敏
美术编辑：李向昕　　　　　　　　装帧设计：李向昕
责任校对：康　悦　　　　　　　　责任印制：马　洁

本书编委会

目录

CONTENTS

导　言 ··· 1

第一篇　知识分析与目标单元教学 ································· 4

篇导读 ··· 4

1.1　初中历史"改革"单元的教学设计与实施 ················· 8

1.2　初中地理"人口"单元的教学设计与实施 ················· 28

1.3　初中化学"金属及酸碱盐的性质与反应"单元的教学设计与
实施 ·· 40

1.4　初中物理"光"单元的教学设计与实施 ··················· 52

1.5　初中语文"叙事文阅读"单元的教学设计与实施 ········· 72

第二篇　学生研究与目标单元教学 ································· 85

篇导读 ··· 85

2.1　初中英语"阅读能力培养"单元的教学设计与实施 ········· 87

2.2　初中数学"平行四边形"单元的教学设计与实施 ········· 100

2.3　初中道德与法治"生命"单元的教学设计与实施 ········· 115

2.4　初中体育"前掷实心球"单元的教学设计与实施 ········· 129

第三篇　教学策略篇 ··· 148

篇导读 ··· 148

3.1　初中地理"气候"单元的教学设计与实施 ················· 151

3.2　初中物理"科学论证思维发展"单元的教学设计与实施
··· 167

    3.3　初中英语"学习反思能力发展"单元的教学设计与实施 … 183

    3.4　初中数学"二次函数"单元的教学设计与实施 ………… 195

    3.5　初中语文"叙事文读写"单元的教学设计与实施 ………… 208

    3.6　初中化学"实验研究物质的组成"单元的教学设计与实施

    ………………………………………………………………… 220

    3.7　初中体育"身体素质"专项强化单元的教学设计与实施

    ………………………………………………………………… 232

后　记………………………………………………………………… 252

导　言

单元教学设计是当今学科教育研究的热点问题。研究者们认为，以课时为单位的教学设计导致知识碎片化、教学过程中难以给学生留下足够的思考与交流空间，这也是三维目标不能落实的一个重要原因，需要借助单元教学设计来解决这一问题。随着中国学生发展核心素养的落地，单元设计更被认为是撬动课堂转型的一个支点，而基于学科核心素养的教学，亦要求教师从一节一节的教学中跳出来，以单元作为教学设计的基本单位。

什么是"单元"？在《现代汉语词典》(第7版)中，对"单元"解释是："整体中自成段落、系统，自为一组的单位(多用于教材、房屋等)"，但"自为一组的单位"由于具有相对性而导致不同理解的产生。比如，语文中，每篇课文当然都有其自己的独立性，而当前语文教科书中的单元则是由若干篇具有某种共同性的文章构成的，而共同性的标准并不统一，有的指向文章内容，如民俗，也有的指向文章文体，如说明文，还有的则指向时代的用语特点，如文言文、现代文等。数学中，有人将"一元一次方程""二元一次方程组""分式方程""二元一次方程"作为各自独立的教学单元，也有人将这些具体的方程内容都作为"方程"单元，强调这些形式不同的方程背后共同的数学模型思想，将新的、复杂的方程转化为已知的、简单的方程求解的转化思想。

既然对"单元"的理解和认识不同，因此，提倡"单元教学设计"并不能够解决研究者希望解决的问题。实际上，作为课程与教学实践中不可能绕过的重要一环，单元设计也并非新事物，单元设计与课时设计之间也绝非矛盾的关系。实际上，在教科书的编写过程中，首先需要将课程标准中规定的内容按照其内在联系进行整体安排，以对学科知识的整体把握和系统分析为基础进行从章到节的设计，这实质上就是在进行从大单元(主题或章)到小单元(节)的设计，而不同教科书间的显著区别之一就是所设计的单元结构不同。但是无论什么样的单元结构，编写者都需要处理一个关键问题，就是学科课程的整体性与学生学习的循序渐进性带来的矛盾，再考虑到当前学校教学以"课"作为时间单位进行组织的现实，最终还要将每节的内容划分为若干个课时，而这一过程显然是几乎所有的单元教学设计都必须经历的。

那么，我们到底需要什么样的"单元"？通过对实践的观察，我们发现，影响教学决策的根本在于教师对教学内容所承载的教育价值的认识，这种认识表现为不同的教师以同一内容为载体将实现不同的目标。例如，在历史学科中，有的教师只讲王安石变法的背景、内容、结果与意义，有的教师则将王安石变法与商鞅变法、戊戌变法、当代中国的改革开放等联系起来，帮助学生掌握运用时空观念、史料实证等理解、解释"改革"这一历史现象，认识到改革是促进社会进步的最佳方式、改革是曲折的、改革家有力促进了人类历史的发展进程。在地理学科中，对"北京气候"这一内容的教学，有的教师教的只是北京气候的特点，而有的教师则引领学生根据北京的自然地理环境的其他要素分析北京气候的应然特点与实然特点，这样，北京气候的学习就成为学生形成区域认知能力的载体，这也将统领其他地区的气候的学习，使分布在不同部分的教学内容得以整合。

因此，真正有意义的单元是目标单元，目标单元教学设计就是以目标来统领，重组教学内容，组织教学活动，将某个目标的实现所需要的内容载体、组织过程、时程等作为教学设计的基本单位。目标有多种，今日的课程改革在学生的知识习得、方法掌握、态度形成等多个方面提出了要求，以这些为基础，还提出了自我发展、社会参与等综合性能力的要求，这里说的"目标单元"中的目标指的是某一维度上的具体目标。如叙事文读写能力发展目标单元、英语学习反思能力发展目标单元、科学论证思维发展目标单元、区域认知能力发展目标单元等。本书探讨的多维目标单元包括两个方面的问题：第一，不同维度的目标的实现都需要内容载体，各个维度的目标如何以内容为载体，进行系统设计，有效落实；第二，在任何一个内容载体的教学中，都要考虑多个维度的目标的实现，如何在教学设计中，除具体内容（知识与技能）目标外，挖掘内容自身的特点，关注更深远目标的确定与实现。

不同目标的实现需要的时长不同、路径不同，承载目标的内容的多少、连续性也不同，目标实现表现的显、隐程度不同，每一维度的目标与其他目标存在着内在关系和结构……通过多年研究，本课题组形成了关于多维目标单元教学的一些理论认识，具体内容见季苹等著的《多维目标单元：孕育有结构的能力》一书。本书聚焦的是多维目标单元教学的实践，通过 9 个学科的 16 个案例，探讨目标单元教学实践中的三个问题：以知识分析为基础的目标单元的确定问题、目标单元教学中的学生研究问题、目标单元教学设计与实施策略问题。

第一，以知识分析为基础的目标单元的确定。当前教材中的单元主要是知识单元，如物理中的"光"、数学中的"有理数"、化学中的"酸"、语文中的"文体"、道德与法治中的"道德规范"等都属于知识单元。获得基础知识、形成基本技能是基础教育阶段最重要的目标之一，其他维度目标的实现也主要借助于知识的学习过程。本部分的重点在于呈现如何通过知识分析确定目标单元，包括确定具体知识维度以外的重点目标，以及对教材内容进行重组。

第二，目标单元教学中的学生研究。对学生的研究既可能影响目标，也可能影响目标实现的路径，因此，需要科学的方法对学生进行研究。本部分在请读者关注研究学生的方法的同时，还注意到了知识分析与学生研究之间存在着内在联系，对这种内在联系的关注也将影响学生研究的有效性。

第三，目标单元教学设计与实施策略。任何教育思想、理念和目标都需要借助具体的程序、手段来实现，目标单元教学既有常规教学需要关注的问题，如教学模式问题、工具的应用问题，也有目标单元教学设计与实施中的特有问题，如需要较长时间实现的目标如何通过进阶设计，结合不同的内容载体实现。

尽管本书中的案例按照如上三个问题分为三个部分，但每个案例都报告了某个目标单元的确定、设计、实施等的完整过程，每个案例都具有独立性。每个案例特别要突出的主题，在案例导读、案例评析部分都做了说明，以利于跨学科的读者能够更好获益。

参考文献

[1]季苹.如何落实三维目标？（一）——对"教学"单元的再理解[J].基础教育课程，2005(8).

[2]钟启泉.单元设计：撬动课堂转型的一个支点[J].教育发展研究，2015(24).

[3]王尚志.如何在数学教育中提升学生的数学核心素养[J].中国教师，2016(9).

第一篇　知识分析与目标单元教学

【篇导读】

　　所谓知识分析，其本质是对教学内容的教育价值的分析，对于某一个学科和学段而言，课程标准规定了必须学习的教学内容，然而，不同的教师会赋予其差异巨大的价值，因此对知识的教育价值的认识是做好教学最重要的基础，也是确定单元教学目标、重组单元内容、设计单元教学活动的基础。

　　本篇所介绍的知识分析包括以下三种主要类型，知识分析所需要的理论框架也有所不同。

　　第一，知识分析中的"知识"是指具体学科内容，是对任何一个具体知识点的分析，挖掘每个知识点的教育价值。每个知识点都包含四个层面的知识：事实性知识、概念性知识、方法性知识、价值性知识。例如，本篇1.1中，历史学科中的商鞅变法，首先是一个历史史实，是事实性知识；商鞅变法又是历史上诸多具体的改革事件之一，每个改革事件又是认识和提炼历史学科核心概念——改革的基础；而对这一事件的分析，又使其具有了方法性知识的意义——改革要素分析法。上述三个层面知识的学习，又将改革及改革家对人类发展的价值展示出来。这四个层面的知识层层递进地增进着学生的能动性和迁移力，长期积累，逐渐形成和完善学生的知识结构。再比如，本篇1.4中，通过生活中的光传播现象（事实性知识），了解并获取光传播的相关概念和规律（概念性知识），会识别相关现象，理解原理，并能应用所学去分析、解释新的光传播现象（方法性知识），并利用光的传播规律创造性地解决实际问题（价值性知识）。

　　第二，知识分析中的"知识"是指对具体知识背后的知识分析。它包括关于概念背后的概念（如学科核心概念、学科基本概念）分析，关于方法背后的方法（如具体的事实层面的程序和操作方法，学科方法包括思维方法、研究方法和学习方法，综合解决问题所需的科学思维，面对人生态度所需的幸福思维)分析，关于价值背后的价值(分属问题解决和自我发展序列)分析。例如，本篇 1.2 中，对地理学科概念的"人口"的分析，需要以地理学科核心概念"地理环境"为统摄、以地理学科基本观念"人地协调观"为视角。本篇 1.3 中，常见的金属、酸、碱、盐等具体物质有不同的性质、不同的用途，但是这些不同的背后具有超越具体的共同性，那就是要从物质类别的角度分别把握其化学性质及其相互间反应的规律，从而使具体知识成为深化学生认识，发展学生化学思维的载体。本篇 1.5 中，"文体多样的叙事性作品"则被"叙事结构"统摄，"叙事弧线"这一数学图形赫然在语文学科中登场，成为掌握阅读叙事文的抓手。

第三，知识分析中的"知识"是指对知识学习过程的分析。它包括对一个具体的知识点学习过程的分析，如本篇 1.1 中历史学习所经历的从感知、理解史实(事实性知识)到形成概念(包括史实概念、学科核心概念、学科基本概念)，再到认识阶段特征发展趋势(方法性知识、价值性知识)的完整过程，而本篇 1.2 则着重分析了地理学科中某个知识的纵深发展过程，这也是对学生学习的螺旋上升过程的分析。

上述三种类型的知识分析，往往交织在一起。经过知识分析发现的概念、方法及情感、态度与价值观，构成目标单元中的目标，具有多维性，而经过单元教学方案的设计与实施，则可以更好地"落实立德树人的根本任务"，既有利于学生的全面发展，也会让教师感受到教的乐趣、专业成长的获得感。

下表对本篇各案例的基本情况做了整理，以利于读者更好地理解知识分析的思路、方法与作用(表 1-0-1)。

表 1-0-1 本篇各案例知识分析过程特点一览表

学科	对象	过程(类型)	结果
历史	具体"改革"史实	1. 具体改革史实知识点的四个层面知识的分析 2. 具体知识改革史实背后的改革历史现象(学科核心概念)、改革要素维度及其内容、改革及改革家价值分析 3. 对具体改革史实学习完整过程的分析；对改革历史现象学习螺旋上升过程的分析	"改革"历史现象单元长期目标的进阶化设计

学科	对象	过程（类型）	结果
地理	"人口"单元内容	1. 具体"人口"知识点的四个层面知识的分析 2. 具体"人口"知识背后的学科核心概念（地理环境）、人地关系、学科观念（人地协调观）的分析 3. 对具体人口案例学习完整过程的分析；对"人口"单元学习螺旋上升过程的分析	"人口"单元长期目标的进阶化设计
化学	金属、酸、碱、盐等物质	1. 确定金属、酸、碱、盐等内容的大概念 2. 对物质类别背后的物质性质与反应规律的分析 3. 对具体物质（从个别到一般）完整学习过程的分析：从某物质类别的个别到一般、一般到个别，再到不同物质类别的转化关系的掌握的单元学习螺旋上升过程的分析	基于物质类别认识物质性质与反应规律目标单元设计
物理	"光"单元内容	1. 对"光"知识单元的层级式知识结构分析 2. 对"光"知识单元背后的学科核心概念（光的直线传播、光的反射、光的折射）的分析 3. 对"光"学习完整过程的分析	"光"单元长期目标的进阶化设计
语文	叙事性作品文体	1. 对叙事性作品文体分类、结构化分析 2. 对叙事性作品文体背后的叙事结构、叙事弧线进行分析 3. 对具体的叙事性作品进行解析文本完整过程的分析	依据叙事结构理论整合叙事文的教学单元设计

另外，从知识分析的一般方法的角度，对本篇各案例所体现的特点进行整理，以便读者能够超越具体学科领会知识分析的方法，获得更多的启发和借鉴（表 1-0-2）。

表 1-0-2　本篇各案例知识分析特点一览表

学科	目标单元主题	内容载体	知识分析的方法
历史	形成历史学科核心概念"改革"，并将转化为认识历史规律的思想方法	初中历史各部分的"改革"内容	对具体知识点进行四个层面的分析，并转化为教学活动
地理	应用地理学科核心概念"地理环境"解释地理现象，形成人地协调观	初中地理"人口"相关内容	以学科核心概念统领具体知识，并将其作为重组具体内容的依据

续表

学科	目标单元主题	内容载体	知识分析的方法
化学	以学科大概念"物质的组成结构决定物质性质"为统摄，基于物质类别认识物质性质与反应规律	初中化学金属、酸、碱、盐等内容	学科核心概念的提炼，以及统领具体学习内容的作用
物理	物理研究基本思路"发现现象—设计实验—总结规律—应用规律"的形成	初中物理"光"的所有内容，包括光的直线传播、光的折射、光的反射、凸透镜与凹透镜原理	层级式知识结构的提炼，以及其在知识重组中的作用
语文	应用学科基本概念"叙事结构"分析叙事文，提高叙事文读写能力	初中各类叙事文的阅读与写作	寻找具体内容背后的基本概念，让表面不同的内容的一致性显现

1.1 初中历史"改革"单元的教学设计与实施

【案例导读】改革是人类产生发展进程中的重要历史现象，也是历史学科的核心概念。如何通过三年的历史学习，让学生通过学习"商鞅变法""改革开放"等一个个重要的历史事件，认识改革这一历史现象？教师通过怎样的单元设计，能够帮助学生逐步形成自主完整，进行感知—理解—形成概念(学科核心概念)—认识阶段特征发展趋势学习过程的习惯？从而"实现基于历史核心素养的教学"？本案例在这方面进行了探索。

改革是人类产生发展进程中的重要历史现象，是初高中历史学习的重要内容，贯穿于中国古代史、中国近代史、中国现代史、世界古代史、世界近代史和现代史之中。《义务教育历史课程标准(2011 年版)》的"情感·态度·价值观"课程目标明确规定：通过义务教育阶段历史课程的教学，学生能够"理解历史上的革命与改革在不同程度上促进了社会的进步"[①]。习近平主席在庆祝改革开放 40 周年大会上的讲话中如此论述中国历史上改革的作用："中国人民具有伟大梦想精神，中华民族充满变革和开放精神……自古以来，中国大地上发生了无数变法变革图强运动，留下了'治世不一道，便国不法古'等豪迈宣言。……正是这种'天行健，君子以自强不息''地势坤，君子以厚德载物'的变革和开放精神，使中华文明成为人类历史上唯一一个绵延 5000 多年至今未曾中断的灿烂文明。"[②]

如何通过一个个重要的历史事件学习让学生认识改革这一历史现象：其共性(要素)有哪些？其不同(与阶段特征的关系)又有哪些？改革

[①] 中华人民共和国教育部：《义务教育历史课程标准(2011 年版)》，7 页，北京，北京师范大学出版社，2012。

[②] 习近平：在庆祝改革开放 40 周年大会上的讲话，http://www.xinhuanet.com/2018-12/18/c_1123872025.htm，2019-10-11。

成败的相同相异表现？进而定义什么是改革？区分改革与革命的异同？进而认识改革的价值？成为教师"实现基于历史核心素养的教学"[①]亟待破解的重大难题。

实践证明，教师进行历史现象"改革"单元教学是破解上述难题，实现初中历史课程目标的有效路径和方法。

一、"改革"单元教学价值分析：从知识到素养

历史现象"改革"单元教学中的"单元"，是指教学过程的基本单位，是为了探究"改革"这一主题的相对完整而整体设计的不连续知识单元。

实施整体设计的历史现象"改革"单元，是将学生的历史学习进行知识重组，建构培育历史学科核心素养的历史学科层级知识结构的过程，是时代学科育人、课标教学落实、学生持续发展的内在要求。

(一)时代赋予学科育人的使命

当今世界正在发生广泛而深刻的变化，当代中国正在发生广泛而深刻的变革。全面建设小康社会，加快推进社会主义现代化是时代赋予中国人民的崇高使命。培育具有社会主义核心价值观的公民，是时代发展和社会前进的需求，也是青少年自身成长和全面发展的需要。这对义务教育阶段历史课程的改革提出了新的要求。

21世纪教育肩负着为未来社会培养现代公民的使命，面向未来的人终身发展的能力与品格——学科核心素养，是"学生发展核心素养"的有机组成部分，是学生通过学科学习而逐步形成的正确价值观、必备品格和关键能力。"历史学科关键能力的形成，依赖于历史学科核心概念的掌握，体现在用历史学科视角观察、发现和解决问题能力的形成。而历史学科育人则是教师通过历史教学帮助学生掌握历史学科核心概念、形成历史学科关键能力、培育'历史学科素养'的过程。"[②]

(二)学科规定课标的要求

《义务教育历史课程标准(2011年版)》中的"历史事件""历史人物"

---

① 中华人民共和国教育部：《普通高中历史课程标准(2017年版)》，45页，北京，人民教育出版社，2018。

② 方美玲：《初中历史学科育人的理论及实践策略》，载《历史教学》，2018(11)。

"历史现象""历史线索"是历史学科的核心概念。重要的历史事件、历史人物和历史现象按某种时序的排列，阐述历史发展主要的、基本的过程和总体趋势，构成"历史发展的基本线索"。通过历史线索揭示其阶段特征发展趋势必须建立在对历史线索整体把握的基础上。"历史现象"等学科核心概念也是历史学习的基本单元，是学生学习历史必须掌握的。历史现象是沟通历史事件、历史人物与历史线索、阶段特征、发展趋势的中介。学生学习历史是（史料实证）感知—（时空观念）理解—（历史解释）形成历史概念—认识时代特征和基本趋势的过程，通过感知古今中外历史上的"重要的"（主要的、有代表性的和典型性的）历史事件、历史人物等一个个具体的"点"，形成"历史现象""历史线索"等"线"。对历史现象进行单元设计，有助于帮助学生串珠成串，建立学科知识结构。

（三）奠定学生全面发展、终身学习的基础

历史现象单元学习，有助于培育学生学科核心素养，进而为学生的全面发展、终身学习奠定基础。历史素养，是"通过日常教化和自我积累而获得的历史知识、能力、意识以及情感价值观的有机构成与综合反映；其所表现出来的，是能够从历史和历史学的角度发现问题、思考问题及解决问题的富有个性的心理品质"[①]。

学生的历史学习是一个循序渐进的过程。经过七年级、八年级的历史学习，学生已经积累了有关"改革"的史实，具备了一定历史学科独立思考的能力。九年级历史复习课进行历史现象单元复习，以搭建"改革"这一历史现象的内涵和外延为起点，让学生从不甚理解什么是改革，为何会有改革，到认识改革成败的标准，进而认识改革家的伟大，认识改革在人类历史长河中的价值和意义。

历史现象单元学习，不仅使学生掌握了通过历史现象认识历史规律的方法，更为其成为合格公民奠定了基础。

对历史现象"改革"单元进行整体设计是进行单元教学的基础，而知识分析是单元设计的前提和保证。

---

① 吴伟：《历史学科能力与历史素养》，载《历史教学》，2012(11)。

二、知识分析——从史实到历史现象

知识分析主要通过事实性知识分析——系统梳理《义务教育历史课程标准(2011 年版)》课程内容中规定的改革史实、概念性知识分析——通过文献综述界定改革定义、方法性知识分析——从定义提炼改革要素三个环节进行。

(一)事实性知识分析——系统梳理《义务教育历史课程标准(2011 年版)》课程内容中规定的改革史实

通过系统梳理《义务教育历史课程标准(2011 年版)》的课程内容,我们发现古今中外重要的改革史实往往发生在社会变革交替时期,与阶段特征关系紧密,如图 1-1-1 所示。

(二)概念性知识分析——通过文献综述界定改革定义

借助工具书进行概念界定能够高效完成概念性知识分析。经过比较研究发现,《辞源》能够有效厘清"什么是改革?改革与革命有怎样的关系?"等问题。

改:变更,改正。(改,会意。甲骨文字形,左边是"己",像一个跪着的小孩子;右边是"攴",像以手持杖或执鞭。表示教子改过归正之意。本义:改变。)《说文解字》有云:"改,更也。""革"本义为去毛并经加工的兽皮,还有一义为"改变、除去","革故鼎新",改革为改变、革新。

"革命实施变革以应天命,古代认为帝王受命于天,因称朝代更替为革命"[1]。最早见于"汤武革命,顺乎天而应乎人",今称社会政治、经济之大变革为革命。革命:a. 原意是改变命运;b. 现指改变社会制度、建立新社会的群众运动;c. 亦指改造旧技术、旧思想的运动。改革是指把事物中旧的不合理的部分改成新的、能适应客观情况。[2]

可见,广义的改革是存在于一切社会中的普遍社会实践活动,是对生产关系和上层建筑进行的调整和变革;改革包括革命,如辛亥革命、

---

[1] 《辞源》,1755 页,北京,商务印书馆,2015。

[2] 《辞源》,4435 页,北京,商务印书馆,2015。

中国近现代史

洋务运动（器物）开启中国历史上第一次近代化运动	戊戌变法（制度）在思想文化方面产生广泛而持久的影响	新文化运动(思想)是一场伟大的思想解放运动	土地改革是消灭封建剥削制度的深刻社会变革	对内改革、对外开放，建立起社会主义市场经济体制

时期	清朝	中华民国时期	中华人民共和国时期
阶段特征	近代化探索	初建社会主义	建设有中国特色社会主义

时间	19世纪60年代　1898年　1915年　　1950年　　1978年
	18世纪初　1861年　1868年　1921年　1933年　20世纪50年代　1991年

阶段特征	资本主义的扩展	一战后初期的世界	社会主义的发展与挫折

世界近现代史

彼得一世改革开启俄国近代化进程，富国强兵	亚历山大二世改革使俄国走上资本主义发展道路	明治维新使日本迅速走上发展资本主义道路，富国强兵	新经济政策缓解危机，使国民经济稳步发展	"罗斯福新政"使美国走出经济大危机困局	苏联改革没有从根本上突破斯大林时期形成的政治经济体制，导致苏联解体

中国古代史

商鞅变法实现富国强兵，为秦统一奠定基础	秦创建中央集权制度和巩固统一措施	北魏孝文帝改革促进民族交融	隋炀帝创立进士科，古代选官制度的变革

时期	夏商周时期	秦汉时期	魏晋南北朝时期	隋唐时期
阶段特征	国家的产生和社会变革	统一国家的建立	政权分立与民族交融	繁荣与开放的社会

时间	前356年　　　前221年　　　439年　　　607年
	前5世纪中后期　　　　　　　　　　　646年

阶段特征	奴隶时代	封建时代
时期	古希腊时期	

世界古代史

伯利克里改革使奴隶制民主政治发展到高峰	大化改新使日本发展为一个中央集权制的封建国家

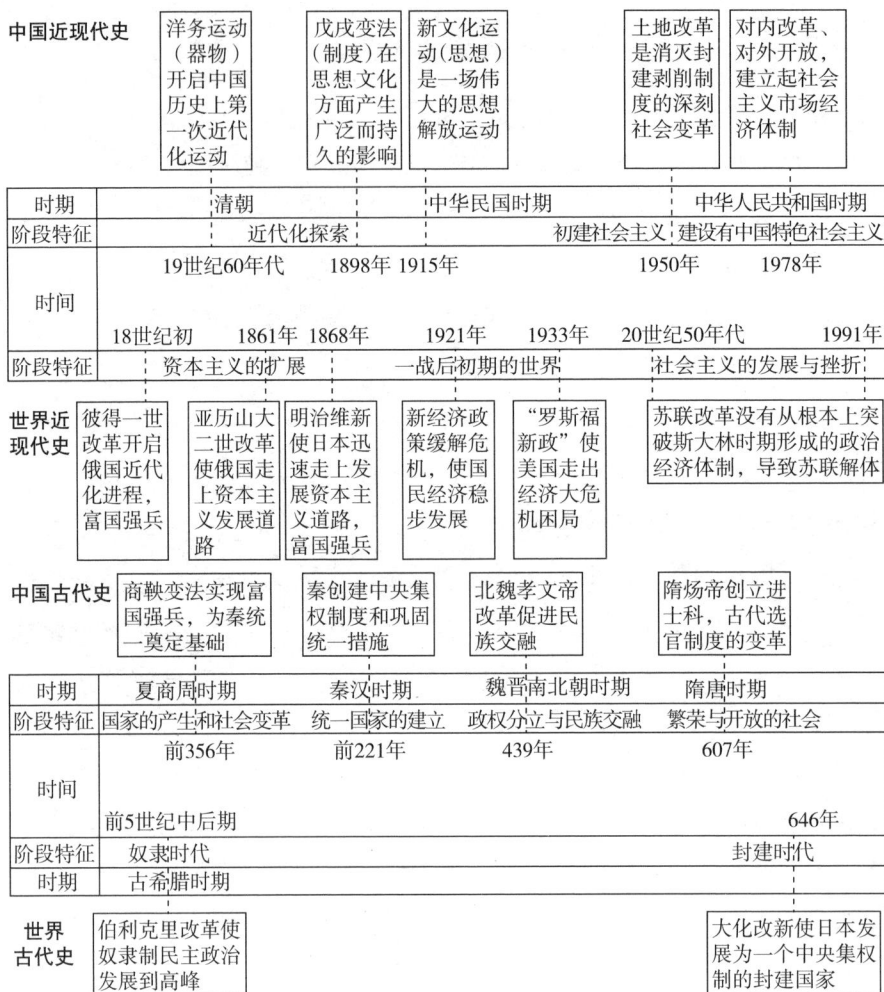

图 1-1-1　初中历史课标关于改革史实的内容简表

十月革命等；革命方式往往是自下而上的，而改革往往是自上而下的，但不排除改革初始阶段的自下而上的变革，如 1978 年中国安徽小岗村是改革开放的重要发源地。

狭义的改革，一是贯穿于社会始终的、不间断的、局部的、微小的调整和改善，即"微调"，通过不断适时、适度地调整生产关系和上层建筑的某些方面和环节，以使之与生产力和经济基础相适应，从而促进生产力的发展，推动社会的不断进步；二是在一定历史时期集中进行的、全面的革命性变革，是集中解决体制转轨或社会转型问题，这种改革不是一般意义上的调整和完善，而是对特殊历史条件下形成的已不适应新形势发展要求的整个社会体制的根本变革，因而其范围、内容、幅度、所引起的社会震荡以及应采取的措施，与第一重含义的改革相比，都会有许多不同之处。①

通过基于史实梳理基础上的文献综述，我们如此界定改革：为了顺应社会发展，代表先进生产力的改革家，对旧有的生产关系、上层建筑（包括政治、社会、文化、经济、宗教组织等）进行自上而下或者自下而上的局部或根本性的调整。成功理顺新的生产力与旧的生产关系、新的经济基础与旧的上层建筑之间的关系，改革成功，国家（或领域）走向稳定局势，否则改革失败可能招致内乱或冲突；改革是社会发展的强大动力。鲁迅在《华盖集续篇·空谈》一文中关于"改革自然常不免于流血，但流血非即等于改革"②的描述，是对改革现象事实表征的规律揭示。

(三)方法性知识分析——从定义提炼改革要素

用历史要素分析法分析"改革"这一历史现象，就是将"改革"作为系统（整体）进行要素分析，以明晰改革的要素构成（分析改革的维度有哪些？）、具体内容（改革的各项要素具体是什么？）及其作用与价值（决定改革成败的要素有哪些？哪些要素会推动历史的进步？）。

纵观古今中外的"改革"，其"整体"（或"共性"）是改变历史进程。改革往往是在新旧社会交替，新生产力与旧生产关系、新经济基础与旧上层建筑矛盾尖锐的情况下发生，改革家起到了至关重要的作用。比如，中国古代史的商鞅变法和孝文帝改革，世界史中的彼得一世改革、亚历山大二世改革和"罗斯福新政"，他们的改革都是发现、提出并解决（或取得阶段突破性进展）了特定时空下国家、民族或社会的重大问题并促进了历史的发展，而该重大问题往往与阶段特征的变化密切相关。从改革方式看，大多数改革是自上而下的，而中国的改革开放是比较特别的，它是自下而上的。大多数的改革会推动历史进步，但有的改革反而会招致内乱（解体），如苏联改革，所以改革家和改革的方式也会构成改革要素。改革要素分析的维度及其内容如图 1-1-2 所示。

---

① 赵明义：《科学社会主义》，322～324 页，济南，山东大学出版社，2006。
② 鲁迅：《华盖集续编》，67 页，沈阳，北方联合出版公司，2014。

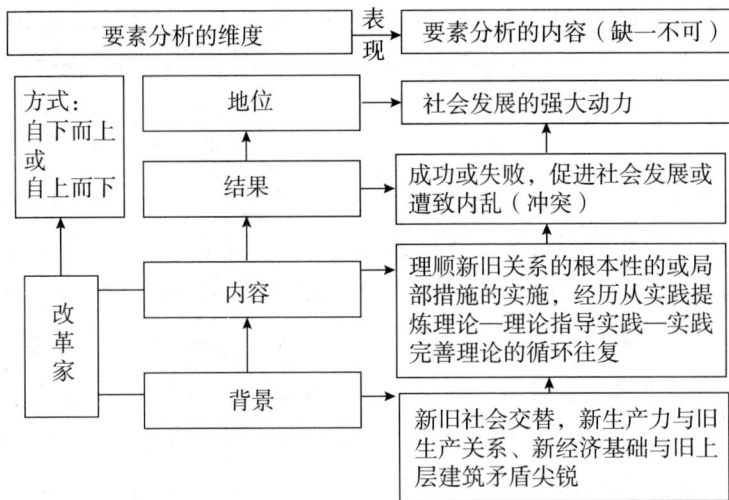

图 1-1-2　改革要素分析的维度及其内容示意图

在改革要素分析的基础上，我们对改革有了如下进一步的认识：改革多发生于变革的时代，是新旧社会交替，新的生产力与旧的生产关系、新的经济基础与旧的上层建筑在矛盾尖锐下产生的，为顺应时代发展潮流，进行自上而下或自下而上的变革，试图找到理顺新旧关系的根本性的或局部措施的实施方法，往往经历从实践提炼理论—理论指导实践—实践完善理论的循环往复。改革是社会发展的强大动力，是解决社会矛盾的最佳方式。改革家在改革中起重要作用，改革家的实践方式和解决问题的能力会直接影响改革的结果，改革结果的成功或失败，会促进社会发展或招致内乱（冲突）。

三、单元设计——如何整体设计初中三年"改革"单元？

单元设计包括新授课和复习课两个时段。其分述如下。

（一）新授课——基于阶段特征立意实施改革单元

初中阶段新授课改革单元设计以重组后的有关改革课标内容为载体，通过知识分析的层层递进，引领学生在阶段特征立意中把握改革的价值和意义，如表 1-1-1 所示。

表 1-1-1　初中历史新授课改革单元知识重组简表

学段	板块	历史阶段	具体内容	与阶段特征的关系
七年级上学期	一、中国古代史	夏商周时期	通过商鞅变法，认识改革，使秦国逐渐强大起来。	在奴隶社会向封建社会转化的背景下，通过讲述商鞅变法的内容、改革家的品质，了解变法实现了富国强兵，为秦统一奠定了基础。通过讨论，让学生初步了解评价改革成功的标准。
		秦汉时期	知道秦始皇和秦统一中国，了解秦代的中央集权制度和统一措施对中国历史发展的影响。	通过讲解秦巩固统一的措施，掌握秦朝建立了我国第一个统一的中央集权制度的多民族的封建国家，从而理解秦代的中央集权制度和统一措施是秦始皇作为历史改革家的制度上的创新。
		三国两晋南北朝时期	通过北魏孝文帝改革，初步理解民族融合对中华民族发展的意义。	以苻坚改革和北魏孝文帝改革为切入点，凸显对民族交融的意义：各民族的改革共同汇成民族交融的历史洪流，各民族共同缔造中国历史，从而进一步认识中华民族多元一体格局。
七年级下学期		隋唐时期	了解科举取士制度的创建。	隋朝再次实现大一统，需要更多的官员。隋文帝和隋炀帝创立科举制，改革了选官制度；逐渐成为后世选拔官员的主要途径；扩大了统治者的范围和基础。
八年级上学期	二、中国近代史		了解洋务派为"自强""求富"而创办的主要军事工业和民用工业，初步认识洋务运动的作用和局限性。	19 世纪中期，英、法等西方列强接连发动了侵华战争，中国的主权独立和领土完整不断遭到破坏，西方列强与中华民族的矛盾激化。中国人民在艰苦的环境中，不断进行着经济、政治和思想文化和教育层面的变革。从器物层面的洋务运动，从制度层面的维新变法和辛亥革命，从思想文化层面的新文化运动进行着近代化的探索。
			知道康有为、梁启超等维新派代表，了解"百日维新"的主要史实。	

续表

学段	板块	历史阶段	具体内容	与阶段特征的关系
			以京师大学堂的开办和科举制度的废除为例，了解近代新式教育发展的主要史实。	
			了解武昌起义和中华民国成立的史实，认识辛亥革命的历史意义。	
			知道陈独秀、胡适、鲁迅等新文化运动的代表人物，了解新文化运动在中国近代思想解放运动中的地位和作用。	
八年级下学期	三、中国现代史		了解1950年的土地改革运动。	中华人民共和国成立初期，中国共产党领导开展的土地改革运动，是对土地制度的改革。土地改革运动、镇压反革命运动、抗美援朝战争，巩固了人民民主专政的国家政权，恢复了遭受多年战乱破坏的国民经济，为社会主义工业化奠定了基础。
			了解中共十一届三中全会、农村改革和深圳特区的发展，认识邓小平对改革开放所起的重要作用。	通过讲述中共十一届三中全会以来中国经济体制改革、对外开放的历程，及中国特色社会主义的发展情况；明晰中共十一届三中全会的召开，开启了中国改革开放和社会主义现代化建设的历史新时期。中国的经济体制改革从农村起步，后发展到城市，最终建立了社会主义市场经济体制；对外开放不断发展，逐渐形成了"经济特区—沿海开放城市—沿海经济开放区—内地"的全方位、多层次、宽领域的对外开放格局。
			了解社会主义市场经济体制的建立与完善，认识改革对于中国发展的重大意义。	
			知道中国共产党第十六次全国代表大会以来我国取得的新成就，以2008年北京奥运会为例加以说明。	在改革开放的实践中，中国开辟了中国特色社会主义道路，形成了中

续表

学段	板块	历史阶段	具体内容	与阶段特征的关系
九年级上学期	四、世界古代史		认识中国特色社会主义理论体系的重要性；认识中国坚持科学发展、实现社会和谐的重要性。	国特色社会主理论体系，确立了中国特色社会主义制度，发展了中国特色社会主义文化。中国特色社会主义不断发展，取得了巨大成就，综合国力不断提升，人民生活水平日益提高。
			知道大化改新，初步了解古代日本社会。	6世纪中叶，奴隶制度向封建制度转型，当时日本的部民阶级反抗斗争扩大，统治阶级内部争夺土地与权力的斗争不断。孝德天皇进行改革：政治上，加强中央集权统治；经济上，推行"班田收授法"。改革加速了日本社会性质从奴隶社会到封建社会的转变。
	五、世界近代史		知道彼得一世改革、亚历山大二世废除农奴制法令，理解改革促进了俄国历史的进步。	为改变社会经济发展大大落后于西欧国家的状况，彼得一世开启了俄国近代化的进程；亚历山大二世农奴制改革进一步促进了俄国的现代化进程，完成了社会性质从封建社会到资本主义社会的转变；认识符合历史潮流和社会发展实际需求的改革是推动社会发展的强劲力量。
			知道明治维新的主要政策，理解明治维新在日本历史发展中的作用。	面对民族和社会危机，倒幕运动后，明治天皇推行"明治维新"：政治上，加强中央集权；经济文化上，向西方学习，实现"富国强兵"，完成了社会性质变革，从封建社会进入资本主义社会。
九年级下学期	六、世界现代史		从新经济政策、社会主义工业化和农业集体化，了解苏联社会主义建设的成就和主要问题。	为恢复和发展生产，列宁以征收粮食税代替余粮收集制，突出市场作用，调动了生产者的积极性。

续表

学段	板块	历史阶段	具体内容	与阶段特征的关系
			知道经济大危机，了解"罗斯福新政"，理解国家干预政策对西方经济发展的影响。	为摆脱经济危机，罗斯福采取国家干预经济的举措，既成效明显，又避免了美国走上法西斯的道路；同时恢复了人们对美国国家制度的信心；但改革未能解决资本主义的根本矛盾。
			知道苏联模式社会主义的推广，了解苏联的改革与变化以及苏联解体和东欧剧变。	社会主义从一国发展到多国，社会主义国家的建设在改革中曲折前进，赫鲁晓夫、勃列日涅夫、戈尔巴乔夫改革失败，导致苏联解体。

(二)"改革"单元复习课设计

复习课历史现象("改革")单元，发生在整个复习阶段的第二轮(第一轮为断代的"阶段特征"单元，第三轮为"阶段特征"与"历史现象"交叉单元)。从学生的已有认知出发，以史实的重组—概念的形成—概念的同化为线索将复习设计为三个课时。

第一课时，学生自主重组改革史实(课前自主完成)，事先提醒学生在阶段特征中定位贯穿人类历史始终的改革历史现象，让学生在感知一个个具体的改革历史事件，理解它们发生的原因、内容及作用的过程中，形成各自的史实知识结构，为形成改革这一核心概念奠定基础。

第二课时，教师引领学生形成"改革"概念：以"中国的改革开放"为载体，师生共同探究下列改革问题。

问题1：中国为什么要进行改革开放？

问题2：中国怎样进行改革开放？

问题3：中国的改革开放取得了哪些成就？能够取得这些成就的原因有哪些？

问题4：从中国的改革开放看，改革的要素有哪些？

以结构化板书(改革要素)支持学生的探究过程，形成对改革的内涵和外延的认识。

第三课时，教师围绕改革要素，事先设计学习型评价试卷。学生运用改革要素解决改革之因(包括生产力提高，生产关系相应调整；缓解内外危机；富国强兵)、改革家品质(顺应历史潮流，勇于创新、坚强不屈的意志，对社会的责任感……）、改革进程(包括明确改革方向；确定改革步骤；思想先导扎实推进；推动改革实施：尊重规律、协调发展、保障民生)、改革影响(包括社会制度变革；富国强兵的重要手段；落后国家自强御侮的一种选择；思想解放的重要形式)等问题，在运用所学解决同类历史问题中，加深对改革内涵的认识。

通过上述三个课时对改革认识由表及里的学习过程，希望实现基于历史学科核心素养的教学：以"改革"这一历史现象为核心，以改革的进程探究为引领，通过探究问题串使学习内容情境化，同时形成结构化板书又使所学内容结构化，即以唯物史观为指导，客观分析历史人物、历史事件与历史现象之间的关系，以客观、全面地解释人类历史发展进程中的规律性特征。具体来说，以课程标准的内容标准、教材所提供的重大历史事件、历史人物梳理中外改革的史实线索，通过探讨改革的主体(哪些改革家？有何特点？)、改革的根本原因、改革的方式、改革的结果及其意义等，进而全面认识"改革"这一历史现象。

单元教学目标确立如下。

(1)了解中外历史中改革的史实(表现)，理解改革的主体、地域、方式及其结果、意义，形成"改革"概念，认识"改革"这一历史现象。

(2)通过学生课前完成"探究工作纸"，教师设计问题串、师生共同建构结构化板书等，认识"改革"的内涵外延，进一步掌握运用"时空观念""史料实证"等理解、解释"改革"这一历史现象。

(3)认同改革是促进社会进步的最佳方式，认同改革家有力促进了人类历史的发展进程。

四、"改革"单元教学设计的实施重要环节

(一) 改革开放的背景

【任务一】阅读材料1，回答问题。

【材料1】在徘徊中前进和关于真理标准问题的讨论：1976 年 10 月粉碎"四人帮"的胜利，挽救了中国共产党和中国的社会主义事业。在粉碎"四人帮"以后，广大干部和群众强烈要求纠正"文化大革命"的错误理论、方针和政策，彻底扭转十年内乱造成的严重局势，使中国从危难中重新奋起。与此同时，世界经济快速发展，科技进步日新月异。国内外大势要求中国共产党尽快就关系党和国家前途命运的大政方针做出政治决断和战略抉择。

——《中国近现代史纲要》

1. 中国的改革是在什么背景下发生的？
2. 改革的目的是什么？
3. 改革的领导者是谁？代表谁的利益？
4. 改革的主要方式是什么？

【设计意图】提高九年级学生解释史实的能力(寻找史实之间的关联)、史料实证的能力：概括材料的核心；认同中国改革开放的独特性：中国共产党代表广大干部和群众，为彻底扭转"文化大革命"造成的严重局势，使中国从危难中重新奋起，而进行的一系列政治决断和战略抉择。

(二)改革开放的实践——农村篇、实践篇

农村篇：出示材料2至材料5，完成任务二。

【材料2】小岗村土地承包"血书"(图1-1-3)。

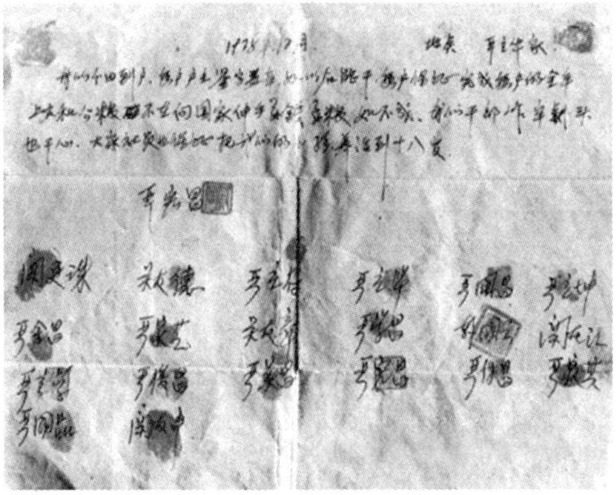

图 1-1-3

【材料3】1983年严宏昌买了小岗村的第一台拖拉机(图1-1-4)。

图 1-1-4

【材料 4】小岗村的钢构厂（图 1-1-5）。

图 1-1-5

【材料 5】"农村政策放宽以后，一些适宜搞包产到户的地方搞了包产到户，效果很好，变化很快。"

——《邓小平文选》，1994 年，第 2 卷，315 页

【任务二】阅读并分析材料 2 至材料 5，回答以下问题。

1. (2017·广东) 20 世纪 50 年代晚期以后，中国农村长期保持以"生产队"为单位的生产组织形式，到 80 年代初，以"家庭（户）"为单位的生产组织形式在农村得到广泛推行。这一生产组织形式的变迁反映了中国农村（　　）。

　　A. 土地所有权变化　　　　B. 经济体制的变革

　　C. 乡镇企业的出现　　　　D. 农民积极性提高

2. 为什么说"血书"是改变整个中国农民命运的一纸契约？

3. 家庭联产承包责任制的实质引起了什么变化？

4. 根据材料 3 和材料 4，说明农村改革发生怎样的变化。

5. 中国的农村改革方式是自上而下还是自下而上的？

6. 如何看待农村改革先行？

【设计意图】引导学生深入认识"改革"：农村改革调整的是生产关系（内容）；调动了农民的生产积极性，农民收入显著提高，农民生活得到改善；产量提高（国库殷实，剩余增多）；劳力富裕—劳力转移—乡镇企业改革（成效）；为城市改革打下基础（影响）；农村改革的方式"不能自上而下用一个模式强迫群众"。这是在农业政策上对"两个凡是"的破除（方式）。在学法上：让学生在学习历史的过程中，逐步学会运用时序与

地域、原因与结果、动机与后果、延续与变迁、联系与综合等概念，对历史事实进行理解和判断。

实践篇：出示材料6、材料7，完成任务三。

【材料6】青岛电冰箱总厂是青岛海尔集团的前身。1985年之前，工厂按照政府指标生产冰箱，产品由国家统购统销，但年亏损147万元……上班8点来，9点走人，10点时，随便往厂区大院里扔一个手榴弹也炸不死人。

——《海尔集团志》

【材料7】1985年，公司与德国利勃海尔公司合资经营，引进先进生产线，实行"多劳多得，少劳少得"的政策，当年就实现扭亏为盈。

【任务三】阅读并分析材料6、材料7，回答以下问题。

1. 为什么1985年前青岛电冰箱总厂会亏损？

2.1985年和1986年又是怎样扭亏为盈的？

3.1986年企业利润的增加反映了什么问题？

【设计意图】引导学生整体认识中国改革：中国改革开放的进程及其因果关系，即从农村到城市；农村的改革为城市改革打下了基础；城市改革又解决了农村富余劳动力问题；随着中央政策的跟进，社会主义市场经济体制正式形成。这加速了中国的近代化进程。

（三）改革开放的成就及其取得成就的原因

教师引领学生总结归纳：中国的改革开放取得了哪些成就？能够取得这些成就的原因有哪些？（表1-1-2）

表1-1-2　改革开放以来我国部分经济指标的变化情况

时间	国内生产总值 / 亿元	财政收入 / 亿元
1978 年	3 678.7	1 132.26
1992 年	27 194.5	3 483.37
2008 年	319 515.5	61 330.35
2010 年	413 030.3	83 101.51
2017 年	743 585.5	159 604.97（2016 年）

学生通过自己的整理笔记回答 1978 年、1992 年、2008 年、2010 年的重要大事，理解中国改革对中国历史发展的推动作用（图 1-1-6）。

理论篇：邓小平理论指导地位的确立

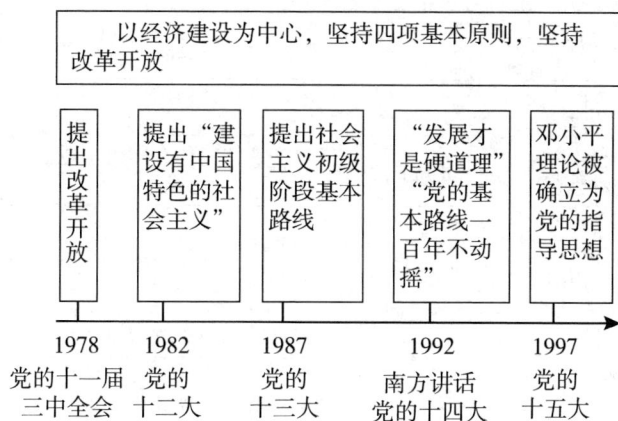

图 1-1-6　邓小平理论指导地位确立时间轴

改革开放以来，从我国部分经济指标的变化情况，可以看到中国改革开放的重要节点：1992 年中国社会主义市场经济体制形成、2008 年北京奥运会、2010 年中国超过日本成为世界第二大经济体。

在伟大的实践中，推动中国不断向前的是不断发展的中国特色社会主义理论体系。

提问：中国不断发展的中国特色社会主义理论体系包括哪些理论？

出示表 1-1-3、图 1-1-7。

表 1-1-3　中国特色社会主义理论体系形成过程简表

党的十六大（2002 年）	将"三个代表"重要思想确立为党的指导思想并写进党章
党的十八大（2012 年）	将"科学发展观"确立为党的指导思想并写入党章
党的十九大（2017 年）	将习近平新时代中国特色社会主义思想确立为党的指导思想

与时俱进—理论 ←→ 实践

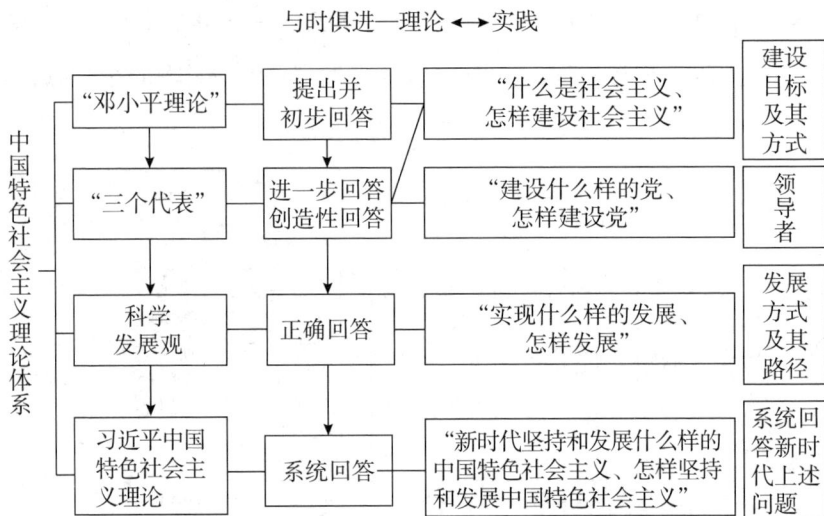

图 1-1-7　中国特色社会主义理论体系结构示意图

总结：中国特色社会主义理论体系的形成是理论与实践相结合的结果，是中国共产党在实践中与时俱进的结果。

出示前文的问题 4：从中国的改革开放看，改革的要素有哪些？

出示图 1-1-2 改革要素分析的维度及其内容示意图。

【设计意图】理解中国改革实践和理论的辩证关系，理解中国特色社会主义理论体系是一脉相承、与时俱进的结果。

(四)探究历史现象——改革的原因

学生根据四个改革背景的论述，归纳中外历史上可能会因为哪些原因而改革(表 1-1-4)。

表 1-1-4　中外历史改革不同背景简表

改革名称	改革背景
商鞅变法	(1)经济上，铁犁牛耕出现(春秋)和推广(战国)，社会生产力得到提高。 (2)政治上，随着封建经济的发展，出现了新兴的地主阶级和自耕农阶层。 (3)军事上，春秋时期以争霸为主，战国时期以兼并为主，各诸侯国都争相增强国力。 (4)文化上，出现"百家争鸣"的局面，法家思想成为各诸侯国进行变法的指导思想。
1861 年俄国农奴制改革	(1)劳动力短缺阻碍俄国资本主义经济发展，引发阶级矛盾及社会危机。 (2)俄国工业发展速度远远落后于西欧其他主要国家。

续表

改革名称	改革背景
明治维新	(1)天皇名义上是国家的最高统治者，但没有实权。 (2)推行锁国政策。 (3)美国黑船事件后签订《日美亲善条约》，给予领事裁判权、片面最惠国待遇等。
戊戌变法	(1)《马关条约》的签订与民族危机的加深。 (2)清政府的统治危机，帝国主义瓜分中国的狂潮，清政府要偿还外债，将沉重的负担转嫁到人民身上，各地连续发生严重的洪涝灾害，使阶级矛盾和社会矛盾更加激化，统治危机进一步加剧。 (3)中国民族资本主义的初步发展。

【设计意图】引导学生通过改革背景归类，寻找相似点，发现中外历史改革发生的三类原因：①旧的生产关系阻碍了生产力的发展（根本）；②新兴阶级的产生；③统治面临危机（内外）。掌握历史解释的方法：运用历史唯物主义，从生产力与生产关系的关系找寻根本原因；从内因与外因的关系（内因是事物变化的根本原因，外因是事物发展变化的条件，外因通过内因起作用）去探寻史实之间的关联；从社会存在与社会意识的关系（社会存在决定社会意识，社会意识反作用于社会存在）分析社会问题：一定时期的社会意识（文学、宗教、艺术、哲学、法律思想等）都是一定时期经济、政治的反映；从国家（政权）层面分析国际关系等。

认识改革的根本原因是旧的生产关系阻碍了生产力的发展。恩格斯形象地把生产方式称为历史波动的中轴线，全部偶然因素的作用都是以它为中心上下摆动，大量偶然性的存在使必然性的实现更为丰满和多样，因此历史的色彩从来都是丰富的、斑斓多样的。历史周期越长，生产方式最终的决定作用越明显。在影响社会的多种因素中，最终起决定作用的主导因素，就是物质资料生产方式。虽然这些历史事件是不可重复的，但是放在"改革"这一历史现象中却具有诸多的相似性。

五、效果分析

改革单元新课部分，通过初中三年的学习，学生较宏观地了解了改革的重要历史事件，并对改革的相同内容进行归类，初步提炼出改革的要素，拓展了新课学习时的宽度和深度；复习课部分，在学生自主搭建改革史实框架的基础上，自主界定改革的定义，自觉形成对改革要素维度和内容的架构，从而初步掌握了要素分析法，逐步学会运用时序与地域、原因与结果、动机与后果、延续与变迁、联系与综合等概念，对历史事实进行理解和判断。在此基础上，完成了从个别史实到认识历史现象的提升，从而完成了从感知—理解—形成概念—认识阶段特征发展趋势的完整过程；更重要的，通过"改革"历史现象的学习，学生比以前更主动地关注社会，关注生活，投身于发现、提出并解决能促进社会发展的重要问题，努力把自己打造成有利于国家和社会发展的人才。

【案例评析】

实现基于学科核心素养的教学是培养 21 世纪人才赋予教师教学的使命。历史现象"改革"单元设计，以"历史现象"为核心，使课程内容结构化，以"改革"为引领，使课程内容情境化。本案例的重要启示在于，如何基于学生初中历史学习特点，通过知识分析（包括史实性知识、概念性知识、方法性知识分析）、价值分析，确立学科核心概念（历史现象"改革"），并进行整个初中学段"改革"学科核心概念形成单元的整体（中观）设计（新课——以重组后的有关改革课标内容为载体，通过知识分析的层层递进，引领学生在阶段特征立意中把握改革的价值和意义；复习课——史实的重组—概念的形成—概念的同化），并落实到不连续的课堂教学（微观）中，以实现宏观的育人目标；不仅授学生以"渔"（要素分析法），为学生的终身学习奠定基础，而且重组了师生的知识结构，促进了教师的专业发展。

参考文献

[1] 中华人民共和国教育部. 义务教育历史课程标准（2011 年版）[S]. 北京：北京师范大学出版社，2012.

[2] 习近平在庆祝改革开放 40 周年大会上的讲话[C]. http：//www. xinhuanet. com/2018-12/18/c_11238672025. htm，2019-10-11.

[3] 中华人民共和国教育部. 普通高中历史课程标准（2017 年版）[S]. 北京：人民教育出版社，2018.

[4]《辞源》[M]. 北京：商务印书馆，2015.

[5] 赵明义. 科学社会主义[M]. 济南：山东大学出版社，2006.

［6］鲁迅. 华盖集续编［M］. 沈阳：北方联合出版公司，2014.

［7］方美玲. 初中历史学科育人的理论及实践策略［J］. 历史教学，2018(11).

［8］吴伟. 历史学科能力与历史素养［J］. 历史教学，2012(11).

1.2 初中地理"人口"单元的教学设计与实施

【案例导读】知识单元的构建可以学科核心概念为线索。"人口"是重要的人文地理要素，是地理学科核心概念"地理环境"之下的重要概念。人口观是人地协调观的重要组成，是体现学科育人价值的主要目标，与"人口"相关的内容是初中地理区域认知和人地关系的重要内容体现。由于这些内容分散在七年级和八年级学段世界地理和中国地理的区域地理中，前后内容之间的内在联系以及学生学业质量发展水平容易被忽视，对学生"人口观"培养容易被割裂，使地理核心素养尤其人地协调观的落实受到影响。以"地理环境"核心概念为统领线索，将"人口"为主题的相关教学内容进行统整和重组优化，构成贯通七年级和八年级学段内容的"人口"单元，按照学习进阶设计分层递进学习目标，使学生对"人口"主题的学习成为一以贯之、循序渐进的单元，是系统培养学生区域认知、综合思维和人地协调观等地理学科核心素养的重要环节和途径。

该单元的重组构建提供了以学科重要概念为线索进行单元教学的一个范例。

现阶段的中学地理教学以课时为单位，容易造成"重事实、轻结构""重知识、轻思维"的问题。学生的实际获得较为碎片化，知识结构较为割裂，且前后目标水平深浅不一，难以形成前后贯通一致、螺旋上升的思想观念和方法。学生只有在连贯一致、循序渐进的内容学习过程中，才容易对一类内容问题把握其地理思维方法，提高分析问题的地理思维能力，具备地理核心素养，理解其中蕴含的地理核心价值观，才能够体现"学习对生活有用的地理，学习对终身发展有用的地理"。因此，笔者以初中地理中的"人口"作为主题，组织成一个完整的单元，进行了目标单元的教学研究，并基于学生的能力发展水平，进行体现分层递进目标的人口单元教学研究。

一、基于核心概念的"人口"单元知识分析

(一)课标要求及能力水平划分

对照课标,将与人口相关的内容要求做一个系统梳理,其具体内容如表 1-2-1 所示。

表 1-2-1　义务教育地理课程标准(2011 年版)——人口课标

课标要求	行为动词	能力层级
运用地图和其他资料归纳世界人口增长和分布的特点。	归纳	说明与归纳
举例说明人口数量过多对环境及社会、经济的影响。	说明	说明与归纳
运用有关数据说明我国人口增长趋势,理解我国的人口国策。	说明,理解	说明与归纳
运用中国人口分布图描述我国人口的分布特点。	描述	识别与描述
根据地图和其他资料说出某国家的人口的特点。	说出	识别与描述

从课标分析中可以看出,人口单元在七年级和八年级分别以中国和世界两个尺度区域为例,均涉及人口增长的特点、人口分布的特点。课标中体现的行为动词,自七年级至八年级,有说出、说明、理解、说明、归纳,基本是一个循序渐进的发展过程。有个别内容能力水平在七年级阶段是理解,八年级阶段反而出现举例说明。但中图版教材由于先讲中国人口,后讲世界人口的原因,一些教学内容出现前后深浅不一、与学生认知水平不相符合的情况。

(二)单元内容结构分析

基于学科本质,从学科核心概念及相关内容知识分析入手,整合重组"人口"相关内容,能够帮助教师对教学内容有整体结构性的把握,形成上位的人口观念的深入理解。核心概念是处于学科中心位置的主干知识,对地理现象有高度的概括性,并能够对地理基本原理进行解释。因此,需要以地理学科核心概念以及核心概念分解后的重要概念为整合线索,将相关内容中的概念进行结构化分析,构建具有层级性、逻辑性的单元知识结构。地理环境、人地关系是初中地理学科的核心概念,"人口"作为地理环境的主要组成要素,是其重要的分解概念。

在核心概念"地理环境""人地关系"及"人口"的统领下,进行"人口"单元知识结构的重组。重组单元教学内容的过程,既是对知识内容的重组整合,又是对地理思维的建构。依托不同尺度的区域,将人口与自然

环境的关系作为主线，将人口在不同区域的时间和空间分布特征作为基础，将概括分析区域人口时空分布特征的技能方法作为学科方法，将特定阶段、特定区域的人口与自然环境的关系作为认识特定人口政策、建立人口观的关键和落脚点，使学生认识到人口是地理环境的重要组成部分，人口的增长与分布既是适应自然环境的产物，又对自然环境起着作用，理解人口与区域自然环境和社会经济的协调统一是人类可持续发展的基础。这些对人口与区域资料环境发展关系的基本认识和根本看法就是人口观。

基于《义务教育地理课程标准（2011 年版）》，学生应具备正确的人口观、资源观、环境观、发展观，初步掌握认识区域人口问题与区域资源、环境、发展协调统一的能力，从而体现培养对社会、对国家、对全球的发展有思考能力、有责任意识、能付诸实践的公民，实现地理学科的育人价值。

（三）单元知识层级水平分析

"人口"是初中地理中认识区域人文地理环境的重要组成部分。初中地理中"人口"单元以世界和中国两个区域为案例进行研究，首先学生要建立起人口的概念，然后再认识人口与自然环境和其他要素的关系，认识人口与资源环境的关系。本单元在建立人口相关概念的基础上，描述、归纳人口时空分布特点，并在过程中使用各类图像作为分析工具，逐渐提升到地理观念水平。概念基于并高于地理事实，是具有概括性的，解释事实的。因此，教学内容的重组中，我们需要将地理概念区别于繁杂、零散的地理事实，需要建构有层级的地理知识体系。按图 1-2-1 所示的知识水平的层级关系，梳理"人口"单元知识类型和水平，如图 1-2-2 所示。

图 1-2-1　知识的不同层级水平示意图

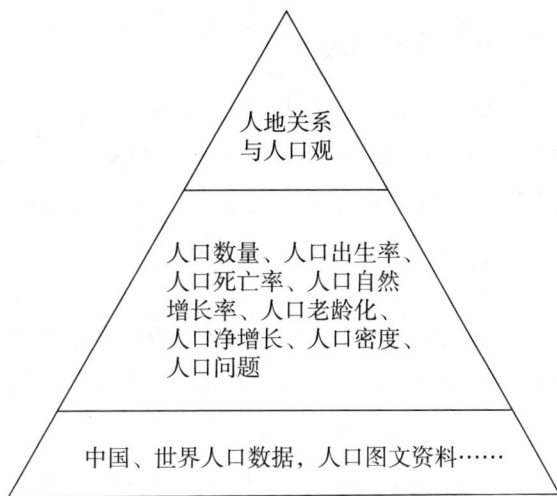

图 1-2-2 "人口"单元知识类型和水平示意图

对应图 1-2-1 所示的知识的不同层级水平，"人口"单元相应的教学内容也有不同知识类型的划分。世界和中国相关的人口数量和相关资料都是支撑学生建立概念的事实性知识，在此基础上逐渐概括出这些现象之间的联系，抽取人口时空分布的概念，分解为一些具体概念，如人口出生率、人口死亡率、人口增长率、人口密度等。在这些概念之间建立起联系，形成上位的认识就是人口与资源环境的关系，即人地关系和人口观。

按照图 1-2-2 显示的知识类型和层级水平，教学时可以先借助人口折线图、人口曲线图、人口柱状图、人口密度分布图等工具手段帮助学生建立人口相关的系列概念；然后通过读图分析概括人口时空分布特征，从而深化人口概念。学生学习人口数量增长和空间分布特征概括等读图分析方法，并迁移到其他区域，最后，通过人口的特征分析与其他自然、人文要素建立联系，分析人口与资源、环境、社会、经济的关系和相互影响。人口时空特征建立在区域特征之上，在不同区域或区域发展的不同阶段，区域特征尤其社会经济特征不同，人口特征也不同。人口与该阶段、该区域的社会经济发展以及资源、环境条件不协调时，就会出现人口问题，进而导致人地矛盾。该区域就要制定相应的人口政策来缓解人地关系的矛盾，最终达到人口与资源、环境、社会、经济的协调统一。这些认识就是学生头脑里通过学习感悟形成的人口观具体内容。

二、"人口"单元目标分层设计

按照学生的认知阶段，综合分析课标要求，确定各年级学生在本年级应达到的能力水平，针对学生学情进行教学目标的分层设计。这样既可以避免出现以教材内容为中心能力层级要求不清的问题，也可以避免出现前后内容教学目标的能力要求深浅不一、同一内容简单重复的问题。

从学习进阶的理论出发，结合中图版教材[①]，重组教学知识内容，划分学生认知阶段，设计不同学段的分层递进目标，具体如表 1-2-2 所示。

表 1-2-2　义务教育阶段"人口"单元学生学习进阶

学段	目标定位	目标表述
七年级	建立概念、训练技能、教给方法、初步综合、认同人口观	1. 运用地图、数据及其他资料，说出我国人口时间上增长的特点。 2. 运用人口分布图，说出我国人口空间分布的特点。 3. 运用地图、数据及其他资料，认同我国的人口国策，认同人口观。
八年级	深化概念、深化综合、方法迁移，建立初步人口观	1. 运用地图，通过运用人口分布图和人口增长图的读图方法，分析归纳世界人口在时间和空间的特点。 2. 通过案例资料，说明人口数量过多对资源、环境、社会、经济的影响。 3. 分析归纳世界人口的分布与自然环境的关系。 4. 理解人口国策与社会经济发展阶段相协调，建立正确人口观。
九年级	温故知新，提炼一般，迁移运用，提升人口观	1. 通过案例分析，运用人口分布图和人口增长图的读图方法，归纳人口时空分布的特点。 2. 通过区域人口分布以及人口问题案例的图文资料分析，建立人口要素与自然环境要素以及社会经济要素的联系，形成综合分析区域人口问题的一般思路和方法，提升人口观念。

表 1-2-2 中，阶段具体划分和分层递进目标设计的一些思考有如下几个方面。

---

① 中国地图出版社出版的教材，以下简称"中图版教材"。

（1）七年级学生初次接触人口，要帮助学生形成地理表象，建立起相应的地理概念，强调教师给出相关材料，教给学生人口时空分布相关图像的读图方法，引导学生通过图文资料建立人口相关概念，说出人口特点，建立有关人口的概念，认同人口观。

（2）八年级在七年级建立概念和初步学会读图方法的基础上，强调运用读图方法迁移到不同尺度区域描述，深化概念，建立人口观，深化综合思维。教师重点引导学生主动运用读图方法迁移应用，归纳人口时空分布特征，体现时空综合；深化七年级所学概念，能运用地图和资料，分析说明自然环境对人口分布的影响，能分析人口与其他要素的关系，体现要素综合；分析人口与区域环境相互作用的关系，说明与自然环境、社会经济发展阶段不协调时会出现的问题，体现解决问题的综合思维。最终理解国策，建立人口与资源、环境、社会和经济协调发展的观念。

（3）九年级的地理复习阶段，定位在于温故知新，调用人口知识理解，运用人口观和区域人口分析的一般方法，分析解决任何区域与人口相关的问题。教师要帮助学生建立其对人口相关内容的新的认知结构，形成新的知识理解，新的方法理解，提炼上位的概括强的地理规律、一般思维过程和方法，着重应用于新的情境，如国家尺度的区域。通过案例分析，不仅让学生学会运用人口分布图和人口增长图的读图方法，更重要的是学会迁移到任意区域分析归纳其人口时空分布的特点，形成综合分析区域人口问题的一般思路和方法。通过对所给任意区域人口分布以及人口问题案例的图文资料分析，建立人口要素与自然环境要素以及社会经济要素的联系，提升和内化人口观念。

三、"人口"单元教学整体设计

（一）单元整体设计

对"人口"单元进行课时的统筹安排，系统设计，优化教学环节和过程。其主要课时分配如下。

课时1：初识"人口"——建立人口相关概念、学会读图方法、认同人口观念（以中国人口为例）

【区域】以中国人口为例

【教学内容】积累人口相关表象；建构人口相关概念；了解我国人口国情；认同我国人口国策。

【教学工具】学会人口折线图、分布图的读图方法，建立概念。

课时 2、3：再探"人口"——深化人口概念、运用读图方法、建立人口观念（以世界人口为例）

课时 2：世界人口

【区域】以世界为例

【教学内容】归纳世界人口增长的特征；了解人口问题，建立正确人口观。

【教学工具】运用读折线图、柱状图方法，归纳人口增长特征。

课时 3：世界的人口

【区域】以世界为例

【教学内容】归纳世界人口分布的特征；面对人口特征及问题，理解人口国策，建立正确人口观。

【教学工具】运用读分布图方法，归纳人口分布的特征。

课时 4：理解"人口"——重构人口知识结构、运用方法解决问题、提升人口观念（以宁夏人口为例）

【区域】以宁夏为例

【教学内容】重组人口单元知识结构；运用知识结构迁移区域解决问题；提升人口观。

【教学工具】运用不同尺度区域的人口折线图、人口分布图，分析人口特征和人口问题。

通过以上课时安排可以看出，这是 4 节课的安排层层递进、环环相扣的一个目标单元的系统设计。

（二）单元目标与重难点

【单元学习目标】

通过四课时逐层递进的学习，使得学生获得从人口表象—人口概念—人口特征—人口观的进阶。

理解人口的基本内涵，理解人口与区域环境的关系以及分析现实人口问题的重要方法；学会基本读图方法，利用人口折线图、人口分布图概括不同区域人口特征；学会从时空和要素综合分析，培养分析解决现实问题的能力，形成并提升正确的人口观。

【单元学习重难点】

单元学习重点：

运用人口折线图、人口分布图，分析区域人口增长和分布特征；

运用地形分布图、气候分布图综合分析区域自然地理要素对人口的影响；

形成正确人口观，能够从要素综合、时空综合角度分析人口问题，理解不同区域的人口国策。

单元学习难点：能够从要素综合、时空综合角度分析人口问题，将人口知识结构迁移运用到其他区域，分析人口问题，理解不同国家的人口国策。

(三)课时教学设计示例

下面是课时 3"世界的人口"教学设计，该课为八年级新授课(表 1-2-3)。

表 1-2-3

课题	世界的人口
课标要求	(1)运用地图和其他资料归纳世界人口分布的特点。 (2)举例说明人口数量过多对环境及社会、经济的影响。
教学目标	(1)通过分布图、其他资料等，运用读图方法，归纳世界人口分布的特点。 (2)运用人口分布图、气候分布图、地形分布图，说明影响区域人口分布的自然因素。 (3)通过区域案例分析，说明人口时空差异，理解人口与区域资源条件，社会、经济发展的关系，初步建立正确的人口观。
教学重点	(1)归纳世界人口分布的特点。 (2)说明影响区域人口分布的自然因素。
教学难点	(1)培养人口的时空综合和要素综合分析意识，提升学生的综合思维。 (2)初步建立正确的人口观。

续表

教学过程			
教学环节	教师活动	学生活动	设计意图
课前复习	【图片】世界人口增长 (提问)世界人口增长有什么特点? 【材料】中国人口政策 (提问)人口政策的调整出现在什么阶段?	根据人口增长的特点，自主主动对应不同阶段的人口特点。	复习回顾，不同时间、不同阶段人口增长的特点不同。
政策引入	【图片】各国人口政策介绍	了解不同地区的人口政策，不同的解决方式。	由解决现实问题进入课堂，激发学生兴趣。
空间差异	【图片】世界人口密度分布图 (提问)世界人口的分布有什么特点? (提问)分析人口集中的原因，你需要哪些地图来辅助? (小组讨论) 【图片】地形分布图、气候分布图、气温分布图、降水分布图 (归纳)1. 世界人口分布的特征。 2. 人口的分布特点是多个要素综合影响的结果。 【材料】世界人均 GDP 分布 (讲授)人口分布在自然条件的基础上，也受到社会经济的影响。	读图描述。 小组讨论，分析归纳影响人口分布的自然因素。 理解人口分布与社会经济发展有关系。	培养学生的读图意识、读图能力，建立综合思维。
问题政策	【图片】世界人口分布图 (思考)世界人口集中是不是一定出现人口问题? 【材料】欧洲西部 (归纳)人口需要考虑自然条件、资源、环境、社会、经济等综合因素。 【材料】 1. 过于密集地区解决政策。 2. 稀疏地区解决政策。 (讲授)对比俄罗斯，我国的政策综合考虑了各种因素，从根本上解决问题。	思考出现人口问题后应该怎么解决。 理解针对国情的政策。 感受我国政策的优势。	运用人口特点，了解当人口特点与区域环境不协调时出现的问题联系实际，深刻理解国家政策。

续表

教学过程			
教学环节	教师活动	学生活动	设计意图
小结提升	（归纳） 1. 人口的增长和分布特点是多种要素综合影响的结果。 2. 世界人口在不同发展阶段、不同地区有不同的特征，因此各国在不同发展阶段以及各国间采取针对本国国情的人口政策。	理解人口与自然环境、社会经济发展相适应，因此建立正确的人口观。	明确人口时空差异，理解人口与自然环境、社会经济发展相适应，建立正确的人口观。

板书设计：

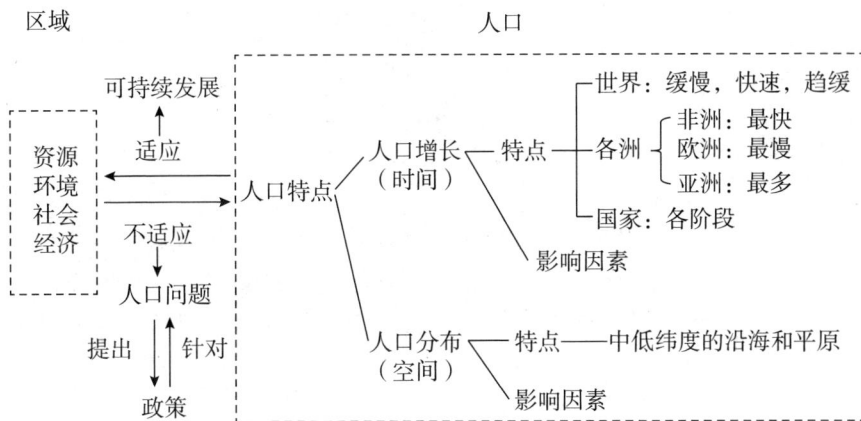

四、单元教学的效果和意义

目标单元内容的重组，对初中地理人口内容进行了分层递进目标的设计，符合学生的认知规律。学生循序渐进地学习"人口"，从事实到概念，从概念到关系，从关系到地理观念，逐渐提升认知水平和思维水平，形成综合思维和区域认知以及人地协调观等地理学科核心素养，对学生的发展价值和意义凸显在以下几个方面。

（一）有助于理解人口政策，建立人地协调观

人口观是人地协调观的重要组成部分。人口数量和增长因为随着社会发展的阶段不断变化，所以需要提出适合国情和不同发展阶段的国策；不同国家和地区因为发展阶段不同，人口问题不同，所以需要制定

不同的国策。人口数量过多、结构不合理等会对资源、环境、社会、经济产生重要影响，形成人口必须与资源、环境、社会、经济达成和谐的可持续发展观点。

（二）通过要素综合，培养学生综合思维

综合思维是地理学科的基本思想和基本方法。通过分析人口问题，体现人口特点在时空综合方面的落实；通过分析人口分布与区域自然环境的关系，分析自然环境对人口分布的影响，体现要素综合，培养学生的地理综合思维。

（三）单元知识结构，有利于举一反三，分析其他区域人口现实问题

单元知识结构关注知识之间的内在联系，凸显学科思想方法和观念，这些上位的认识更具理解力和迁移力，可以迁移到其他类型的区域，分析区域人口有关的现实问题，理解不同阶段区域的人口如何与区域资源、环境与发展相统一协调的问题。

【案例评析】

本单元基于"地理环境"和"人地关系"核心概念，对初中地理"人口"相关教学内容进行了重组，形成了一个跨学段的知识重组单元。有价值的知识是内在联系的知识系统。基于知识分析进行知识重组优化的单元教学设计与实施，教给学生有价值的知识，有利于解决初中地理课堂教学低效的一些问题。

地理学科核心素养是一个一以贯之的持续发展、循序渐进的学习过程，需要借助单元分层目标设计来实现。本单元在对"人口"相关内容进行知识分析的基础上，按照课标要求进行了人口相关教学要求的系统分析，厘清行为动词代表的学生的学业水平的差异；再按照学习进阶理论，从初中学生地理学习认知发展的角度划分了学生学习人口内容的认知阶段，系统设计了单元分层递进教学目标，并对课时做了统筹安排和系统设计。这样一个"人口"单元分层目标的系统化、连续化设计，符合初中学生地理学习的认知规律，便于相关内容的衔接递进。学生从建立概念、学会读图分析人口时空分布的方法，再到学会认识人口与自然地理要素以及与社会、经济的影响，与资源、环境、发展的关系，进而形成科学的人口观，是一个不断上台阶、能力和素得到提升的过程。

人口观是超越知识的上位认识，可以帮助学生在知识的学习过程中

提升和逐渐感悟。通过学习人口的时空分布特征，认识人口受地形、气候、水源等自然、资源条件的影响，也受社会经济发展水平的制约，这些关系的分析和认识是地理学科核心素养—综合思维和人地协调观的重要体现。人口数量和增长因为随着社会发展的阶段不断变化，不同国家和地区所处发展阶段不同，人口问题不同，所以制定人口政策也不同。最终学生提升为人口的学科观念认识：区域人口的发展要与区域的社会经济水平相统一，与区域自然环境与资源相适应。

单元教学设计打破了教材原有的区域地理顺序，不论是中国人口的学习还是世界人口的学习，区域只是案例和载体，关键在认知世界不同区域特征的基础上，按照学生认知规律，循序渐进地学会分析不同区域的人口时空分布特征、人口与自然环境以及社会经济、资源等的关系，逐渐学会用科学的人口观念看待不同区域的人口政策和人口发展问题。

目标单元教学研究，是帮助教师落实地理学科核心素养的重要途径，有利于教师对教学内容的理解和把握，更好地驾驭和处理教材，更好地把握教学中有教育价值的结构性知识，帮助学生形成准确的人口观。

参考文献

[1]季苹.教什么知识——对教学的知识论基础的认识[M].北京：教育科学出版社，2009.

[2]张素娟.基于地理学科核心素养的地理单元教学设计——以"地理位置"的学习为例[J].中学地理教学参考，2017(15).

[3]张素娟.基于核心概念和学习进阶分析的初高中地理教学内容的衔接[J].中学地理教学参考，2015(15).

1.3 初中化学"金属及酸碱盐的性质与反应"单元的教学设计与实施

【案例导读】金属、酸、碱、盐是初中化学课程中涉及的四类重要物质，课程标准淡化了这些概念，而是强调其性质及应用。在学生学习过程中，如何以常见的几种具体物质的性质为基础，帮助学生从物质类别的角度把握金属、酸、碱、盐的化学性质及其相互间反应的规律，是深化学生认识、发展学生化学思维的关键所在。本案例在这方面进行了探索。

在初中化学课程中，金属、酸、碱、盐等知识属于"身边的化学物质"主题下的重要内容。由于这部分知识涉及的物质及其反应多，物质之间的反应关系较为复杂且有些交叉，所以学生感觉好学、难记，而且常常是随学随忘，在解决相关问题时难以厘清头绪或无从下手。究其原因，学生的学习大多停留在对具体事实的感知与记忆水平，缺乏对这些知识间的内在联系及其所蕴含的学科思想与方法的理解，导致学生在处理实际问题时往往缺乏思考或求解问题的思路不清。《义务教育化学课程标准(2011年版)》指出，"引导学生认识物质世界的变化规律，形成化学的基本观念"，并强调教师要"整体规划和科学设计单元和课时教学目标"。为此，课题组以学科大概念为统领，将金属、酸、碱、盐等知识进行整合，力图通过开展"基于物质类别认识物质性质与反应规律"的单元教学，促进学生形成结构化的学科知识及其分析和解决相关问题的思路方法，提升学生的化学思维水平。

一、基于大概念的知识分析

化学是研究物质的组成、结构、性质及其应用的科学。对于"身边的化学物质"，课程标准要求"认识身边一些常见物质的组成、性质及其在社会生产和生活中的初步应用，能用简单的化学语言予以描述"。课程标准强调"组成""性质""应用"，凸显了化学学科的核心知识及其思维方式，为教学指明了方向。

对于金属、酸、碱、盐等内容，课程标准淡化了这些概念，而是强调其性质及应用。物质的性质包括物理性质和化学性质，以后者为主。对于金属、酸、碱、盐的化学性质，课程标准的要求，见表1-3-1。

表 1-3-1　课程标准的要求

物质类别	标准
金属	认识常见金属的主要化学性质，能用金属活动顺序对有关置换反应进行判断，并能解释日常生活中的一些化学现象。
酸、碱	认识常见酸、碱的主要性质和用途，知道酸、碱的腐蚀性，知道酸碱性对人体健康和农作物生长的影响。
盐	了解食盐、纯碱、小苏打、碳酸钙等在日常生活中的用途。

关于"物质性质及应用"的学习，"性质"是重点，物质性质决定了物质的用途、制法、保存等，不认识物质性质，就不可能理解物质的应用。物质的化学性质是通过化学反应来体现的，而物质的性质与反应是由其元素组成和内部结构所决定的，不从组成和结构角度认识物质性质与反应，就难以形成对物质性质与反应的深入理解。为此，需要从"组成""性质""应用"及其相互联系的角度来深刻理解物质的化学性质与反应。

从物质的元素组成来认识物质并将其进行分类、归纳，以此达到深入了解物质和利用物质的目的，这是化学学科的独特视角之一，也是初中阶段的重要学习内容。物质是由元素组成的，依据物质的元素组成可以将物质分类，同类物质具有相似的性质，一定条件下含有相同元素的各类物质可以相互转化。上述大概念高度概括了物质的元素组成与性质、反应之间的本质及规律，具有普遍的认识论和方法论的意义。以上述大概念为指导，从物质的"组成""性质""应用"及其相互关系的角度来组织教学内容，有助于引导学生形成较为系统的知识结构以及看待事物的视角与思维方法。

金属、酸、碱、盐是四类重要的化学物质，以上述大概念为指导来分析和把握相关内容，不仅可以更好地从物质类别的角度认识金属、酸、碱、盐的性质及反应规律，而且有利于认识含有同一元素的不同类别的物质之间转化的反应规律，见表1-3-2。

表 1-3-2　物质的类别与反应规律

物质类别	金属（单质）	酸	碱	盐
组成与结构特点	由金属元素组成；构成微粒为金属原子	由氢元素和酸根组成；在水溶液中电离出的阳离子均为 H^+	由金属元素和氢氧根组成；电离出的阴离子均为 OH^-	由金属元素和酸根组成；电离出金属离子和酸根离子（注：在此不考虑铵盐）
化学性质	金属 ← 非金属O_2、酸、盐	酸 ← 金属、金属氧化物、碱、盐	碱 ← 非金属氧化物、酸、盐	盐 ← 金属、酸、碱、盐
各类物质间的反应关系	非金属—金属；非金属氧化物、金属氧化物；酸、碱、盐			

二、以大概念为统领进行单元知识重组

依据课程标准对物质组成、性质及其应用的教学要求，并结合学生学习实际，现以大概念为统领，将金属、酸、碱、盐相关知识进行整合，确定开展"基于物质类别认识物质的性质及反应规律"的单元教学，主要是基于以下的考虑。

从学科知识本质的角度看，金属、酸、碱、盐是四类重要的化学物质，组成和结构上的相同或相似决定了同类物质具有相似的性质与反应规律，在一定条件下含同种元素的不同类别的物质如单质、氧化物、酸或碱、盐等之间可以相互转化。因此，以学科大概念为统领，确定"基于物质类别认识物质的性质及反应规律"目标单元，有利于促进学生把握相关知识间的联系，形成较为系统的知识结构及其思维方法。

从人教版①九年级化学教科书看，金属、酸、碱、盐知识被分别编

---

① 　人民教育出版社出版，以下简称"人教版"。

排在不同的章节中，但这些内容的呈现均有相似之处，即先介绍类别中的典型物质的性质与反应，然后再引出该物质类别的一些通性和反应规律，体现了从个别（具体物质的反应）到一般（一类物质的反应规律），再从一般到个别的认识思路。为此，设置"基于物质类别认识物质的性质与反应规律"目标单元，在引导学生认识同类物质具有相似性质的过程中，能够以学生的思维发展为核心，强化对学生科学思维方法的启迪。

从学生学习的角度看，金属、酸、碱、盐知识是学生学习的难点。有关金属、酸、碱、盐的性质及其应用方面的内容较多，具有庞杂、零散的特点；物质性质的学习主要是基于实验现象的分析与总结，而基于实验获得的知识是感性的，且有些内容又容易混淆。此外，水溶液中酸碱盐的反应，其微观实质是"离子间的反应"，限于初中学习要求，学生还未形成从微观角度分析和理解酸碱盐的反应。因此，帮助学生建立起研究和认识物质性质的思路与方法，加强从元素视角认识物质类别与反应规律及其转化关系，就显得尤为重要。

三、单元教学方案

(一)单元目标设计

依据上述分析，"基于物质类别认识物质的性质与反应规律"单元教学目标兼顾知识与方法多个层面，在学习具体知识技能的同时，重在促进形成基于物质类别认识物质性质与反应规律，形成结构化的学科知识及其分析和解决相关问题的思路方法。其具体如下：依据元素组成和结构特点，能够基于物质类别认识金属、酸、碱、盐的性质与反应规律及其相互转化关系，并能运用于分析和解决社会生产和生活中的相关问题；以实验为手段，通过化学学科宏观结合的分析方式，初步学习运用比较、分类、归纳和概括等方法对获取的信息进行加工处理，体会从个别到一般、从一般到个别的认识思路与方法；初步养成勤于思考、善于思考、严谨求实的科学品质。

(二)单元主要内容及课时安排

基于学生的认知基础，为促进学生基于物质类别认识化学反应规律，本单元按照系统规划、突出重点、有序推进的原则整体设计教学内容，主要涉及金属的化学性质、酸的通性、碱的通性、盐的化学性质及常见各类物质间的反应关系等教学内容，见表1-3-3。

表 1-3-3　单元主要内容及课时安排

课题	主要内容
金属的化学性质 （2课时）	第1课时：按照物质类别将已学金属的化学性质分类，对常见金属与氧气反应及与盐酸或稀硫酸的反应进行比较，归纳出金属活动性的不同；对常见金属与盐溶液反应现象分析对比，归纳出部分金属活动顺序，体会探究方法。 第2课时：学生亲自做探究实验"实验验证金属化学性质"：对金属与酸、金属与盐溶液等探究实验进行设计、操作、观察、对比和归纳，体会关于金属化学性质的探究方法。
酸的通性 （2课时）	从具体的某些酸的性质归纳出酸的通性。 第1课时：按照物质类别对已学盐酸与其他物质的反应体现出的化学性质进行分类，对盐酸与指示剂、氢前金属、金属氧化物、碱及碳酸盐的反应进行探究和归纳。 第2课时：学生做实验对稀硫酸的化学性质进行探究，与盐酸进行比较，归纳其组成和结构的相似性，推导出酸的通性。
碱的通性 （1课时）	以"酸的通性"为指导完成碱的通性的学习，体现由一般性规律指导学习个别碱的化学性质。
盐的化学性质 （1课时）	以酸、碱通性的学习为基础开展对盐的化学性质的学习。 回顾总结盐参与的化学反应，并按物质类别将盐的化学性质分类，突出学习碳酸盐与酸的反应。
常见各类物质间的反应关系（1课时）	基于物质类别，利用酸碱"反应对称关系"，认识常见各类物质间的化学反应规律

（三）单元学习进程及教学思路

　　"基于物质类别认识物质的性质与反应规律"单元着重培养学生具有化学学科特点的思维方式，逐步认识物质组成结构、性质及反应规律的关系。这一学习过程，不是让学生简单记忆知识结论，而是促进学生"初步学习运用比较、分类、归纳和概括等方法对获取的信息进行加工"，让学生经历学习知识、运用知识和解决问题的全过程，其学习进程及学习思路如表 1-3-4 所示。

表 1-3-4　单元学习进程及学习思路

学习进程	从物质分类认识物质性质与反应规律的思路与方法
金属通性的教学	
从生活中常见的金属入手，对比已经学过的几种非金属，归纳出金属相似的物理性质→相似的性质反映出金属相似的组成和结构→金属具有相似的化学性质	大多数金属是电和热的良导体，延展性较好，大多数非金属不具有以上性质 大多数金属在组成和结构上具有相似性 大多数金属的化学性质具有相似性（与氧气、酸、某些盐反应）
⇩	
酸的通性教学	
回忆已学盐酸、稀硫酸的化学性质知识→比较和归纳酸的通性→从物质组成分析变化的本质（电离出的阳离子均为 H^+）→构建知识框架→巩固练习及迁移到其他酸的应用	③酸具有相似的结构 从酸的通性入手归纳相似结构 ②酸的通性 从常见酸入手归纳其通性 ①常见酸的化学性质 酸+指示剂　酸+氢前金属　酸+碱性氧化物　酸+碱　酸+碱盐 H^+　酸的通性
⇩	
碱的通性教学 （模仿研究酸的分析方法自主探究）	
回忆已学 NaOH、Ca(OH)$_2$ 知识→从物质组成分析变化的本质（电离出的阳离子均为 OH^-）→利用与酸的对应关系推导出碱的通性→构建碱的化学性质的知识框架→巩固练习及迁移到其他碱的应用	①碱具有相似的结构 以碱相似结构推导碱的通性 ②碱的通性 以碱的通性指导个例学习 ③常见碱的化学性质 碱+指示剂　碱+非金属　碱+酸性氧化物　碱+酸　碱+某些盐 OH^-　碱的通性
⇩	

学习进程	从物质分类认识物质性质与反应规律的思路与方法
盐的化学性质的教学 （学生自主探究）	
回忆已学知识→比较和归纳盐的化学性质→从物质组成分析变化的本质（具有相同的金属离子则化学性质相似，以金属活动顺序的应用为例；具有相同的酸根离子则化学性质相似，以碳酸盐为例）→构建知识框架→巩固练习及迁移	
常见各类物质间的反应关系的教学 （在引导下自主探究）	
回忆已学酸碱盐的知识框架→通过比较和归纳从物质组成及结构特点分析物质性质与变化的本质与规律［单质→氧化物→酸或碱→盐］→构建不同类别物质间的相互反应关系图（利用酸碱盐已有的知识框架）→巩固练习及迁移	

如表 1-3-4 所示，该单元通过系统设计"金属的化学性质""酸的通性""碱的通性""盐的化学性质""常见各类物质间的反应关系"等教学内容，按照从个别到一般，再从一般到个别的学习进程，采取实验观察、宏微结合的对比分析、总结归纳等多样化的活动方式而展开的。其中，"酸的通性"的学习注重从个别到一般，从具体的个别物质（稀盐酸、稀硫酸）的性质与反应归纳出"酸"这类物质的性质及反应规律，并从其组成和结构特点分析这类物质的特点，认识其宏观性质与反应的微观本质，促进学生初步建立"物质组成与结构特点—物质类别—同类物质的共同性质及反应规律"之间的关联，初步形成结构化的知识及其思维方法。以此作为方法性指导的思考工具，在"酸的通性"学习的基础上，"碱的通性"学习注重从一般到个别，从一般性规律开始指导常见碱的化

学性质学习,以此实现知识的转化与迁移应用,促进学生利用已有知识学会学习、学会解决相关的化学问题。

四、单元教学实施

在本单元教学中,"酸的通性"是引导学生初步建立物质的组成、类别、性质及反应规律间联系的关键的一节课;而"常见各类物质间反应关系"的教学,是在学生对物质的组成、类别、化学性质及反应规律应用较为熟练的基础上,为促进学生完善初中阶段各类物质间的反应关系知识网络的重要的一节课。这两节课的教学思路简介如下。

(一)"酸的通性"教学

对于新授课"酸的通性"的教学(其教学思路见表1-3-5),根据学生已有的认知基础,对具体的典型物质如稀盐酸、稀硫酸的性质与反应进行对比分析,归纳出酸这类物质能发生的反应,初步形成对"酸的通性"的认识;再从常见酸的组成进行分析,认识酸这类物质的组成与结构特点,由于结构相似而具有相似的化学性质,进而从微观角度认识"酸的通性"的微观原因,并以此为契机逐渐体会"结构决定性质,性质决定用途"的化学学科思想。以此为参照,引导学生开始下一步酸的通性、碱的通性及盐的化学性质的学习,逐渐帮助学生初步厘清研究酸、碱、盐的性质与反应的基本思路。

表1-3-5 "酸的通性"教学思路

任务主线	问题设计	活动设计
梳理已学过的关于酸的化学性质的知识	请分类归纳总结你所知道的酸的化学性质。	小组讨论,归纳之前学过的实验中常见的酸所展现出的化学性质。
通过对实验的再分析,提炼关于酸的反应规律	除了上述反应外,请你从物质类别角度尝试猜想一下,酸还能和哪一类物质反应。	除归纳已学4条反应规律外,观察氢氧化铜与盐酸或硫酸的反应实验总结第5条规律。
总结归纳酸的通性与组成结构的关系	从酸的化学式看其组成元素、酸的组成及结构有什么特点?请分析酸为什么具有相似的化学性质。	书写几种常见酸参与的化学反应方程式,找寻酸在组成及结构上的共同点,建立酸的性质与其组成及结构特点之间的关联。

续表

任务主线	问题设计	活动设计
学以致用	如何利用酸的通性说明或解释一些生活实例或情境？	按指示剂、金属、金属氧化物、碱、碳酸盐的顺序对展示的生产、生活相关图片做解释。
在酸的共性基础上进一步认识某些酸的个性	是不是所有酸都能与氢前金属发生反应生成氢气？	观看浓硫酸与锌反应视频，并提出自己的看法。

(二)"常见各类物质间的反应关系"教学

在本节课教学之前，学生学习了有关金属的化学性质、酸的通性、碱的通性及盐的化学性质，通过对比分析和归纳整理的学习过程，初步构建起关于金属、酸、碱、盐这四类物质的性质与反应的知识构架。本课时的教学(见表 1-3-6)注重引导学生运用对比、分析和归纳的方法，对于初中所学的常见物质(单质、氧化物、酸、碱、盐)相互反应关系进行梳理，进一步认识含有同种元素的不同类物质之间的相互反应的关系，把零散的知识系统化和规律化，以此增进学生对知识的深刻理解，发展学生的化学思维，促进学生在分析和解决实际问题时有规律可循。

表 1-3-6 "常见各类物质间的反应关系"教学思路

任务主线	问题设计	活动设计
以物质类别为基础，梳理对各物质化学性质的已有认识	(情景模拟)叫"盐酸"的这头"羊"走哪条路才能躲过饿狼的袭击，走出森林？	(迷宫游戏)利用多种物质间的相互反应关系走出迷宫。
通过回顾已有的酸和碱的化学性质，构建相应的反应关系	这只羊(酸)具有哪几方面的性质与反应？碱又有几方面呢？	自主梳理已经学习过的酸及碱所具有的化学性质与反应，形成知识主干。
通过归纳建立各类物质之间的相互反应关系	各类物质间发生什么反应？生成哪类物质呢？	以酸和碱的通性为主干线，自主勾画相互反应关系网络图。
	从这个"6 点图"上看，你能发现还缺少哪类物质吗？这类物质能参与什么反应呢？	按物质类别，以盐为基点继续勾画完成 7 类物质相互反应的关系图。

续表

任务主线	问题设计	活动设计
学以致用	你能用尽可能多的方法制得氯化锌吗？在工厂或实验室，哪种方法为最优呢？	按反应规律寻找制盐的途径，小组讨论可行性及最佳方案。

五、教学效果分析

在单元教学实践中，采用学生学习自我总结卡的形式对全班 37 名学生进行了调研，表 1-3-7 呈现的是该班级 4 次教学后的学习情况统计。

表 1-3-7　单元主要课时学生学习情况调研统计

课时内容	酸的通性	碱的通性	盐的化学性质	常见各类物质间的反应关系
学会了主要知识与技能的学生/人	31	35	36	36
没学会主要知识技能的学生/人	6	2	1	1
能应用知识技能解决问题的学生/人	29	32	36	36
能部分应用的学生/人	8	5	1	1
学生没学懂的知识点	酸与碱性氧化物反应(1人)；酸与碳酸盐反应（2人）；酸与碱反应（1人）；为什么有这些通性(2人)	方程式不能熟练写出(1人)；碱与酸性氧化物反应(1人)	盐与盐反应(1人)	规律太多记不住(1人)

对比往年教学状况（以往的教学没有突出基于物质分类视角的目标单元教学，当课程进行到"常见各类物质间的反应关系"时，同类班级中有一半学生感到茫然），以学科大概念为统领组织单元教学，将化学学科的思想方法如结构决定性质、物质分类及其反应规律等逐渐地在新课及复习课教学中加以渗透，可以增进学生的深刻理解，改善学生的学习效果。

通过这次"基于物质类别认识物质性质与反应规律"目标单元教学实践，笔者有以下体会。

第一，聚焦学科本质，以大概念为统领开展目标单元教学，能够促进教师深入分析和理解学科知识。只有教师有较为深刻的学科理解，站得高才能更好地指导学生认识物质及其变化的本质，获得更好或更根本的解决问题的方法。在本单元教学中，从常见酸的性质入手，归纳整理得出酸的组成和结构特点上的相同（由氢元素和酸根组成；在水溶液中电离出的阳离子均为 H^+）—相同物质类别：酸——具有相似的化学性质（酸的通性），并以此为思考工具，通过演绎法展开碱的通性的学习，由具有相同 OH^-（相同物质类别：碱）、具有碱的通性指导氢氧化钠和氢氧化钙化学性质的学习。这一过程，通过前后的归纳法和演绎法，让学生经历从个别到一般，再从一般到个别的思维转化，从中体会到抓住事物本质能够使学习任务简单化，且能较容易实现知识的迁移应用。

第二，以大概念为统领开展目标教学，有助于教师系统把握教学内容，使学生发展具有整体性和连贯性。本文以酸的通性的研究方法来指导碱的通性的学习，使得初中各类型物质间相互的反应关系已经具有了两条"主干线"，以此为基础按照酸和碱各自对应的反应关系进一步梳理出初中阶段常见 7 类物质的相互反应关系图，涵盖了初中化学课程中所涉及的大部分化学反应，这既是对初中主要反应的总结，又为高中继续学习打下坚实的基础。

第三，以大概念为统领开展教学，以学生思维发展为核心组织教学活动，引导学生运用比较、分类、归纳和概括等方法整理知识，让学生经历学习知识、运用知识和解决问题的全过程，这对于增进学生的知识理解、启迪学生的科学思维、化解学生学习的困难起到了极为重要的作用。

总之，以学科大概念为统领的"基于物质类别认识物质性质与反应规律"目标单元，关注具体知识背后更为本质的思想方法，引领学生从物质类别的角度把握金属、酸、碱、盐的化学性质及其相互间反应的规律，有利于促进学生形成较为系统的知识结构，并使之转化为分析解决相关问题的思路方法，其意义在于——这是深化学生认识、发展学生化学思维、促进学生能够运用所学知识解决问题的重要途径和关键所在。

【案例评析】

教是为了学，教需要依据学来设计。本案例的重要启示在于，聚焦学科大概念，抓住教学内容的本质和关键所在，以此为依据分析和找到学生学习的困难及其原因，从而有针对性地设计和实施"促进学生形成较为系统的学科知识结构与思维方法"的目标单元，这是改善学生学习的重要策略，这不仅依赖于教师的学科理解以及教师对课程内容的系统把握，也要求教师具备以学生为中心的教学立场和教学能力。

参考文献

[1]中华人民共和国教育部.义务教育化学课程标准(2011年版)[S].北京：北京师范大学出版社，2012.

[2]何彩霞.引导学生从元素视角认识物质及其转化——以"金属及其化合物"教学为例[J].化学教学，2013(9).

[3]何彩霞.教给学生解决问题的思路与方法——"探究二氧化碳与水是否反应"教学案例分析[J].教育与装备研究，2016(6).

[4]何彩霞.围绕"化学元素观"展开深入学习——以"水的组成"教学为例[J].化学教育，2013(4).

[5]何彩霞.化学学科观念构建是单元教学的核心——"物质的分类"单元教学的思考[J].化学教育，2009(2).

[6]贾宇彤，蔡伟.基于学生研究和知识分析的学科有效教学策略[J].中国教师，2018(2).

[7][英]温·哈伦.以大概念理念进行科学教育[M].韦钰，译.北京：科学普及出版社，2016.

1.4 初中物理"光"单元的教学设计与实施

【案例导读】"光"是初中物理中的核心知识之一。学生在初中阶段通过光的直线传播、光的反射、光的折射等知识内容的学习，逐步建立对几何光学的理解。如何基于对初中物理中涉及"光"主题的相关知识分析，整合形成单元教学目标？如何处理单元内容，组织单元活动？如何通过多元化的单元评价设计，有效检验单元目标的实现？本案例为核心素养下的教学整合与单元设计提供了借鉴。

"核心素养"是当今国际教育界的热点话题，对教育改革具有导向作用，在一线教学中如何落实核心素养是教师们亟待解决的问题。钟启泉教授认为："核心素养下面是学科素养，再下面是单元设计，最后是课时计划，一线教师需要基于这些环节，展开日常教学的运作。"单元设计既是课程开发的基础单位，也是打破课时主义的束缚并基于核心素养整合教学的重要途径。

本研究团队在"基于学生研究和知识分析的学科教学"项目中采用目标单元教学设计的方式，对教学内容进行整合，从而实现培养核心素养的目标。下文以初中物理"光"单元教学研究与实践为例展开讨论。

一、"光"单元的知识分析与教学目标

(一)"光"单元知识分析

初中物理课程标准中对于光的内容要求的要点是：

①通过实验，探究光在同种均匀介质中的传播特点，探究并了解光的反射定律和光的折射现象及其特点。

②通过实验，探究平面镜成像时像与物的关系，知道平面镜成像的特点及应用。

③认识凸透镜的会聚作用和凹透镜的发散作用，探究并知道凸透镜成像的规律。了解凸透镜成像规律的应用。

④通过实验，了解白光的组成和不同色光混合的现象。

⑤知道波长、频率和波速。

结合课程标准，初中物理光学的学习内容在人教版物理教材《八年级物理上册》，分为两章进行学习，共10小节，每节之间在知识结构上有所联系。基于光在介质中的不同路径——光在均匀介质中的传播、光在不均匀介质表面的传播路径和光通过不均匀介质间的传播路径将光传播分为光的直线传播、光的反射和光的折射三个教学单元。通过知识的整合，提炼出初中物理"光"单元的层级式知识结构(图1-4-1)。

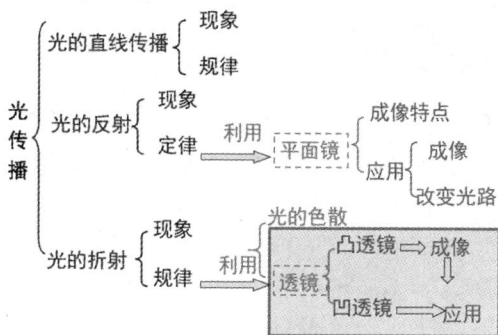

图1-4-1 "光"单元层级式知识结构

依据课程标准要求和光传播的教学内容，光单元的总体目标被定为通过生活中的现象了解并获取光传播的相关概念和规律，会识别相关现象，理解原理，并能应用所学去分析、解释新的现象。以此，设计相关的实施途径。

(二)"光"单元知识重组的意义和方法

基于知识的承接性和学生认知能力的思考，我们对教材单元进行知识重组，整合成教学单元，根据单元教学的整体性特点，可以将单元教学的教学过程看成一个整体，将这种整体性渗透在教学的环节中。

知识重组的意义体现在以下几个方面。

首先，增强了物理教学的系统性，在教学中通过目标、任务的明确避免出现课时教学费时、知识点重复讲解的情况，在教学中力求提高学生学习的连贯性。单元教学从整体出发，以认识生活现象、建立物理模型、探究物理规律、常见物理现象、分析原理为思路，在教学中体现清晰、有序的进程，避免各节教学的琐碎冗杂，将学科内的相关知识、能力等组成一个有联系、有逻辑、有层次的系统，并形成适合学生发展、满足学生需要的课程。

其次，顺应学生的认知规律和发展需求，一个单元教学的整体性往往是建立在学生认知规律的基础上，经历认识事物的探索过程，发展学生解决问题的能力，最终进行迁移和自主学习。单元教学始终将提高学生自学能力放在关键位置上，强调学习要将知识转化为能力和素养。

同时，教学过程中还关注学生的交流反馈，根据反馈结果适时进行方法调整，提高学生学习能力，保证教学的有效开展。这加强了知识与实际生活、知识与解决问题、知识与运用、知识与情感之间的联系，通过单元教学易于形成创新、联想、迁移等思维方式和行为习惯。

二、单元教学方案设计

本文从知识整合出发，根据单元教学的基本思路设计了"光"单元教学的实施路径，并基于此，进行教学实践，以学生的知识进阶为指引，进行相应的课时设计和活动设计。

依据层级式知识结构和总体目标，围绕初中物理"光"单元中的光的直线传播、光的反射、光的折射三大概念，将"光"单元分解为三个教学单元。确定教学单元之后，将学科素养和学科内容进行结合，分别制定教学单元目标，选择整合相应的教学策略对单元内容进行处理，并对单元教学设计进行整体规划并实施。其实施途径如图 1-4-2 所示。

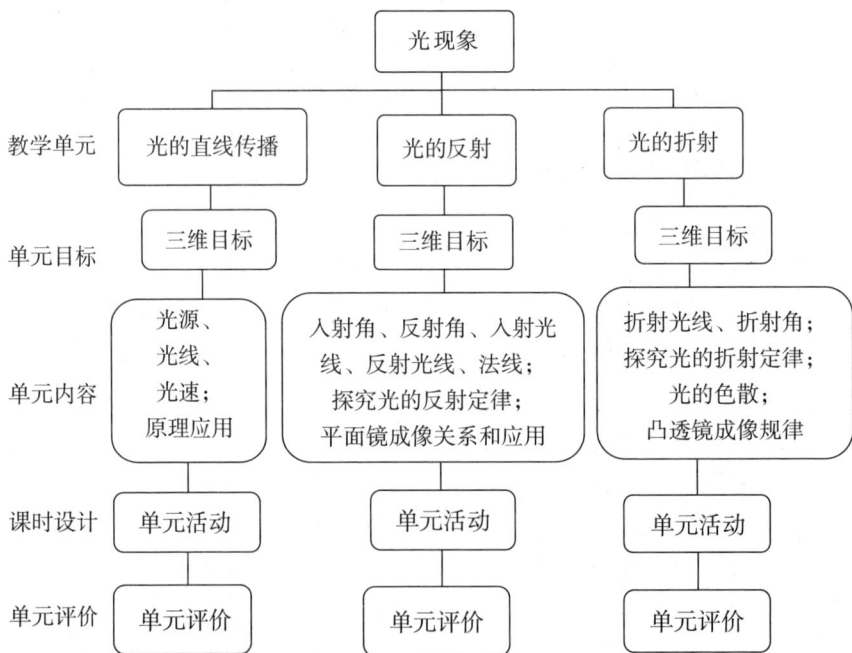

图 1-4-2 "光"单元教学实施途径

三、教学实施及特色教学片段

在教学单元的实施过程中，依据学习进阶理论对教学内容进行处理，从学生的碎片化的事实或者经验出发，将事实经验和科学术语之间建立简单的联系，进而通过单元活动的设计体验得到事实经验与概念之间的定性与定量的关系，最后建立概念间的相互联系，形成系统的知识结构，实现"光"单元的单元目标。

(一)"光的直线传播"教学设计

1. 单元目标和内容

光的直线传播是几何光学的基础，又是研究光的反射、折射现象的必备知识。希望通过教学实现以下目标：

知识目标：能识别光源；了解光的直线传播；列举生活中的应用。

方法目标：通过观察光在空气中和水中传播的实验现象，了解实验是研究物理问题的重要方法。

态度目标：通过解释生活中的重要现象，对光的直线传播规律有更全面的认识，激发学生学习光学知识的兴趣。

"光的直线传播"单元的内容主要包括光源、光线、光速等概念的理解和光的直线传播规律的应用。结合学习进阶理论，对相关的教学内容进行梳理，如图 1-4-3 所示。

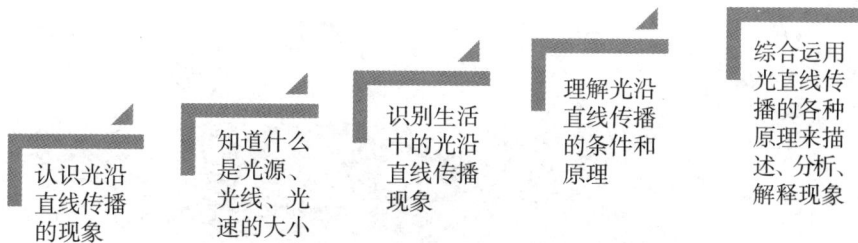

图 1-4-3　光的直线传播学习进阶

2. 课时设计

学习是知识的建构，需要设计不同的单元活动以实现学生的学习进阶，在实际的教学中，对"光的直线传播"单元的课时计划如表 1-4-1 所示。

表 1-4-1 "光的直线传播"课时设计

单元内容	单元课时	单元活动	单元评价
光在气体、液体、固体中的直线传播	1	展示激光束在空气、水、玻璃砖中的传播路径	笔记、学生学案
光在不均匀介质中的路径	1	学生体验不均匀糖水中的弯曲光路及均匀糖水中光的直线传播	小测、实验过程

光是看不见、摸不到的，所以学生对于光的直线传播的概念比较模糊，需要基于学生的认知来创设实验情境和实验器材。为了通过实验突破学生的前概念和认知难点，除了在课堂上演示分析，也可以在课下制作相关微课以便辅助教学。

3. 特色教学片段

在"光的直线传播"教学单元中，结合教师展示和学生实验体验不易观察到的光的规律，从光在均匀介质和不均匀介质中的传播路径的差别，让学生明确得到单元知识的重点——光在均匀介质中沿直线传播。

(1)光在空气中的传播。

教师演示：打开激光笔，墙壁上出现一个绿色光点。

提出问题：我们只看到墙壁上的光点，光束是怎么传播到那的？请同学们想想如何让光的传播路径显示出来呢。

学生思考：雾霾天可以看到汽车光束和路灯的光束。因此，可以借助烟雾或水雾来帮助观察。

教师演示：用喷水壶朝光束路径喷水雾，呈现一条直线光束（图 1-4-4）。

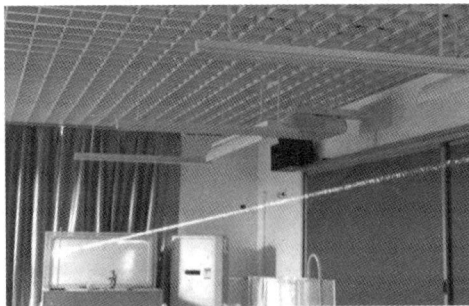

图 1-4-4 光在空气中沿直线传播

学生观察：光在空气中是直线传播的。

提出问题：光沿直线传播，能不能将看到的光的传播路径画出来？

学生操作，教师引导，得出光线概念，通过作图方式描述光在空气中的传播路径。

设计意图：利用实验的直观性特点，将枯燥的知识点变成一个有生命力的实验情境，激发学生的好奇心和学习兴趣，引导学生初步认识光的传播，为学生自主探究光在其他介质中的传播提供方法指导。通过指导学生画光线，将直观的感性认识抽象成物理模型，是接下来单元的知识整合与模型建构的基础。

（2）光在其他介质中的传播。

提出问题：通过实验得出，光在空气中沿直线传播，那么光在水中、玻璃中如何传播？还沿直线传播吗？

学生分组实验：在水中加几滴牛奶，用激光笔观察光在水中的传播路径（图1-4-5甲）；用激光笔照射有机玻璃，观察光在玻璃中的传播路径（图1-4-5乙）。

甲　光在水中的直线传播　　　　乙　光在玻璃中的直线传播

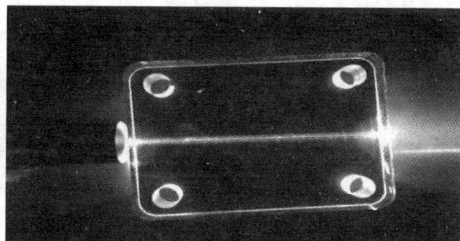

图 1-4-5　光在其他介质中的传播

师生共同得到结论：光在水中沿直线传播；光在玻璃中沿直线传播。光在同种介质中沿直线传播。

设计意图：通过学生自主设计实验，观察光在其他介质中的直线传播；体验实验方法的同时，得到光在不同介质中传播路径的普遍结论。

（3）光在非均匀介质中的传播。

提出问题：光在同种介质中，是不是在任何情况下都沿直线传播呢？

演示实验：展示水槽中的清水，将激光束从水槽侧壁射到清水中，则光沿直线传播；用长颈漏斗将浓糖水注入水槽中清水的下部，将激光笔固定到铁架台上，使激光束从水槽侧壁射入不均匀的糖水中，则光在不均匀的糖水中不再沿直线传播（图1-4-6甲）。

学生观察实验现象，对比归纳：光在不均匀的糖水中不再沿直线传播。

提出问题：如果让糖水变均匀，那么光在其中如何传播？

演示实验：将水槽中的糖水搅拌均匀，待均匀的糖水溶液稳定后，使激光束从水槽侧壁射入均匀的糖水中。光在均匀的糖水中沿直线传播（图1-4-6乙）。

甲 光在不均匀的糖水中的传播　乙 搅拌糖水至均匀　丙 光在均匀的糖水中的传播

图1-4-6 光在糖水中传播的实验

引导学生归纳：光在同种均匀介质中沿直线传播。

设计意图：在本环节教学中，通过光在均匀清水中沿直线传播—在清水中加入糖水配置不均匀的糖水溶液，光的传播路径发生弯曲—搅拌糖水至均匀，光又沿直线传播这样一系列的实验，利用实验的可控性特点，通过改变介质的状态：均匀—不均匀—均匀，对应光的传播路径：直线—曲线—直线。这些实验从正反两方面说明光在同种均匀介质中沿直线传播，也通过光在不均匀介质中的弯曲路径为接下来光在不同介质中传播时的折射现象做铺垫。

(二)"光的反射"教学设计

1. 单元目标和内容

光在不均匀介质表面的传播路径为光的反射。光的反射规律是光传播的基本规律之一，是学习平面镜成像特点的基础。希望通过教学实现以下目标：

知识目标：了解光的反射现象；探究光的反射规律；解释平面镜成像等身边实例和现象。

方法目标：通过收集的数据，总结和归纳出规律性的知识，初步体验科学探究的过程。

态度目标：初步体会严谨的科学态度和实事求是的科学精神。

"光的反射"单元的内容主要包括入射角、反射角、入射光线、反射光线、法线，探究光的反射定律，平面镜成像关系和应用。顺应学生认知的过程和规律，设计了光的反射单元内容的进阶(图1-4-7)。

图1-4-7 光的反射学习进阶

2. 课时设计

"光的反射"单元中的光的反射和平面镜成像两部分内容，对于学生来说，较为困难，需要更多的体验和教学设计环节对学生的知识进行构建。其课时设计如表1-4-2所示。

表1-4-2 "光的反射"课时设计

单元内容	单元课时	单元活动	单元评价
光的反射定律	2	通过观察光的传播路径建立光的反射图像；学生通过光的反射实验仪测量分析，得到光的反射规律	笔记、学案、实验过程
平面镜成像	2	学生通过平面镜实验的探究过程了解平面镜成像规律；通过光的反射知识解释平面镜成像原理	笔记、学案、实验过程

本单元由实验现象确定实验目的，引导学生设计实验并自主进行实验，从而得到相应的实验结论。为辅助教学，我们录制了相应的微课，如"平面镜成像是否近大远小""平面镜该如何放置"以及"平面镜成虚像"等，对学生在实验和对知识的理解过程中可能产生的错误概念进行纠正。

3. 特色教学片段

本教学单元的活动体现了科学探究的过程，光的反射定律的得出需要学生测量光线与法线的夹角，平面镜成像的规律需要学生分别测量物体和物体的像到镜面的距离，明确三者的位置关系，再进行结合，从而理解现象的产生和识别生活中的相关现象。

(1)光的反射。

①光的反射图像的建立。

提出问题：我们来想想办法，改变这束光的传播路径。

学生回答：可以用一面镜子。

教师引导：怎样能清楚看到此时光的传播路径？

学生回答：可以借鉴之前的方法，用喷雾或者放入滴了牛奶的水中进行观察。

演示实验：将镜子放入水槽底部，让学生观察光的反射现象（图1-4-8甲）。

教师指导：请同学们画出你观察到的光在镜子表面发生的反射路径。

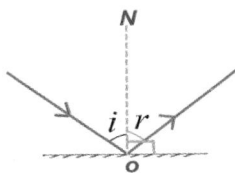

教师引导：在实验的基础上逐渐建立入射光线、入射点、反射面、反射光线的概念，进而不改变入射点，改变入射角，发现反射光和入射光同时靠近和远离，建立法线、入射角和反射角的概念（图1-4-8乙）。

甲　光的反射路径　　　　　乙　光的反射模型建立

图 1-4-8　光的反射图像的建立

学生练习：画出光的反射图像，认识光的入射光线、反射光线、入射角、反射角、法线等概念。

设计意图：通过实际光束在物体表面的反射路径的观察，帮助学生认识光的反射现象，进而在此基础上建立抽象的图像模型，以此进行接下来的反射规律的研究和平面镜成像原理的理论分析。

②光的反射定律。

提出问题：反射光的位置随着入射光位置的改变而改变，光在反射时遵循什么规律呢？

教师演示：利用光的反射实验器（图1-4-9），将光束沿纸板射向小镜片，观察反射光线的方向。改变入射光线的方向，让学生观察反射光线的改变。

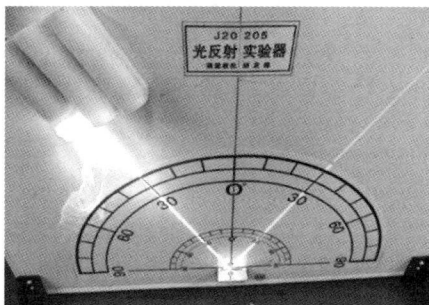

图 1-4-9 光的反射定律实验

提出问题：猜想光的反射光线和入射光线的位置关系。

学生回答：反射光线和入射光线分居法线的两侧。

教师演示：将一半纸板向前向后弯折，引导学生观察反射光线是否在纸板上。

提出问题：什么情况下能观察到反射光线？反射光线、入射光线与法线的位置关系是怎样的？

学生思考：反射光线、入射光线和法线在同一平面。

教师引导：请你改变入射角的大小，记录反射光线和入射光线的位置。测量每次入射角和反射角的大小，看它们有什么定量关系。

学生分组实验。

师生总结：实验发现，反射角等于入射角。

设计意图：在本环节中，利用教学器材进行演示实验对光的反射光线、入射光线与法线的位置观察分析，让学生分组对反射角和入射角进行定量的测量。将光的反射路径变成几何图像，使其平面化，利于其对反射现象进行研究，以及对光的反射定律的应用。

（2）平面镜成像。

①平面镜成像规律。

创设情境：烛焰，你玩过吗？我们先来看一段视频：将纸伸过去，纸未被点燃，用水浇火焰，火焰未熄灭。换个角度观察，原来玻璃板后面的蜡烛并没有被点燃，玻璃板前面的烛焰熄灭了，镜子中的烛焰也同时熄灭了（图1-4-10甲）。

提出问题：平面镜成像时，像的位置、大小跟物体的位置、大小有什么关系？

学生猜想：像的大小和物体的大小相等，像与物到平面镜的距离相同。

提出问题：如何比较像与物的大小呢，可以将物体拿走吗？

学生回答：选择与镜前物体A相同的物体B代替去和物体A的像比较大小。

教师引导：那我们用平面镜试试能否达到效果。

学生尝试：当想把"替身物体"放到平面镜后面的像位置上时，从正面只能看见像，看不到替身物体；从平面镜的背面，只能看到"替身物体"，而看不见像，所以无法比较像与物的大小。

教师引导：怎样才能同时看见像和镜后的"替身物体"？

学生回答：用透明的玻璃板。

教师指导学生设计并实验：组装实验器材，将平面镜放在白纸上，描出平面镜、蜡烛与像的位置（图1-4-10乙）。当研究像与物体的大小关系时，多次改变物体的大小，进行实验；当研究像与物的位置关系时，多次改变物体到玻璃板的距离，进行实验。

甲　平面镜成像　　　　　　　乙　平面镜成像规律

图1-4-10　平面镜成像规律

教师提问：在实验过程中，移动蜡烛，像的大小会发生变化吗？像的大小由什么决定呢？

学生回答：取决于物体的大小。平面镜所成像的大小与物体的大小相等。

教师提问：除此之外，你还发现了什么？

学生回答：平面镜需垂直于白纸上，才能在桌面找到蜡烛的像。像和物体到平面镜的距离相等，像和物体的连线与镜面垂直。

设计意图：利用趣味实验视频引入，激发学生兴趣，以"为什么火焰浇不灭"为问题驱动探究平面镜的成像规律。在实验中，通过问题引导，借助"如何将物体的像与物体进行大小比较"引入"替代法"的使用；"为何选择玻璃板而不用平面镜"培养学生在实验过程中对实验器材的思考和选择；"平面镜垂直于桌面放置"提醒学生在实验过程中注意实验操作；"针对多个研究问题如何分别实验"加深学生对实验过程中自变量与因变量的识别和实验探索，提高学生进行物理实验探究的综合素质。

②平面镜成像原理。

提出问题：玻璃板中的像是怎么形成的呢？

教师引导学生思考：光源能发出多少条光线，方向如何？射到平面镜上的光线有多少条？

学生回答：光向各个方向发出无数条。

教师演示：任意选出两条入射光线，观察它们的传播路径。用两支激光笔发出的红绿光束模拟物体发出的两束光线，用玻璃板代替平面镜。可以观察到光束经由玻璃板发生反射，将两束光路用彩笔描绘出来，并画出两束反射光线的反向延长线交于一点。从玻璃板一侧观察，可以看到玻璃板另一侧的反射光反向延长线和这一侧的入射光在玻璃板中的像相互重合，最终反向延长线的交点与物体在玻璃板中的像点重合（图1-4-11）。

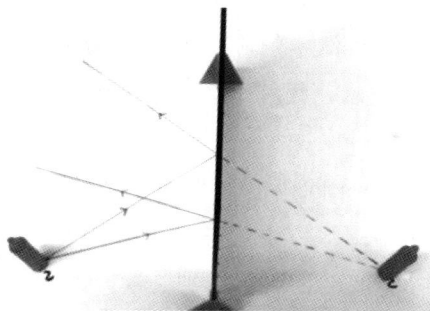

图 1-4-11 平面镜成像原理

师生共同分析得：① S' 是 S 发出的光线经平面镜反射后反射光线延长线的交点，但镜子后面实际上并没有这个发出光线的点，所以 S' 叫 S 的虚像。虚像不是实际光线会聚而成的。②发光的蜡烛可以看作是由许多发光点组成的，物体上的每一个点在镜子里都有一个像点，所有的像点就组成整个物体的虚像。

设计意图：通过光的反射原理，一步步将平面镜中的像勾勒出来，平面镜成的像不是由实际光线会聚而成的，而是反射光线的反向延长线的交点，即为虚像。本教学活动，一方面通过光的反射模型解释了平面镜成像的原因以及什么是虚像，另一方面也从几何图形上直观可以看到平面镜成的像与物之间大小和位置的关系，对之前学习的平面镜成像规律的探究也是很好的呼应。

(三)"光的折射"单元教学设计

1. 单元目标和内容

光通过不均匀介质间的传播路径为光的折射。它是研究透镜的知识基础。希望通过教学实现以下目标：

知识目标：通过实验，探究并了解光的折射现象及其特点；探究凸透镜成像规律；了解凸透镜成像规律的应用。

方法目标：初步设计方案，用实验探究的方法寻找规律。

态度目标：通过实验活动，了解物理道理，体验成功喜悦，体会物理与生活的密切联系。

光的折射单元的内容主要包括折射光线、折射角、探究光的折射定律、光的色散、凸透镜成像规律。从生活中的现象到物理中的概念的理解、规律的探究再回到生活中的应用，"光的折射"单元的教学内容知识进阶分析如图 1-4-12 所示，很好地体现了新课标的思想。

2. 课时设计

结合"光的折射"单元的内容，得到了如下的课时设计（表 1-4-3），将本单元分为光的折射规律、生活中的透镜、凸透镜的成像规律和凸透镜的应用。

了解光的折射现象，知道太阳光是由色光组成的

知道物距、像距的概念，以及焦距

能区分凸透镜在照相机、投影仪、放大镜中的成像特点

描述出凸透镜成像的规律

解释生活中的折射现象

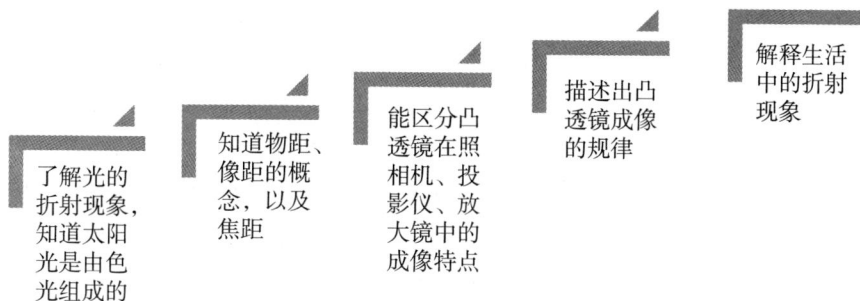

图 1-4-12 "光的折射"学习进阶

表 1-4-3 "光的折射"课时设计

单元内容	单元课时	单元活动	单元评价
光的折射规律	1	学生通过玻璃砖、水槽等尝试性实验总结光的折射定律	笔记、学案、实验过程
生活中的透镜	2	感知生活中的透镜，并用同一个凸透镜制作照相机、投影仪、放大镜进行实验模型的建立，初步感受其成像特点	学案、模型制作
凸透镜的成像规律	2	凸透镜探究实验进行数据的收集、处理、分析，找寻其中的规律	学案、实验过程
凸透镜的应用	2	运用所学解释实际生活中的近视眼、远视眼的产生和眼镜、望远镜的原理	小测、知识总结

"光的折射"单元的课时设计可以逐渐细化到每一学时的探讨，本研究团队也对"生活中的透镜""凸透镜的成像规律"进行细致的研究和实践，并尝试性地进行同课异构，从多角度进行剖析和解读。

3. 特色教学片段

在单元活动设计的过程中，要明确学生的主体性，通过这些体验和探究活动可以让学生在动手体验中实现问题的解决，达到单元目标中培养学生初步观察的能力和相应的观察总结归纳的能力的目的，并在更深层次的合作交流中体会科学素养的培养。

（1）光的折射。

学生实验：在碗中盛满水，把筷子斜插到碗的底部，从侧面斜视水面，会发现水中的筷子看上去好像向上弯折了。

教师引导：出现上述不可思议的现象，是因为光在水中和空气中传

播时发生了一种光现象。如何把光在空气和水中的路径显示出来？

学生回答：在水中加些牛奶或肥皂水，可以显示光在水中的路径。

教师演示：将激光笔发出的光从不同角度斜射入水中，让学生观察，光束在空气中和在水中的径迹(图1-4-13甲)。

学生发现：光从空气斜射向水面时，会有一部分光反射回空气中，还有一部分光进入水中，但传播方向发生偏折。

教师引导：请将观察到的光的路径画在纸上。画的时候要画出空气和水的分界面，过入射点的法线，并画出向哪儿偏折。结合图，讲解光的折射现象的定义，了解入射光线、折射光线、法线、入射角、折射角等有关名词。要特别指出，折射角是折射光线与法线的夹角(图1-4-13乙)。

学生实验：尝试借助玻璃探究光的折射特点——折射光线与入射光线、法线在同一平面内；折射光线和入射光线分居法线两侧；光从空气斜射入水中时，折射光线向法线偏折，折射角小于入射角(图1-4-13丙)。

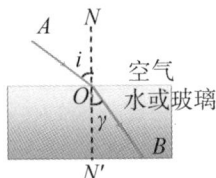

甲　光的折射现象　　　乙　光的折射模型　　　丙　光的折射规律

图 1-4-13　光的折射实验

设计意图：通过让学生亲自体验神奇的现象激发学生的兴趣，学生学习光的直线传播和光的反射时，曾借助滴了牛奶的水来显示光路，此处得到进一步运用，体现了知识的前后联系。学生亲自体验得出结论，培养了动手能力和观察能力。

(2)生活中的透镜。

教师展示：自制照相机，通过该照相机观察屏幕的图像。

教师提问：照相机照出来的相与人相比，有什么样的特点？

请学生观察并拆解自制照相机，与照片中老式照相机的结构对比，引导学生得到照相机的结构：镜头、成像的屏幕和连接两者的暗箱。

教师引导：参照自制照相机的结构分配实验器材的角色。

学生提出方案：凸透镜为镜头，用胶布与较粗的纸筒相接；薄膜为屏幕，贴在较细的纸筒上。将薄膜一侧的细纸筒插入粗纸筒内，移动镜头，直至看到清晰的像(图1-4-14甲)。

教师指导：学生实验并观察照相机的成像特点。

学生结论：成倒立、缩小的像(图1-4-14乙)。

教师演示：对学生自制照相机模型加以改造，在原来照相机模型的光屏上写一"上"字，用手电筒增加光的强度，经凸透镜成像投影在屏幕上(图1-4-14丙)，即自制投影仪，引导学生观察其成像特点。

学生结论：成倒立、放大的像。

学生活动：将准备好的不对称的字母或数字贴在屏幕上，仿照教师的方法制作，观察成像特点。

教师引导：请学生取下刚才投影仪模型上的凸透镜，尝试如何用作放大镜。并请同学演示放大镜怎么用以及所成的像有什么特点。尝试用光屏去寻找放大镜所成的像。

学生结论：成正立、放大的像。

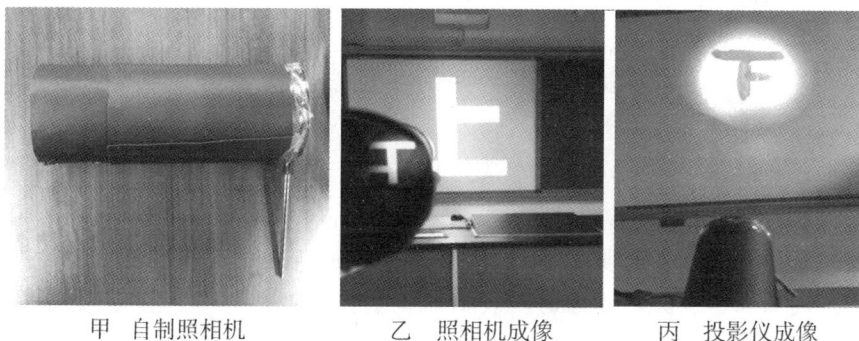

| 甲 自制照相机 | 乙 照相机成像 | 丙 投影仪成像 |

图1-4-14 生活中的透镜

设计意图：通过教师自制的照相机成像，激发学生的学习兴趣，进而拆解结构，引出照相机的镜头。学生通过自制照相机，加深对照相机结构和成像特点的了解，得到照相机的像为倒立、缩小的。通过改造照相机模型，用同一个装置，使学生认识投影仪成放大、倒立的实像。通过使用放大镜的日常行为，使学生了解放大镜的物距关系和成像特点。用光屏承接放大镜所成的像，发现承接不到，以此来渗透虚像的概念和识别方法。再次体验同一个凸透镜成不同的像，更加深刻地意识到同一个凸透镜成像可以是放大或缩小的像，倒立或正立的像，实像或虚像。

(3)凸透镜成像规律。

提出问题：对同一个凸透镜，凸透镜成像的特点可能跟什么因素有关？

学生回答：物距的大小。

教师引导：要想得到凸透镜所成的像，如何组装如下器材？

学生分组：在光具座上放置F形光源、凸透镜、光屏，凸透镜在中间（图1-4-15）。

教师引导：为使像成在光屏上，实验中F形光源、凸透镜和光屏还应满足怎样的位置关系？

学生尝试：在同一水平高度。

教师引导：怎样在光屏上得到一个清晰的像？

学生寻找：固定凸透镜，F形光源靠近凸透镜，调节好物距后，保持物距不变，移动光屏，寻找像的位置，直到寻找到像边缘最清晰的位置。

教师分配任务：请同学们移动F形光源，使之逐步靠近凸透镜，记录成倒立、缩小的像时的物距，在相应坐标纸中贴红点；成倒立、放大的像时，贴绿点。

学生分组实验，提出问题：当成倒立、放大的像后，继续移动F形光源，在光屏上找不到像？

教师引导：将光屏取下，从光屏一侧透过凸透镜向光源观察。

学生实践：可观察到正立、放大的像。

教师说明：在光屏上承接不到，不是实际光线会聚成的像，叫虚像。成正立、放大的虚像时，我们贴蓝点。

学生发现：一倍焦距为成倒立实像与正立虚像的分界点；二倍焦距为成放大实像与缩小实像的分界点。

甲　凸透镜成像规律　　　　乙　凸透镜成像特点

图1-4-15　凸透镜成像规律实验

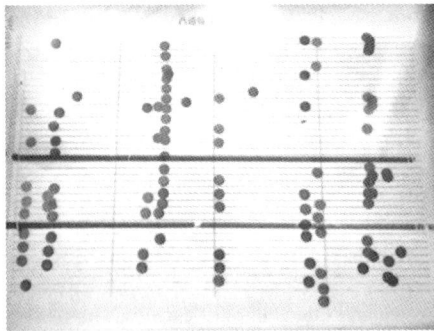

　　教师引导：请学生结合光通过凸透镜的路径，将光源透过凸透镜成像的光路图画出来。

　　学生尝试：将物距在两倍焦距以外、一倍焦距与二倍焦距之间、一倍焦距以内的光路图画出来(图1-4-16)。

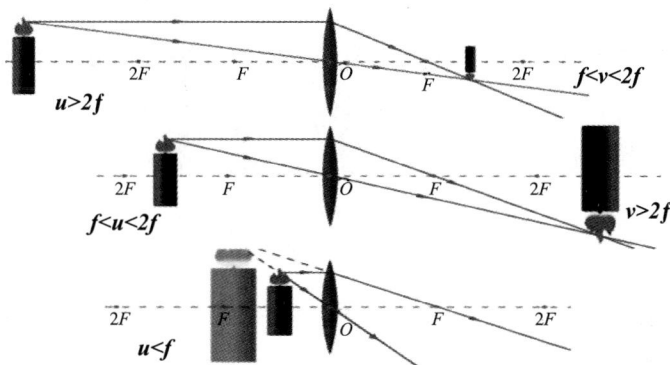

图 1-4-16　凸透镜成像规律的光路模型

　　设计意图：在学生尝试的过程中，教师逐步引导学生关注实验过程中的"三心等高""确定凸透镜所成的像""虚像的观察"等实验重点，以贴点的方式收集数据便于学生发现一倍焦距和二倍焦距时的特殊界限。通过画出凸透镜成像的光路图像使学生理解凸透镜成像时分别在两倍焦距以外、一倍焦距与二倍焦距之间、一倍焦距以内时的成像特点的原理。

四、单元评价及实施效果分析

　　单元设计的一个重要内容就是单元教学的评价，可以从评价中得到反馈，对单元设计进行指引优化。在教学评价中，教师要积极尝试"真实性评价"等鼓励学生自由表现和创造性发展的评价理念和方法，实现课程评价的"素养化"，促进学生核心素养的发展。

(一)单元评价的多样性

　　平常的教学评价一般是纸笔测试或是用所学的知识对生活中的现象进行尝试性的解释。其实，还有很多的方法可以去反馈学生的学习信息，如实验制作成品、课堂学案的完成、课堂笔记的生成、知识总结的思维导图，甚至是学生习题的改错收集记录等(图1-4-17)，还有很多的评价方式可以去挖掘。

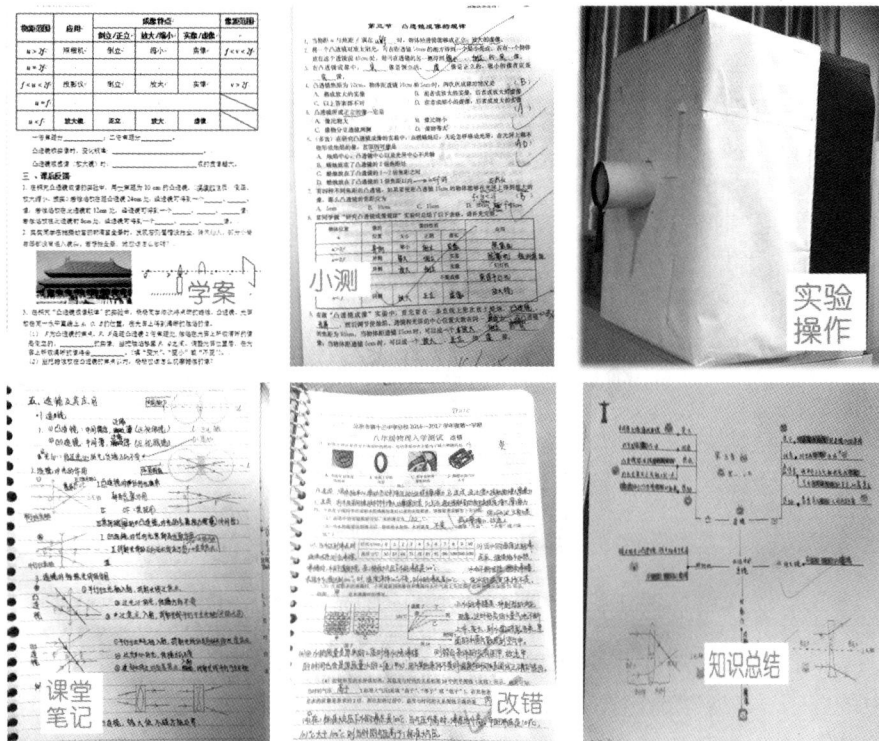

图 1-4-17　单元评价的多种方式

(二)"光"单元教学的实践效果

单元教学相比于常规的课时教学，显著的特点就是形成知识的系统性、符合学生的认知规律。知识目标在单元教学和常规课时教学中的效果差异不大，但是在方法目标和态度目标的评价上有很多内在和外显的差异，其表现如下。

第一，学生对知识的把握更加有逻辑性。从学生课堂笔记的生成和单元知识总结的思维导图中可以看到，经过单元学习，学生的知识积累路线是连贯的，不是一系列的散点。从学生外显的差异可以推断学生在内在知识理解上的差距，以至于在知识的延伸和拓展方面，更多的学生能够参与其中并有所创造。

第二，学生在试题改错方面更愿意深挖知识源头。学生的日常改错大多根据某一知识点进行错误分析，往往反思自己的错题原因是审题不清或没有掌握知识点，没有更多考虑自己在知识积累上的漏洞。在单元学习中，学生可以外延出很多理解知识的角度和方法，进而为自己的学习创设多种思路。

第三，学生在课堂表现上更能提出或回答方法和创新类的问题或思路。很多物理方法和知识生成的思维是类似的、可以迁移的，所以课堂活跃度会更积极，参与程度更高。学生的积极表现有利于课堂的顺利开展，也使得教师的提问更偏向于能力和方法的渗透，一步步实现对学生素养化的培养。

【案例评析】

以"光"单元教学设计及实践为例，阐述了目标单元的实施过程中从设定单元目标，处理单元内容，到进行课时设计，组织单元活动，完成单元评价，逐步实现单元目标的完整经历。在单元目标设计和实现过程中，教师对单元主题相关知识的分析，包括整合和建构，对知识的学习进阶的分析是本文的关键策略，体现了在单元设计和实施过程中学生研究与知识分析的重要性。

参考文献

[1] 教育部基础教育课程教材专家工作委员会．义务教育物理课程标准(2011 年版)解读[M]．北京：高等教育出版社，2012.

[2] 中华人民共和国教育部．基础教育课程改革纲要(试行)[J]．学科教育，2001(7).

[3] 陈彩虹，赵琴，等．基于核心素养的单元教学设计——全国第十届有效教学理论与实践研讨会综述[J]．全球教育展望，2006(1).

[4] 伏森泉．基于物理核心素养视角的高考命题探究[J]．中国考试，2017(5).

[5] 高杰，魏欣，等．高考考生物理核心素养部分要素发展状况的诊断与分析[J]．考试研究，2017(1).

[6] 刘洋，李贵安，等．基于教育目标分类的高中物理核心素养评价[J]．教育测量与评价，2017(10).

[7] 胡卫平，罗来辉．论中学生科学思维能力的结构[J]．学科教育，2001(2).

[8] 李琬莹．高中物理学科核心素养及培养初探[D]．武汉：华中师范大学，2017.

1.5　初中语文"叙事文阅读"单元的教学设计与实施

【案例导读】教材中叙事性作品文体多样，写实类作品有叙事性散文、新闻报道、人物传记等；虚构类作品有小说、戏剧、寓言、传说、童话、故事等。多种文体从叙事角度看有没有共通的规律？叙事结构就是叙事性作品共通的内容组织规律。掌握了叙事结构的特点，对于叙事文的阅读具有提纲挈领的作用，以结构规律为支撑，化个为类，整合教材，帮助教师在教学中做减法，也有助于提升学生的学科思维，突破常规教学难点，起到较好的教学效果。

一、叙事文背后的学科基本概念——叙事结构

(一)叙事结构和叙事文意义生成机制原理

事件是由什么构成的？简明地说，事件就是"主人公面临困境—解决困境"的框架结构。主人公因为某种目的(动机)，面临的某种问题或困境，凭自我或他人的帮助，解决了问题，摆脱了困境，这就是故事的结构。

那么，在这样的结构中，事件怎么就有了意义呢？或者意义产生的机制是怎样的呢？事件与意义的关系就在于主人公解决问题成功或失败，透露出他所用的方法是否适当，以及方法背后的世界观是否正确，读者把故事投射到自己的生活世界中，借此理解和解释故事的主题。

(二)叙事弧线是叙事结构的直观的思维工具

叙事弧线是叙事文中事件组织结构的图像化表示，运用叙事弧线表示事件的本质更加直观。在叙事弧线中，横轴表示的是故事的时间，纵轴表示故事的发展变化。一个完整的故事，一般可以用五个阶段来表示故事的发展变化。第一个阶段是阐述或者叫背景，作者要告诉读者故事的主人公是谁，介绍故事发生的背景，为即将出现的困境做好交代。第二个阶段是上升动作，即故事的展开部分，是主人公为实现目标所付出的努力，是人物陷入困境及困境层层加深的过程，也是人物动作行为和

情感力量的积蓄过程。第三个阶段是危机，它是叙事弧线的尖峰，是人物面临严峻困境所采取的行动或决定，故事此时开始出现转折。第四个阶段是高潮，这时人物将对危机采取行动，高潮是人物解决危机的一系列事件。第五个阶段是下降动作/结局，故事放缓，接近尾声。依据这个可视化的弧线，可将阅读中读到的故事情节变化节点清晰地标注在弧线上面，从而准确地把握故事的结构。从图 1-5-1 中可以看到，主人公陷入了困境，这个困境不断地深化，直到危急关头，最后解决结束。这一过程是动态变化的过程，而在解决困难的高潮部分里表现出来的人物特点就是文章的主题。

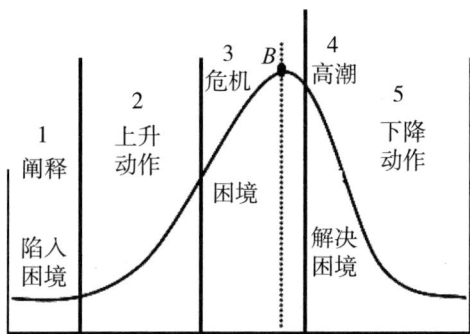

图 1-5-1 叙事弧线

二、以叙事结构作为重组叙事类课文的工具

(一)对统编版①初中语文教材叙事性作品的结构化重组

依据叙事结构，将教材中的相关篇目大致分为叙事类和情感类，借助叙事弧线为工具进行解读，发现其在厘清文章结构，分析人物形象，理解文章主旨方面起到较好的辅助作用。问题解决类的文本包括《狼》《穿井得一人》《皇帝的新装》《散步》《台阶》《阿长与〈山海经〉》《卖油翁》《驿路梨花》《陈太丘与友期》《愚公移山》《周亚夫军细柳》等；情感变化类的文本包括《秋天的怀念》《猫》《背影》等。

---

① 教育部组织编写的义务教育道德与法治、语文和历史教材，本书中简称为"统编版"教材。

（二）问题解决类文本分析

1. 文言小说《狼》的叙事结构及叙事弧线

故事的阐述部分是"一屠晚归，担中肉尽，止有剩骨。途中两狼，缀行甚远"。交代了必要的记叙要素，让读者通过这寥寥几句清楚地认识了故事中的人物、处境以及即将面临的困境。在本段的讨论中，学生分析道：晚归点出时间，有狼缀行体现环境荒僻，一屠两狼数量对比悬殊，屠户担中所剩无几的骨头是故事继续发展的一条引线。笔墨寥寥，却给读者留下了无限的遐想空间，烘托了紧张的气氛。

故事的上升动作中屠户的希望与幻灭交替，将屠户逼向绝境——屠户投骨以满足狼之贪欲以求保全性命的行为如同扬汤止沸，当骨投尽之时，两狼并驱如故。故事至此，当读者认为屠户将要成为两狼的腹中餐之时，危机降临，一切都悬而未决，事情会朝着任何一个可能的方向发展。危机是叙事弧线波浪的尖峰，波浪瓦解了，但是它的力量会带来深刻的变化，带给主人公新的视角去看待问题，一味地妥协、退让、姑息、满足两狼的做法完全不能解决问题，于是搭建新的活动场景——麦场积薪，在这个场景中屠户弛担持刀与狼对峙。是什么让这一危机化解？是置之死地而后生的领悟，这就是叙事弧线中的领悟点。这一领悟点已经和文章的中心很接近了，面对恶势力妥协退让是不行的，必须要勇敢地与之斗争。危机之后，就是故事的高潮，也就是解决危机的一系列事件。《狼》的高潮部分依旧跌宕起伏。屠户杀狼的部分也可以画个小小的叙事弧线，一狼径去埋下伏笔，按下不表，前狼假寐诱敌，瓦解屠户的警觉，屠户抓准时机，刀劈狼首毙命。危机似乎解决，然而柴草堆后打洞的另一狼又将读者的心抓住，屠户手起刀落，也结果了后狼的性命。由此看来，危机的解决，来源于之前提到的领悟点即斗争的勇气，还有赖于奋起反抗的屠户的聪慧与细心。这两点加起来就是这个小说给人们带来的启迪，也就是这篇小说的主题。故事就是这样在讲述中不断地推出矛盾，解决问题，这样的情节才引人入胜，作品的意义才熠熠生辉。通过对《狼》的解读，印证了叙事弧线的有效性。

2. 小说《台阶》的叙事结构及叙事弧线

分析《台阶》的叙事结构并用叙事弧线分析，同样也很直观，接受起来也比较容易。

《台阶》这篇小说讲述的是一个普通的农民父亲为了实现修建高台阶的梦想辛劳一生的故事。然而对小说的主题的把握却有困难。于是，还是用叙事弧线进行情节上的梳理。故事的引子是介绍家的三级台阶，如图 1-5-2 所示。

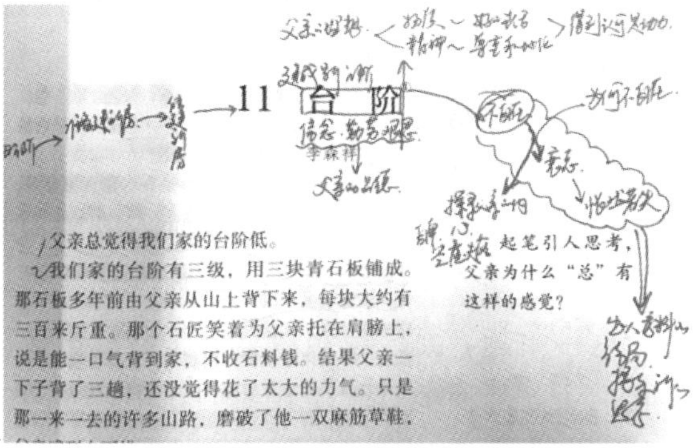

图 1-5-2

故事的开端是父亲梦想修建一座有着高高台阶的新房。故事的发展部分就是为修建台阶做出的各种准备。当然在文章的分析过程中还要让学生体会：台阶对父亲来说意味着什么。学生们是很容易感受到台阶高意味着地位高，因此台阶也是父亲对提高自己社会地位的一种追求。这是父亲的精神追求——被别人尊重和拥有社会地位。其实，要想修建新房新台阶，这也是一种物质的追求——过上好的生活。两者相加就是父亲的理想，所以物质与精神双重的理想就具化在了这高高的台阶之上，也是父亲一生辛勤奋进的唯一动力。故事的高潮部分就是新房修建完毕，新台阶也修建好了的时候。那么新台阶的修建其实完成了父亲的梦想，而这一梦想的实现完全有赖于父亲是一个踏实本分、吃苦耐劳的农民，他身上所体现出来的精神就是中国农民骨子里的精神——坚韧勤劳。这也是本文主旨的一部分，赞颂中国农民的品格。

然而台阶修成了，父亲的理想也实现了，可是故事并没有结束，父亲反而越发失落起来，整个人衰老了，身体也垮了，心灵空虚了，精神也颓丧了。这其中的原因又说明了什么呢？这部分文字实际上是在探究父亲的精神世界，台阶是他生活的动力，是他的理想的具化，但是新台阶的修成只是完成了他物质方面的追求，并没有实现他精神领域的追求。他为了实现梦想，透支了自身的健康，自己的精气神，然后随着新台阶的落成，随之而来的是身体的朽垮，而要强的父亲并不接受自己的衰老。更重要的是物质文明即使提高了，也并不能带来他所需要的精神上的充实，因为自己已经没有了生命奔赴的方向，没有了新的目标，这时的他茫然了，想再去做点力所能及的事情，身体不允许，想回归原本的乡里关系，台阶形成了无形的障碍，不允许。最关键的是，希望得到的尊重和社会地位也并没有真切的拥有，此时的父亲，怎么了呢？作者把这其中无法解决的困境抛给了读者自己去思考，因为这是一个目前无法解决的困境。

所以，本篇小说的主题就是两个部分的相加，既赞颂了像父亲一样坚韧如山、辛劳一生的中国农民，又表达了物质文明实现后精神世界不能实现时的错位。这一主题，是统编版教材中全新的解读，对七年级的学生来讲难度实在太大，然而通过叙事弧线的运用，学生能够直观地觉察到父亲物质与精神两个方面的统一与冲突，主题的复杂性巧妙地得以解决。

3. 散文《散步》的叙事结构与叙事弧线

《散步》作为叙事性散文，情节不算曲折，但是矛盾点却非常明显。开篇就把读者带入"我"的两难处境中——全家在走哪条路的问题上产生了分歧。母亲选择走大路，年迈体衰的她刚刚熬过了一个艰苦的寒冬，她的身体只允许她走大路，因为大路平顺；儿子选择走小路，活泼、幼稚、充满活力的孩子喜欢崎岖小路的富于变化和优美的风光。如何解决这一分歧就是摆在"我"面前的难题。在一番思量后决定委屈儿子，因为与他相伴来日方长，所以尊重母亲的选择，走大路。这一抉择体现了"尊老孝顺"的传统美德。然而，这并非最终的选择，母亲决定放弃自己的原意，改为顺应孙子的意见，因为那小路确实有孙子向往的如画的风景，虽然崎岖，但是还有儿子，可以由儿子背过去，这是对儿子的绝对信任和对小孙子的由衷疼爱。这一决定也体现了"爱幼"的传统。妻子在这其中，一直是支持丈夫的选择，不偏袒，不溺爱，是一位贤淑的妻子。这样一个难题，就这样被一个"母慈子孝妻贤"的和谐家庭轻松化解了。"我"选择顺从母亲走大路，背后的思考是珍视母亲日渐衰老的生命。后来因母亲改变了主意决定走小路，并且建议在走不过去的地方，就让"我"背着过去。在新的解决问题方法中，作者领悟到作为成熟生命的中年人在传承生命，珍视老去的生命，保护幼小生命中所拥有的力量感和责任感，作者在字里行间流露出一种对生活的热爱，对生命的珍爱和尊重。

(三)情感变化类文本分析

这一类型单独分出，是因为虽然文章中有清晰的事件，但是重点不在于强调事件本身，而在于更加强化人物情感的转折与变化。

1.《秋天的怀念》中人物的情感变化

本文的情节简单，基本上是以"看花"为线索串联起来的：母亲劝去看花—答应去看花—母亲再也不能陪去看花—和妹妹一同去看花。情节虽然简单，但是人物的情感变化却可以称为"波澜起伏"。20 岁双腿瘫痪，情绪暴躁极端，内心饱受折磨，常有轻生的念头，一味沉浸在自己的不幸中的史铁生不曾知道此时母亲的痛苦胜过他数倍。病入膏肓的母亲忍受着巨大的病痛，隐瞒起病情，忘我地把爱全身心投入到不幸的儿子身上，直至自己生命的最后一息。她理解、体谅、包容儿子的"暴怒无常"；用尽苦心想办法调整、改善儿子的心情（外出看花儿）；尽量避免可能对儿子情绪产生负面影响的任何事情（不说踩，自己疼的整夜难眠却让我从未觉察）；临终时刻念念不忘有病的儿子和未成年的女儿。这样一位无私忘我的母亲，生前最大的心愿就是带着儿子去看花，让他有活下去的勇气和希望，但是她终究没有等到那一天。当母亲猝然离世后，史铁生得知这一切时，他心中的懊恼、愧疚与自责又是何等痛彻心扉！这样的顿悟代价是何等惨烈！但这一切能化为永远也不可弥补的伤痛，时时警醒着自己——"好好儿活"，活得有价值。

作者情感的巨大颠覆是本文的最大亮点。作者对母亲的深爱的反省，让我们看到他对生活的信念。母爱是人类的天性，是社会中普遍存在的一种伟大的感情。但远远不是任何承受母爱的儿女都能一样深切地感受到的。有多少心灵缺乏或是失去了爱与感受爱的功能，粗糙到近乎荒漠一片。不能感受爱的心灵一定不会去爱，能感受爱的心灵在感受的同时就是一种对爱的回报。史铁生正是以诉说母亲对自己的爱而诉说了自己对母亲的爱，进而领会到了生命的真谛。生活的信念来源有很多，但是自己必须有勇气地、坚强地面对生活。就像那各色的菊花一般，人生也要活出各种色彩，正视自己，打开封闭的内心，接纳阳光和暴风骤雨，勇敢地绽放自己。

2.《猫》中的情感变化

这篇课文情节以"猫"为叙事明线，勾连全篇，而暗线是作者的主观感情，三次养猫，三次亡失，作者感情跌宕起伏，一次比一次深挚。第一次抱养了一只花白的新生的猫，它非常活泼，"常如带着泥土的白雪球似的，在廊前太阳光里滚来滚去"，作者在太阳光暖暖的照射下，坐在藤椅上看着三妹逗得小猫扑过来扑过去的情景，"心上感受着生命的新鲜与快乐"。可有一天，小猫的病逝让作者感到缕缕心酸。作者的主观感情为之一宕，从"欢愉"而变为"酸辛"。

第二次抱养的黄色小猫，比第一只更有趣、更活泼，还能捕鼠，这就成为全家饭后娱乐的"心肝宝贝"，可某日又被人偷走。再一次的亡失给全家带来了不快，作者的主观感情由"欢愉"变为"怅然""愤然"。

两次养猫两次亡失，给作者及其一家带来了许多烦恼和不快，所以全家很久不再养猫。但不久，一只可怜的小猫闯进了全家的生活。对于这只小猫，作者的全部笔墨都体现出对它的不甚喜爱——长得丑，不活泼，抑郁，懒懒的，烧掉了毛。后来意外发生，家里的芙蓉鸟被害，作者、妻子、张婶等无一例外地认为是猫偷吃了，于是不问青红皂白，满腔愤怒地用木棒追打这只猫，终于它落荒而逃。然而，当真相大白之后，这只猫却突然死在了邻家的屋脊上。作者对这只猫的亡失更甚于前两只猫，因为自己怀有偏见妄下断言，冤枉了不能辩诉的弱小生灵，还对它进行了残暴的虐打。作者的良心受到极端痛苦的谴责。此时作者的主观感情又为之一宕，由"暂时平静"而变为"悔恨"。在短短的文章中，作者的主观感情总共变化了六次：由"欢愉"—"酸辛"—"欢愉"—"怅然""愤然"—"暂时平静"—"悔恨"，互相映衬，一次比一次强烈、深挚。这些感情变化实际上是作者对生活的真切感受——可爱的死去，有能者被劫，不幸者被冤，这正是那不公正的社会的写照。即使抛开当时的写作背景不谈，仅仅就本文的教育意义而言，也丝毫没有过时和褪色之感，仍然是对我们的良知的拷问。

三、单元教学设计方案

如表 1-5-1 所示，将叙事弧线作为思维工具，进行叙事文单元整合教学。

总目标是核心素养，即培养在真实情境中解决复杂问题所需要的必备品格与关键能力。

(一)具体目标

(1)借助叙事弧线把握事件结构。

(2)借助叙事弧线解读叙事文主题。

(3)借助叙事弧线理解叙事性作品构造思维方法。

(二)教学内容

(1)运用叙事弧线解读课文中的叙事性作品,体验叙事文构造的方法。

(2)运用叙事弧线思维工具理解课文中"问题—解决"类叙事性作品结构:《狼》《台阶》《散步》《阿长与〈山海经〉》。

(3)运用叙事弧线思维工具理解课文中情感变化类的叙事结构:《猫》《秋天的怀念》。

(三)教学策略

(1)以《乌鸦喝水》"问题—解决"结构为例明确叙事结构与主题之间的关系。

(2)归纳《狼》《台阶》《散步》《阿长与〈山海经〉》中的结构,明确结构与主题之间的关系。

(3)归纳《猫》《秋天的怀念》中的结构,明确结构与主题之间的关系。

(四)教学评价

(1)归纳简单叙事文事件结构完整,主题表述准确。

(2)借助"问题—解决"结构归纳复杂叙事文事件,准确理解叙事文主题。

(3)借助"情感变化"结构归纳文章结构,准确理解主题。

四、教学实施

(一)运用简单故事理解叙事原理

《乌鸦喝水》这个故事是学生们再熟悉不过的了,通过阅读《伊索寓言》中的完整版本,带领学生一起来绘制这篇文章的叙事弧线,如图1-5-3所示。

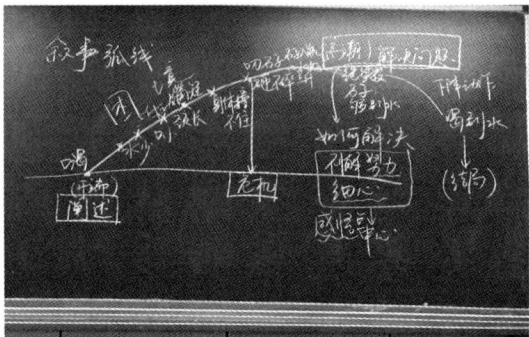

图 1-5-3

　　故事的阐述部分就是故事的开端，一只乌鸦口渴了到处找水喝。故事的进一步发展就是发现了一个瓶子，这本来可以成为解决乌鸦的困难的一种很有效的方法，但是故事的发展却并不是那么顺利，此时为了解决口渴的问题，故事进入上升阶段，也就是发展阶段。乌鸦发现这瓶水并不能喝到，因为瓶子里水少，且瓶子口小颈长，而自己的嘴巴又短。这些都是乌鸦喝水的过程中遇到的困境，为了解决困难，乌鸦开始想各种办法：乌鸦用身体撞瓶子，瓶子没有被撞倒；乌鸦叼来石子砸瓶子，可瓶子还是纹丝不动。情节发展到这里似乎已经是穷途末路了，难道乌鸦就此放弃离开或者被渴死吗？当情节发展到无路可走之时必定是新的情节展开的绝佳时机。于是这条上升的弧线继续攀登，乌鸦叼石子砸瓶子的过程中，歪打正着地有一颗石子落进了瓶子里，细心的乌鸦发现石子入瓶后水面上升了。这给了乌鸦很大的启发，于是乌鸦不断地将石子叼入瓶中，使水面上升，达到了乌鸦能够到的位置。问题解决，故事进入高潮部分，因为高潮部分就是困境解决的部分。故事的结局是乌鸦喝到了水很开心。反过来我们要梳理一下这则寓言的寓意，也就是故事的中心，那么就需要深追一下，问题是如何解决的？感悟点究竟在哪里？学生们都能发现，感悟点在乌鸦发现石子入瓶后能使水面上升，但是是不是意味着乌鸦的聪明是困境解决的原因呢。仔细看原文不难发现，并不是乌鸦自己想出来要往瓶子里投入石子，而是在它企图用石子砸坏瓶子时的意外发现，这点发现有赖于乌鸦的细心。另外，在解决乌鸦口渴而喝不到水的困境中，除了乌鸦的细心之外，还有一点是绝对不能忽视的，那就是为了喝到水，乌鸦从来没有放弃，也没有停止尝试各种办法，也就是乌鸦的不懈努力。所以，这则寓言的寓意应该是遇到困难时不要畏惧，要勤于动脑，仔细观察，想办法来解决它，一切问题都可以迎刃而解的。通过对这个简短而又熟悉的寓言故事的重新把握，学生们对这个有些陌生的叙事弧线理论有了更为清晰的认识，也有了一种恍然大悟的感觉（图 1-5-4）。

图 1-5-4

（二）运用叙事弧线突破教学难点

统编版七年级下册第三单元聚焦的是社会底层的小人物的内心世界，由四篇经典的文章构成：《阿长与〈山海经〉》《老王》《台阶》《卖油翁》。在本单元的教学设计中，我们尝试着用叙事弧线来表现人物的情感，文章的结构，详略的安排，特别是事件的发展走向，从而指向文章的中心。《阿长与〈山海经〉》是本单元重点讲授的一课，我们也分别从不同的角度运用叙事弧线进行教学尝试。

在这节课的讲授上尝试全新的解读顺序，先从文本的最末一段抒情的语句"仁厚黑暗的地母啊，愿在你怀里永安她的魂灵"入手，学生很容易分析出鲁迅对阿长的那种怀念和祝福的深情，然后往前追溯鲁迅为何会对阿长有深厚的情感，此时学生很容易地想到买《山海经》这件事，于是顺水推舟，借势来分析买《山海经》这件事，这个环节采用了叙事弧线，由渴慕《山海经》的原因开始作为故事的开端，也就是阐述部分，接着就是寻求解决的方案——如何得到《山海经》呢？求人求己，求之不得的过程都是弧线中的上升动作，其间遇到了各种小波折（叔祖疏懒，别人不应，自己没有时间，书店离得远，有时间时又遇到书店关门），当小鲁迅处于寤寐思服、辗转反侧的痛苦煎熬的困境时，故事的高潮部分降临——阿长买来了《山海经》，并且鲁迅从未对她抱有任何幻想（她并非学者，说了也无益）。这部分情节帮助他解决了困境，而需要进一步分析的就是阿长为什么要为鲁迅买《山海经》。这个"为什么"就是弧线中的感悟点，而这个感悟点就是本文中阿长的核心性格——淳朴善良，毫无所求地爱着孩子。这一点，幼时的鲁迅是不能准确把握的，但是作为成年的鲁迅，确实真切地感受到了。所以从童年鲁迅的视角跳出，转换为成年鲁迅的视角后就能理解他对阿长的真挚情感了，并非是买了一本书就让鲁迅动容，而是成年的鲁迅反思过去，认识了一个真实的阿长之后的动情表达。

此部分是全文中叙述描写最为详尽的部分，因而最能体现人物的形象和作者的情感，这种详写的安排学生们都能理解，既然如此，为什么还要去写《山海经》之前的众多段落和有关阿长的负面事例呢？由此过渡到文章的前半部分的写法。

首先画了一个段落分布图，让学生有了一个直观的印象，除了买来《山海经》一事，花费笔墨最多的就是生活琐事和长毛的故事。生活琐事的环节中，着力挖掘的是烦琐的规矩中表现出来的阿长是怎样的一种特点，她愚昧无知，没有科学的教育理念和方法，但是她拥有对孩子无微不至的关爱和体贴，她在用自己的方式爱着孩子，毫无所求。她虽然迷信庸俗，命运多舛，但是她却对生活充满了希冀，哪怕是说恭喜吃福橘能换来平安顺流这样虚无缥缈的寄托，这个不幸的人从未给鲁迅带来过不幸，她在用自己全身心的爱呵护孩子，视如己出。所以，她是鲁迅的保姆，是一个像母亲一样的阿妈。幼时的鲁迅是感受不到的，但是成年的鲁迅能够深切地感受到。这部分的分析，让学生们深切地了解了"不虚美不隐恶"的实录风格，还原了一个真实而可亲的阿长，所以说，不是买《山海经》这件事完全颠覆了鲁迅对阿长的印象，而是成年的鲁迅在真正理解了阿长这个小人物之后，阿长身上的质朴的光芒、人性光辉足以盖过她的其貌不扬、她的粗俗愚昧、她的举止不雅以及她的各种缺点。

综合本课的教学重点，在于正确读懂鲁迅为何写阿长这个关键问题，也就是要深入理解鲁迅对阿长的真实情感。运用叙事弧线这一教学手段很好地帮助完成了这一教学难点。在教学的过程中，采取两种方式：一是由教师带领着学生进行叙事弧线的绘制；二是由学生自行绘制曲线。前者学生比较容易理解，后者难度较大，两种方式可以根据不同的学情进行选择（图1-5-5、图1-5-6）。

图 1-5-5

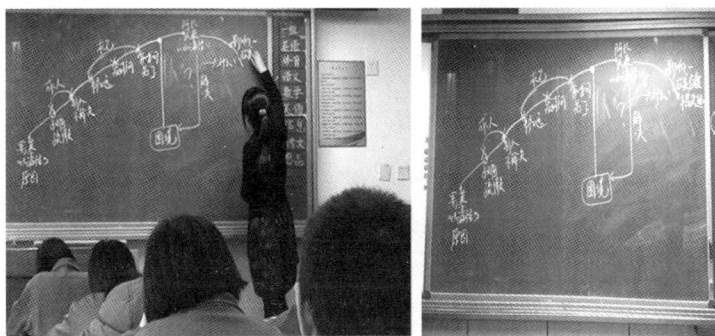

图 1-5-6

五、教学效果及反思

叙事弧线在叙事性文本中的合理使用可以给语文教学增添助力。其具体表现在以下几个方面。

（一）对文章的结构及情节有直观的认识

通过教给学生体验叙事弧线，进而发展到自己通读文本后画出叙事弧线，学生可以在弧线的引领下对文章的结构及情节有直观的认识。

（二）有助于理解人物情感变化和性格特征

叙事弧线能够帮助学生理解人物情感变化和核心性格特征，因为弧线中的"困境何以解决"这一环节，直接可以把握人物的特性，如《阿长与〈山海经〉》《卖油翁》《老王》等。

（三）突破对复杂小说主题的理解

在情节比较复杂的小说教学中，运用叙事弧线，可以帮助师生突破小说主题艰深晦涩的难题，如对《台阶》《狼》等主题的理解。

（四）解决写作中详略不当和中心不明确的问题

熟练掌握叙事弧线还可以对叙事文的写作有帮助，解决详略不当和中心不明确的问题。因篇幅所限，这一部分另见《运用叙事弧线指导叙事文阅读和写作》案例。

叙事弧线主要是针对初中生叙事文主题理解无路径及结构失当等问题提出的解决思路，并不能适用于叙事文读写中的所有问题。叙事弧线作为抽象化的故事结构模型，还要结合文本的具体情况加以具体分析，切忌死记硬背或生搬硬套。使用叙事弧线开展教学时，一定要结合学生读写的具体内容，反复实践。

【案例评析】

好的教学是帮助学生做减法。本案例基于叙事结构理论，借助叙事弧线直观化工具，重新审视统编版语文教材中各种文体的叙事性作品，采用归纳的方法将文本归为问题解决类文本及情感变化类文本，将看起来多而庞杂的叙事性作品教学做了减法，使表面上无序的叙事性作品有了结构，有了系统化的知识体系。

参考文献

［美］杰克·哈特.故事技巧——叙事性非虚构文学写作指南［M］.叶青，曾轶峰，译.北京：中国人民大学出版社，2012.

第二篇　学生研究与目标单元教学

【篇导读】

　　单元教学不只是课时累加的时间长度单位，更是学生连贯、持续地发展主题知识和技能，形成积极的情感态度，提升学习策略，反思并调整学习行为，实现多维度能力和素养发展变化的学习单位。要实现学生在单元学习过程中的多维度发展和变化，教师开展学生研究尤为重要。在目标单元的设计中，学生研究对教学目标的确定及学生发展的价值体现在以下三个方面。

　　第一，多种方式调查确定学生发展的真需求，为目标确定提供依据。

　　在单元教学前，教师可以运用问卷、访谈、作品分析、测试等方法开展单元学习需求调查。例如，调查学生就单元主题已有的背景知识、技能基础、思维方法、情感态度、认知水平以及运用知识解决问题的能力，还要调查分析学习单元主题内容可能遇到的困难和障碍等。本篇中英语、数学和体育学科案例凸显了学生研究的这一价值。英语学科案例综合运用问卷、访谈、作品分析确定学生阅读能力方面的欠缺并针对性确定单元教学目标。数学学科案例通过让学生说出平行四边形的定义、特征，并解决平行四边形相应问题等方式，确定了学生对平行四边形有很多正确的认识，但是不够系统和完整，并依据此分析确定单元教学目标。体育学科案例通过调查、观察、访谈等方式，找出前掷实心球时学生容易出现的错误以及难点问题，有针对性地确定单元教学目标。综上可以看出，以相对客观的方式来有效地获得学生单元主题相关的发展需求信息，为教师确定多维度学科素养发展目标、课时教学目标，设计教学过程提供了依据。

　　第二，学生作为生命主体的发展需求和学科知识结构建构都是单元目标的重要维度。

　　单元教学中静态的教材知识结构和学科知识结构分析要与学生作为

鲜活的生命主体的需求结合起来，这就是目标单元的价值所在。本篇中道德与法治学科案例的情感、态度与价值观目标单元就凸显了这种结合，教师采用观察法为主的调研分析出了初中生就"生命"主题学习的需求——自我意识建立的凸显期，对生命的理解还比较单一，对生命会产生很多疑问，需要解答。基于此调查分析教师确定了情感、态度与价值观目标单元的整体方案。

第三，对学生学习需求与发展的关注贯穿单元教学始终。

在单元教学过程中，教师通过课堂观察、作品分析、师生互动交流等方式来获取学生的思维、情感、学习态度以及学习方法和学习成效方面的信息，全面了解学生的学习过程、收获和问题，为了解教学目标的实现情况，进行自我反思、自我调整提供客观依据。本篇中4个学科案例都结合课堂师生互动以及学生表现等探讨单元教学的实效。学生研究的行动使教师和学生有了多维的交流途径与渠道，对学生学习过程以及学习实效的观察与分析还可以促进教师进行有效的自我反思和自我诊断。

本篇中的4个学科案例说明教师在单元教学中需要综合利用多种方法有效开展学生研究，从师与生双向视角，围绕学情、教材、教学环境等多个维度分析学生主题单元学习的需求，确定学习问题的真正原因，以便确定针对性的单元教学目标、教学过程以及指导策略，并在单元教学过程中运用观察、作品分析等方法确定学生的学习实效以作为判断教学目标是否达成以及调整教学的依据（表2-0-1）。

表 2-0-1　学生研究篇案例基本情况一览表

学科	目标单元主题	内容载体	学生研究的方法
英语	英语阅读能力培养	词汇学用、句法结构分析	问卷调查、访谈、课堂观察、作品分析
数学	知识的自主建构能力：将对一个数学对象的零散认识组成知识体系	平行四边形	问卷调查、学生学习作品分析、课堂观察
道德与法治	学生日常的生命感受	生命的思考	观察法为主
体育	前掷实心球技术提升	前掷实心球	调查、观察、访谈等方式

2.1 初中英语"阅读能力培养"单元的教学设计与实施

【案例导读】阅读能力培养是中学生英语语言能力培养的一个重要目标，如何基于对学生阅读能力的调查与分析，确定具体的单元目标，并在一定的时间长度内，即大的单元教学中分阶段把学生需要发展的阅读能力的重要方面——词汇学用能力、句法结构分析能力等进行系统、贯通培养，值得研究。本案例探讨了如何基于学生已有的阅读能力基础以及发展需求，确定阅读能力培养的单元教学目标，明确阶段目标和教学内容，设计单元活动，培养学生阅读能力的实践策略。

阅读能力是英语语言能力的重要方面，怎样有效提升初中学生阅读能力是许多英语教师及研究者关注的话题。关于英语阅读的重要性及如何培养学生阅读能力，国内外研究者已经从不同角度进行了探索。王蔷教授认为阅读能力主要包括解码能力、语言知识、阅读理解及文化意识。解码能力包括文本概念、音素意识、拼读能力和阅读流畅度。语言知识包括词汇知识、语法知识和语篇知识。阅读理解包括信息提取、策略运用和多元思维。文化意识包括文化感知、文化理解、文化比较和文化鉴别。程晓堂教授指出在外语教育中，阅读不仅是学习者需要掌握的重要语言技能之一，也是学习者获得语言输入的主要途径。学生有足够的输入才能够流利输出。因此，在英语学习中为学生提供足够的输入、帮助学生培养阅读能力非常重要。北京市中考英语笔试 60 分中，阅读占了 44 分，阅读是学生语言能力评价的一个重要维度。为了培养学生的阅读能力，笔者团队进行了为期一年的有目标规划、系统的、有阶段侧重的目标单元教学，取得了较好的效果。

一、基于学生阅读能力的发展需求调查，确定单元教学目标

为了有效开展一年的单元教学研究，笔者针对所教学的八年级 4 个班的学生进行了阅读能力发展需求调查，在此基础上确定了单元教学目标。

（一）运用多种方法调查、分析确定学生的阅读能力发展需求

为了有效了解学生英语阅读能力培养方面的需求，笔者运用多种方式进行调查与分析。

1. 利用访谈与观察确定学生阅读能力的现状

基于在教学中对学生的观察及对不同层次学生的访谈，笔者总结了影响学生阅读能力提升的几个原因。第一，学生缺乏自我问题分析及自我规划能力。被问到为什么阅读失分，很多学生会说是因为粗心，或者说因为没有读懂。很少有学生深入分析自己的问题，并根据自己的问题制订改进计划。第二，学生对文章的主旨大意分析及总结能力的欠缺，对文本情感、态度与价值观的思考及判断能力不足。访谈中，一些学生会这样说："生活中我一直这样想的，所以我认为作者就是这样的观点呀！"从学生的言语中可以看出，学生与文本基本上没有互动，只是从主观角度，基于自己的生活经验来判断作者意图、情感或价值观。第三，学生句法结构掌握不到位，且缺乏语境中判断句意以及句子之间逻辑关系的意识和能力。例如，有学生反映，"每次读文章我基本都是逐词翻译，但是，我发现有些句子，根本翻译不通。"例如，Even praise gets deflected（转向）when it comes our way。九个单词组成的句子，还有汉语标注，这需要学生联系上下文的语境才有可能理解这句话在说明什么。此外，很多学生看到文章中有大量长难句时，便无从下手，"分析句子时，我不会分析句子的结构，找不到句子的主干，因此遇到长难句我就无从下手"。第四，学生词汇储备不够，在文中猜词能力欠缺，尤其体现在多义词、熟词方面。而考试中的难点往往会出现在这两个方面。例如，在 2018 年中考完形中，考查单词 rule 的用法，学生知道 rule 用作名词时的意思是"规则"，做动词讲是"统治"，而此处考查的却是其动词的一个特定用法 rule sb. out of（阻止某人参加活动）。

2. 利用问卷调查确定学生阅读能力需要发展的方面

为了深入了解影响学生阅读能力的原因，笔者对 4 个班 151 名学生进行了问卷调查，接受调查的学生中 61.59% 认为长难句影响了其理解文本，50.33% 认为词汇影响了其理解文本，47.02% 认为看不懂选项影响了其理解文本，31.79% 和 24.5% 的学生分别认为话题知识及背景知识缺乏影响了其理解文本。

调查结果与笔者的观察、访谈结果基本吻合。归纳起来，影响学生阅读能力的原因主要分为以下五个方面：词汇储备不够；句法结构掌握不到位；篇章意识欠缺；情感、态度与价值观分析能力欠缺；缺乏自我分析问题及自我规划能力。此外，学生在期末区统考阅读题的分值佐证了笔者的调查结果：学生在语境中灵活运用语言的能力欠缺；对文章主旨大意的分析总结能力欠缺；对细节信息与文章主旨之间关系的分析能力欠缺；对情感、态度与价值观的思考以及判断能力不足。

（二）基于学生阅读能力发展需求确定单元教学目标

基于调查分析学生阅读能力发展的需求，笔者制订了单元教学的以下四个目标。

（1）通过主题阅读的方式帮助提升主题意义理解能力，建构主题词汇网，扩充词汇量。

（2）在主题语境中引导学生关注长难句，帮助学生提升分析长难句的能力。

（3）通过设置问题方式帮助学生发展分析文章结构的能力。

（4）通过问题引导学生学会阅读问题分析和自我学习规划。

二、依据学情确定单元教学整体规划

从影响学生阅读能力提升的因素可以看出，除了词汇、句法及篇章方面的问题外，对语篇中所承载、传递的情感、态度与价值观分析能力欠缺及自我学习问题分析以及发展规划能力欠缺也是影响学生阅读能力提升的重要因素。基于调查结果，笔者确定了针对2018届毕业生开展单元教学的整体设计，依据培养目标分三个阶段进行，三个阶段的目标贯穿始终，每个阶段有所侧重。

阶段一：2017年9月—2018年1月，此阶段的重点是引导学生学会自我学习问题分析和自我规划，同时引导学生在主题语境中识记词汇、理解语句。

阶段二：2018年3月—2018年5月，在语境中引导学生关注长难句的分析和理解，提升主题语篇的情感、态度与价值观分析的意识和能力。

阶段三：2018年5月下旬—2018年6月中考，在理解文本的基础上，引导学生运用简单的阅读策略获取信息，掌握文章结构，理解段落之间的逻辑关系，提高文本结构分析能力。

三、阅读能力培养的单元教学实施过程

基于学生对语篇中所承载的情感、态度与价值观的理解能力不足，且零散的语篇阅读对学生阅读能力培养效果不够理想，于是笔者对研究所用阅读素材进行了归类，本研究所用素材聚焦于《普通高中英语课程标准(2017年版)》大语境下的几个小主题，即研究所用素材主要聚焦于以下主题相关文章：助人为乐类、阐释一种特殊现象类、家庭和学校教育类、介绍一种新事物类、文化类等。选用这些文章的主要原因是对于处于青春期阶段的初中学生，教师除了要引导其学习知识外，还要在情感、态度与价值观方面进行引导，促进其全面发展。

对于所选素材，笔者每周使用一个与主题相关的文章，如第一周使用的文章基本上是阐述一种特殊现象类的。这样做的主要目的是：助力学生在一定的主题语境下提升词汇量，提升长难句分析能力及语篇分析能力，提升学生情感、态度与价值观分析能力，帮助学生积累一定的话题及背景知识。

虽然调查中许多学生指出词汇、长难句、语篇分析及情感、态度与价值观分析是影响其阅读能力提升的主要因素，但笔者认为，初中阶段引导学生掌握自我学习问题分析及自我学习规划能力对学生今后持续学习有很大的帮助，因此这些能力的培养也贯穿于本目标单元教学过程中。笔者在以下三个阶段中探索了发展学生阅读能力的多种实践策略。

（一）阶段一：引导学生在阅读体验中反思阅读能力的欠缺和发展需求

笔者在研究之初侧重引导学生对自己阅读方面的问题进行分析，并根据自己的问题分析进行学习规划。

1. 利用阅读体验引导学生反思阅读问题

笔者在教学中发现，许多学生不能客观分析自己在阅读方面存在的问题，当被问及为什么读不懂文章时，他们会说："这题我会，就是不够认真，所以没有做对""这篇文章我明白讲什么，就是当时脑子不清醒，读不下去，没有认真读"等。为了帮助学生客观分析其在阅读中存在的问题，笔者利用一节课的时间对学生进行了突袭，让学生当堂完成一篇阅读文本，完成过程中标出自己不认识的词、不懂的句子或理解起来模棱两可的句子。阅读完成后，学生小组就文章进行讨论，老师就学生问题进行答疑。在文本处理完成后，笔者通过设置一系列的问题，帮

助学生反思、分析了自己阅读方面存在的问题。其问题如下。

（1）词汇难在哪儿？（请结合文本内容具体举例说明）

①多义词？

②熟词新意？

③词汇量？

④其他难点有什么？

（2）句子理解难在哪儿？（请具体举例说明）

①对你来说，什么样的句子是长难句？（结合试卷举出 2～3 个句子）

②说明这些句子难在哪里？

（3）文章整体理解难在哪里？

①无法体会文章情感？

②不会归纳文章大意？

③其他难点有什么？

本节课后，笔者分别对好、中、弱三个层次的学生进行了访谈。"太弱了，原来我读了半天，都没有明白文章在讲什么，以前很少从整体上考虑文章在讲什么，读完文章后就开始去文章中找答案了。""哎呀，这个句子原来是这样理解的，我每次遇到这样的句子时，就感觉理解起来有些困难，没想到自己的句子分解方式一直是错的，今后得多注意长难句结构的分析了。""哎，不知道 beat 还有心跳的意思啊，词汇真的是大问题呀，今后要多注意积累了。"

可以看出在问题反思框架的引导下，学生基于阅读的体验，真正反思了自己阅读的问题：反思自己是否真正理解了词汇和语句；反思自己是否真正达成了对文章的整体理解；反思自己的长难句分析能力等，这种基于阅读情境体验的即时反思使学生真正找到了自己阅读问题的原因，而不再把阅读问题归咎为"我考试时不认真""当时学习状态不好"。从阅读能力的要素（词汇、句法、长难句分析能力等）来归因自己阅读的问题，而不是从学习状态、学习态度的角度来归因自己阅读理解能力的不足，这是学生提升阅读能力的重要起点，也是学生能够有效规划如何发展阅读能力的一个前提保障。

2. 引导学生自主制订阅读能力发展目标及计划

基于这次突袭式阅读体验和文本阅读后的访谈分析，笔者和学生分享了访谈结果，请他们针对自己的实际情况进行问题原因分析。相对于教师的说教，实际的阅读体验基础上的反思与分析让学生切实感受到自身阅读能力的欠缺。借此机会，笔者让学生自己设定今后提高阅读能力的目标及切实可行的方法。笔者通过问题的方式对学生进行了引导，问题如下。

期末考试目标及计划：比这次阅读有以下哪些方面的提高？提高的方法是什么？

(1)词汇：如何扩充？每次以阅读语篇为载体的积累量是多少？

(2)长难句：如何解决？

(3)阅读量：日阅读量是多少？

(4)期末考试 C、D 篇：期待得多少分？

汇总学生制订的阅读能力提升计划，主要包括以下三项内容。

①每天对阅读的文本进行结构分析，每篇文章至少分析一个长难句，尝试用长难句中的结构自主造句。

②每篇文章完成后，积累 5～10 个词组并用所积累的词组进行造句。

③每篇文章完成之后，选择一到两个段落进行摘录、朗读，通过字里行间体会作者的感情，积累相关话题及背景知识。

学生的阅读能力提升计划主要分为两个层次，30％的学生根据自己的实际水平选择了 1 和 3，其余学生选择了 1 和 2 作为自己阅读能力的发展计划。

依据学生的规划，教师适时布置阅读任务，促进学生养成阅读的习惯。阅读能力发展要保证有足够的阅读频率，但课堂时间对于练习阅读来说远远不够。因此，笔者会分时期挑选不同主题的文本让学生进行阅读。为了满足学生的个性化需求，教师也会提供一些阅读网站或英文小说供学生自主选择。

此外，此阶段笔者也采取了一些措施帮助学生积累词汇。例如，在处理一篇主题为家庭教育的文本时，作者通过引导学生用所学词汇造句的方式，帮助学生掌握文本中出现的重要词汇。本篇文章主要讲述了作者的母亲在其成长过程中的作用，由于母亲的鼓励和帮助，作者攻克了生活中的种种难关，并创建了世界上最大的酒店系统——Holiday Inn。在教学该语篇时教师对学生的引导如下。

T：请用 PPT 上所有或部分词组谈论自身经历或者编写一段小故事：bring out the best in …；gentle, loving voice；drive that message into my heart；with … words deeply rooted in my heart, I never doubted that …；experience a lot of hard time；succeed.

一个学生利用这些词汇和短语创编的故事如下。

S1：It is a story about Jason in our class. Jason went through a hard time a few days ago. He was not good at running. He felt very upset. But Mrs Lv told him that where there is a will，there is a way. She drove that message deeply into Jason's heart. He trained very hard，and finally he succeeded and won the first prize in running.

...

从上文案例中可以看出，学生除了运用了教师 PPT 上所给的词组外，还将之前学过的一些词组运用到了小故事中，如谚语 where there is a will，there is a way，新学单词 upset。授课过程中，学生参与度非常高，也比较活跃。课后访谈中，学生难掩兴奋地说道："这种方式记忆单词太有效了，比每天的默写有趣多了！每次想到同学们的小故事，我应该都会想起我们这节课学的词语吧。""我觉得这种方式记忆词汇有助于提升我的写作能力。以前单纯记忆词汇感觉很枯燥，也不知道怎么应用，所以每次记忆词汇都是令我头疼的事儿。老师的这种方式很好，让我们立刻用所学的词汇写小故事，这样不仅能够帮助我们记得更牢，也能够让我们知道怎样将这些词汇应用到我们的作文中。"教学中，笔者采取此种记忆词汇的原因主要有两个：一是给学生提供更多的表达机会，充分调动学生的思维及学习兴趣，适当增加课堂趣味性；二是帮助学生更好消化吸收所学重点词组。学生的反馈说明，学生对在语篇语境中关注并提取的词汇印象深刻，在语境中结合生活实际运用这些词汇是学生真正掌握新词汇的有效方法。

（二）阶段二：围绕主题意义在语篇语境中提升学生分析长难句的能力

通过对历年中考真题中长难句的分析，笔者发现，中考常考的长难句主要有以下几种类型：定语从句、宾语从句、分词形式以及状语从句等。为了进一步了解影响学生阅读理解能力的长难句有哪些，笔者对学生进行了问卷调查。学生认为影响其理解文章内容的长难句主要有两种：一种是句式复杂的句子，如句子比较长且包含定语从句、宾语从句、状语从句、介词短语等。一名学生在调查中写道，以下结构的句子经常影响其理解文章的内容：Your brain gets bored quickly, especially if you are already tired, so switching subjects gives you a break and allows you to break up the work you are completing into small parts. "这个句子很长，还有从句，我一看到这样的句子就容易慌，觉得混乱，理不出头绪，划分句子成分的时候老是划乱，却不知道句子要表达的重点。"还有一种句子虽然不长，但是必须和语境结合起来才能够分析出其中的意思。正如笔者前面举的例子：Even praise gets deflected（转向）when it comes our way。针对学生的长难句理解有困难的问题，笔者主要采取了两种方式引导学生对文本中的长难句进行分析。

第一种方式，在遇到长难句时笔者会引导学生在语境中尝试对句子进行分析。首先作者会引导学生关注句子中的从句。例如，名词后面的由 that，what，when，where 等引导的句子一般是定语从句，可以先暂且不看。动词后面的句子为宾语从句，充当宾语作用。When，while，although，so that 等一般引导状语从句，表示时间、目的、让步等，是对句子意思的补充说明，引导学生找到句子的主干结构，特别是要确定句子的核心谓语动词。例如，笔者在处理一篇主题为"家庭、学校教育"文章时，引导学生对文本中较难的句子进行了结构分析。

T：Is the author satisfied with the present graduation exam?

SS：No.

T：How do you know?

S1：From this sentence： *The high school graduation exams that most states require students to pass before they graduate remain far too easy.*

T：Good. Now let's look at this sentence together. 同学们看这句话，句子中有没有从句？

SS：有，exams 后面出现了 that 引导的定语从句。

T：有没有时间状语从句呢？

S2：有，before 后面出现的句子是时间状语从句。

T：那时间状语从句到哪儿结束呢？

S1：到句子最后。

S3：到 graduate。

T：应该是到 graduate，当句子中没有 and，but 这样的连词时，能同时出现两个动词吗？

S2：不能。

T：所以，时间状语从句是？

SS：that most states require students to pass.

T：那句子主干是？

SS：The high school graduation exams remain far too easy.

T：Good! 那这句话想表达什么意思呢？

SS：大多数州要求学生在毕业前通过的考试相对来说还是太简单了。

笔者结合阅读语篇语境设计阅读理解问题，引导学生在回答问题过程中关注长难句。为了让学生关注影响文本理解的长难句，作者通过设置问题的方式将学生的注意力引导到了文章中比较重要的一个长难句上，然后通过层层提问的方式帮助学生一步步厘清句子的结构，理解句意，提升长难句理解能力。

第二种方式，主要是通过句子意群间的停顿来帮助学生理解长难句的意思。学生如果在朗读时能够按照句子意思正确断句，他们在理解文本大意上是没有问题的。因此，在遇到长难句时，笔者也会通过让学生按意群朗读句子的方式帮助学生理解长难句。例如，在讲到一篇主题为"学校教育"的文章时，作者就引导学生对其中的长难句进行朗读，关注意群切分、合理断句。

T：Why did western Ohio hold electric workdays?

SS：Officials say that holding electronic workdays（e-days）will help students keep up with their studies. It will also prevent requiring students to make up schooldays later in June.

T：Ok, now who would like to read the sentence to have a better understanding of its meaning. S1，please.

S1：officials/ say /that/ holding /electronic /workdays/ …

第一个学生一个词一个词地读完了句子，课后访谈时，该生告诉笔者，之所以这样读，是因为根本不理解句子的意思。在笔者追问影响其理解句子意思的原因时，该生告诉笔者，影响其理解句子大意的原因主要有两个：一是句子中的生词太多了，如 officials, electronic, keep up with, require。另一个是一部分句子太长，搞不清楚结构，如 Officials say that holding electronic workdays（e-days）will help students keep up with their studies，从 that 往后就不知道在讲什么了。

S2：Officials say that/ holding electronic workdays（e-days）/ will help students /keep up with their studies.

第二个学生在朗读过程中，意群停顿十分准确，但对该生的访谈使笔者有些吃惊。该生虽然正确朗读了句子，但却并不明白句子的意思，原因是句子中有些词他不认识，如 official，electronic，hold。

从上述案例可以看出，朗读是帮助学生理解长难句的一种方式，学生能够按照意群正确进行朗读时，基本上就能够了解句子的结构。但是在实施过程中，教师首先要对句子中的生词进行处理，并引导学生在语境中猜测词义，否则，学生即使能够正确朗读，也并不能明白句子的意思。

(三)阶段三：指导学生围绕主题意义提升文本结构分析能力

从九年级开始，在指导学生完成阅读的 C、D 篇及完形时，笔者会有意识引导学生关注文本结构，主要通过层层提问的方式进行。在帮助学生深入理解文章后，作者会通过问题设置的方式引导学生关注文本的情感、态度与价值观，引导学生将文本与自己的生活相联系。例如，在处理一篇主题为"介绍一种新事物"（2018 年西城一模 D 篇）文本时，笔者通过设置问题的方式引导学生关注文本结构。本篇文章主要介绍了一种新的交通工具——电动滑板车。文章从电动滑板车的使用、创造者以及优缺点等方面对其进行了介绍，结构比较清晰。以下课堂教学的师生互动展示了笔者引导学生关注文本结构的详细过程。

T：This paragraph mentions a new kind of transportation，what is it?

SS：Electric scooters.

T：Good！This paragraph introduces the topic. Which American city is the first user of the electric scooters?

SS：Santa Monica.

T：So this paragraph talks about an example，right? Who created the electric scooters?

SS：Bird.

T：So the third paragraph is about…?

SS：electric scooters 的创始者。

T：Yes，the startup of electric scooters—Bird. Look at paragraph 4. It talks about Lime bike and Spin，so it is about…?

SS：The competitors.

T：Yes，Look at paragraph 5 and paragraph 6. Do people in these two paragraphs want the cities to use electric scooters? Find some sentences to support your ideas.

S1：Yes，The city is interested in using them as a way to improve public transportation.

T：Good，Any other supporting sentences?

S2：We love to be early pioneers.

T：Yes，and…

S3：We would like to see electric scooters continue to operate in the city. They are in line with our goal of multi-modal living and carbon-light living…

T：Every coin has two sides. Look at the last paragraph，did Bird do anything to solve the safety problems?

SS：Yes，Bird has given out free helmets to some riders and tells its users to ride in bike lanes.

T：Did it talk about the future of electric scooters?

SS：Yes.

T：So this paragraph talks about what Bird did and…

SS：The future of electric scooters.

T：同学们来看这篇文章的结构，导入—例子—对 electric scooters 四方面进行简单介绍，大家再来看最后一题……

案例中，笔者通过层层提问的方式帮助学生厘清了文章思路，并适时地对学生情感、态度与价值观进行了引导。这样做的好处是：一方面可以帮助学生掌握分析文本结构的方法；另一方面可以提升学生参与度，给学生发表观点的机会。

经过一段时间的引导，许多学生都能够按照计划采取措施，每次判作业时总会看到学生按照笔者要求的方式在每段旁边简单地总结出每段的大意。许多学生在做文章标题及总结文本大意题时，明显自信了许多，正确率也提升了。此外，教师有意识地引导学生关注作者的写作意图、写作立场等，也使学生开始站在作者立场思考问题，能够更加客观地分析作者想要表达的情感、态度与价值观了。为充分调动学生的思维及参与度，教师可以让部分学生针对阅读的内容进行提问，请其他同学进行回答，让学生通过合作方式来梳理文章结构。

四、单元教学实施效果及反思

经过一年的阅读能力培养实践，学生的阅读能力有了很大提升，具体表现在以下两个方面。

(一)学生自我学习问题分析及自我学习规划能力提高了

经过一年左右时间的实践，学生逐渐有了自我学习问题分析和自我规划的意识。每次考试过后，学生们就会参照笔者之前给的框架，对自己的问题进行分析，并根据问题制订改进方法。"以前很少系统分析问题，考好的时候就很开心，考砸了就很泄气，从来没有分析过自己哪方面存在问题，也没有根据自己的问题制订过具体的改进方案。现在每次考试过后，我都会找老师帮助深入分析自己的问题，根据问题和老师一起制订改进计划。这样一来，感觉学习更有目标了，学起来也更有动力了。"

(二)学生的长难句分析能力提升了

经过一年的研究，学生的长难句分析能力有了一定的提升，体现在学生做阅读 C、D 篇时能读懂文章了，遇到长难句时不再害怕了。"以前看到长句子就害怕，不愿意读，反正读也读不懂。现在，在老师的引导下，我掌握了一些句式分析的方法，每次看到长句就特兴奋，每分析完一个句子就感觉很有成就感。"2018 年中考中，笔者所教的学生在阅读 C、D 篇上的得分有了一定程度的提升。此外，学生也具备了一定的语篇分析能力。"以前即使能看懂文章，也做不对标题和文本大意概括题，不会从整体上把握文章。读文章就是为了做题，根本不考虑作者想表达什么。现在，在老师的引导下，有了篇章意识，每次阅读 C、D 篇时，我都会尝试用老师给的方法进行分析。"此外，学生在语篇分析能力方面的提升也反映在 2018 年中考中。在此次中考中，笔者所教的学生在标题选择和文本大意总结题的得分率有了一定程度的提升。

在为期一年的教学实践中，笔者收获颇丰。一方面，在如何进行学生研究方面有了进一步认识，教师可以采用课堂观察、问卷调查、访谈等方式了解学生的学习情况，根据学情调整教学，提升课堂效率。另一方面，笔者深刻地理解阅读教学不能仅仅局限于如何做题，可以充分分析挖掘文本，通过精读、精讲文本来提升学生词汇量、长难句分析能力及语篇分析能力。由于时间限制，笔者在阅读教学中所采取的教学手段并未充分发挥作用。后续研究可以从七年级开始就将一些教学方法融入阅读教学中，从而更加有效提升学生阅读能力。

【案例评析】

阅读能力是中学生英语语言能力的一个重要方面。教师通过问卷调查、访谈等方式研究学生英语阅读能力的已有基础和发展需求，确定具体明确的单元教学目标，并合理地确定了贯穿于整个单元教学的阶段教学目标和实施策略。本单元教学案例的实施启发更多教师调研学生阅读等能力发展的真正需求，并进行针对性的持续培养。此外，本案例不仅关注阅读能力的培养，还注重学生的自我学习问题分析以及自主学习规划的意识和能力的培养，这是中学生英语自主学习能力培养的重要方面，也是学生研究的重要目标和意义所在。

参考文献

[1]程晓堂，郑敏．英语学习策略[M]．北京：外语教学与研究出版社，2002．

[2]中华人民共和国教育部．普通高中英语课程标准（2017年版）[M]．北京：人民教育出版社，2018．

[3]李宝荣．以提升能力为本——基于学生研究的英语教学[M]．北京：教育科学出版社，2015．

[4]王蔷，陈则航．中国中小学生英语分级阅读标准（实验稿）[M]．北京：外语教学与研究出版社，2016．

2.2 初中数学"平行四边形"单元的教学设计与实施

【案例导读】和初中数学中的许多几何图形一样，平行四边形是日常生活中常见的图形，也是学生在小学阶段就正式学习过的图形，这决定了学生对平行四边形单元中的许多内容都有着正确的认识。通过调查，也确认了这一点。那么，如何看待学生已知的价值？更重要的是，如何以学生的已有认知为基础，确定单元目标，整合单元内容，设计单元活动？本案例重点展示如何以对学生表现的深度解读为基础开展"平行四边形"单元教学。

心理学家奥苏伯尔说："如果我不得不把教育心理学的所有内容简约成一条原理的话，我会说，影响学习的最重要的因素是学生已知的内容。弄清了这一点后进行相应的教学。"①奥苏伯尔所说的道理很简单，但是弄清学生已知的内容，除了经验积累以及应用调查等实证的方法外，还有一点至关重要：就是要读懂学生的表现对于数学知识结构形成的价值、对于数学思想方法形成的价值。

本文以"平行四边形"单元为例说明。

一、关于"平行四边形"的学生调研

初中数学"平行四边形"单元共包括两部分内容：平行四边形的定义、性质与判定；特殊平行四边形（包括矩形、菱形、正方形）的定义、性质与判定。

梳理课程标准和教材，在本单元学生需要掌握的基础知识分为两类：第一类是平行四边形及特殊平行四边形的定义、判定与性质，这些属于本单元的主干知识；第二类是应用第一类知识推理得到，且比较常用的衍生知识。表 2-2-1 呈现了本单元的全部基础知识。

---

① 施良方：《学习论》，232 页，北京，人民教育出版社，1994。

表 2-2-1 "平行四边形"单元基础知识一览表

对象		主干知识			衍生知识
		定义	性质定理	判定定理	
平行四边形		两组对边分别平行的四边形叫作平行四边形	平行四边形的对边相等；平行四边形的对角相等；平行四边形的对角线互相平分	两组对边分别相等的四边形是平行四边形；两组对角分别相等的四边形是平行四边形；对角线互相平分的四边形是平行四边形；一组对边平行且相等的四边形是平行四边形	三角形中位线定理
特殊的平行四边形	矩形	有一个角是直角的平行四边形是矩形	矩形的四个角都是直角；矩形的对角线相等	对角线相等的四边形是矩形；有三个角是直角的四边形是矩形	直角三角形斜边中线等于斜边一半
	菱形	有一组邻边相等的平行四边形是菱形	菱形的四条边相等；菱形的对角线互相垂直，并且每一条对角线平分一组对角	对角线互相垂直的平行四边形是菱形；四条边相等的四边形是菱形	
	正方形	正方形的四条边都相等；正方形的四个角都是直角；一组邻边相等的矩形是正方形；有一个角是直角的菱形是正方形			

上表中的定义、定理等都属于具体知识，构成了这一单元的骨架，是学生通过本单元的学习需要掌握的基础知识，它们将成为以后解决几何问题的常用工具，也是学生认识现实世界中一些几何对象的思维基础。

此外，本单元还有一些没有专有名词的具体知识，它们是推理证明基础知识时使用的一些具体的、经典的而在解决其他问题中可能会有用的方法。例如，关于三角形中位线定理，学生除了要掌握定理自身外，还要掌握证明定理的倍长延伸辅助线添加法，这些都将积淀在学生的思维中，成为他们以后解决类似问题的工具。

（一）学生调研

平行四边形及特殊的平行四边形都是日常生活中非常常见的图形，其中的许多结论都非常直观而具有"常识性"，而且学生在小学阶段专门学习过这些图形，那么学生对于这些具体知识到底有哪些了解呢？我们以北京市一所县城城区中学的一个班的全体 32 名同学为对象做了调查。在调查时，学生尚未进入"平行四边形"这一单元学习，调查也未涉及特殊的平行四边形的问题。

问卷共包括 4 个问题，下面是问卷中的问题和学生的解答，如表 2-2-2 所示。

表 2-2-2 "平行四边形"前测数据

问题	解答情况
问题 1：请你画一个平行四边形，并说说什么样的四边形是平行四边形。	全部能画出形状正确的平行四边形。 有 4 人给出了标准定义。 另外 28 人在叙述平行四边形的定义时，不够简练，而是把"对边相等""对角相等"等作为定义的条件。
问题 2：这里有一个平行四边形 $ABCD$，如果 $AB=6$，CD 等于多少？	31 人（96.88%）答案正确； 1 人（3.12%）错误，错误答案为 $CD=4$。
问题 3：平行四边形 $ABCD$ 中，$\angle B=60°$，你能得到其他角的度数吗？	29 人（90.62%）答案正确； 3 人（9.38%）错误，答案是所有角都是 60°。
问题 4：你认为平行四边形都有什么特征或者说它有什么性质？请尽可能多写出来。	26 名学生写出了对边平行且相等； 24 名学生写出了对角相等。

（二）对学生表现的深度解读与单元教学目标

那么，如何看待学生的表现呢？调查数据中，最引人注目的并非是错误的答案。事实上，各个题目错误答案的比例都不高，而很高比例的学生对平行四边形有很多正确的认识，但是不够系统和完整。例如，很多学生给出的平行四边形的定义的条件冗余，没有人给出平行四边形"对角线互相平分"这条性质。"条件冗余"和"性质不全"均非对错问题，而是不够完美的问题。实际上，"对角线互相平分"这一条性质并不一定是学生不知道或者不能通过演绎推理的方法证明的，更有可能是不知道平行四边形的对角线的关系也可以作为研究的问题。

掌握具体知识当然是单元的重要目标，但还是不够的。具体概念的定义、定理、解题方法等数学学科知识的发展是对知识的量的积累的要求，然而知识浩如烟海，即使是关于平行四边形的具体知识，也远远超越教科书中的这22条。例如，"邻角互补"也是平行四边形的性质，"中心对称的四边形"亦可以作为判定一个四边形是平行四边形的方法，三角形中位线定理还可以通过面积法进行证明等，因此，教学不能仅停留于具体知识的习得与掌握，还需要关注或引领学生关注方法论知识，方法论知识探讨的是"这些具体知识是怎样产生的"，关注方法论知识有利于教学实现"鱼渔兼得"，在让学生习得具体知识的同时，还发展他们产生知识的能力。

从这个意义上看，在"平行四边形"单元的学习中，除了本单元具体知识的掌握与应用目标外，还需要以"数学化方法"作为目标，对此，数学教育家弗赖登塔尔在其名著《作为教育任务的数学》一书中有专门的论述，他说：

学生也应该学习将非数学（或是不完全数学的）内容数学化，也就是学习将非数学内容组织成一个合乎数学的精确性要求的结构……平行四边形的每个一般陈述都是一个数学陈述，但是这些陈述的整体本身是一个大杂烩，只有用逻辑关系建立结构，它才成为数学，而这个过程就是数学化。[①]

......

让他们（指学生）自己观察并发现这种形状（指平行四边形）的大量性质，如对边平行且相等，对角相等，邻角和等于$180°$，对角线互相平分，平行四边形有一个对称中心，平行四边形可以分成两个全等的三角形，以及可用全等的平行四边形铺满平面等。为了进一步系统组织这些性质，建立联系，可取性质之一作为定义，以其为源而推出其他。[②]

对比弗赖登塔尔数学化过程的解释，教科书中所呈现的平行四边形和特殊的平行四边形"定义—性质定理—判定定理"的结构属于数学化后

---

① ［荷］弗赖登塔尔：《作为教育任务的数学》，123页，上海，上海教育出版社，1995。

② 同上书，285页。

的结果，如果只关注结果，而不关注数学化的过程，就可能会出现课堂上教师的教与学生的学"擦肩而过"的现象。例如，有的教师在平行四边形课上计划通过让学生画一个平行四边形的方式激活学生的经验，有学生展示了这样的作图步骤：画一条线段，然后按照平行线的做法画出与之平行的线段，通过度量确保两端线段相等，连接端点，得到平行四边形。这一作图过程的实质是判定平行四边形的一种方法："一组对边平行且相等的四边形是平行四边形"，也可以看出是对平行四边形的一种定义方式。可是，如果教师被"定义—性质定理—判定定理"的程序框住，就会只关注学生画出的图形在外形上是否是平行四边形，而不关注学生作图过程中体现的逻辑，从而失去了宝贵地为学生提供利用"逻辑"将经验组织为数学知识的机会。

需要注意的是，这里弗赖登塔尔仅对围绕平行四边形的定义、性质定理与判定定理知识的数学化过程进行了梳理，这是教科书"平行四边形"单元中的一节内容，而站在这一单元所有知识的角度看，数学化的过程还应该包括通过特殊化思想确定研究对象的过程。

如果与此前学习的三角形知识比较，就会看到特殊化方法在数学知识产生过程中的作用以及在教科书中关于四边形单元的不足。在研究三角形时，在一般三角形的边、角关系研究完毕后，研究了特殊的三角形：等腰三角形、等边三角形、直角三角形、等腰直角三角形，研究的问题亦是边、角、特殊线段、全等等问题，而由于特殊三角形的特殊性，也产生了更为丰富的结论，一些比较重要的结论也被数学课程确定为基础知识。例如，等腰三角形的三线合一性质、直角三角形的勾股定理、斜边中线等于斜边一半、直角三角形判定的 HL 定理等。三角形部分的研究对象可以如图 2-2-1 所示。

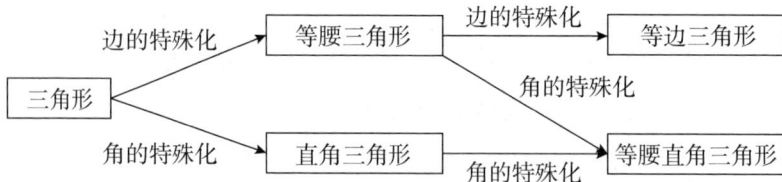

图 2-2-1 三角形知识结构图

关于四边形，此前学生已经在三角形内角和部分学习了四边形的内角和，但是四边形单元却直接从特殊的四边形——平行四边形开始，学生当然知道平行四边形是特殊的四边形，但这一四边形因何被特别关注？是否还有其他的特殊四边形？因此，本单元将引导学生关注这些问题，为学生提供在三角形知识块中学习的思想方法与新的研究对象的机会，从而建立更为完整的单元知识结构。

二、单元教学设计方案

根据对单元知识的分析，本单元的主要教学思路确定为：

首先激活学生关于四边形、平行四边形的研究经验或已知经验，然后引导学生对自己的已知经验用数学化方法进行组织，在组织的过程中，从系统化的角度提出原本未曾纳入视野的问题，从而构建起更为完整的知识体系，借助研究过程，学会数学化方法。

根据单元目标，本单元的教学需要增加"从四边形到平行四边形"一课。在这一课中，学生类比三角形的研究过程，对四边形可以研究的问题进行系统分析，明确作为特殊的四边形以及特殊的平行四边形的研究价值。

根据数学化方法的需要，整体推进"平行四边形"概念的定义、性质、判定方法的学习，采用头脑风暴法激活关于平行四边形的已知经验，然后引导学生对已知经验用逻辑的方法进行整理，从零散走向系统化。

对于矩形、菱形、正方形的学习，请学生应用平行四边形的研究经验自主研究，对照教科书中的知识进行评价。

单元教学计划的主体部分如图 2-2-2 所示。

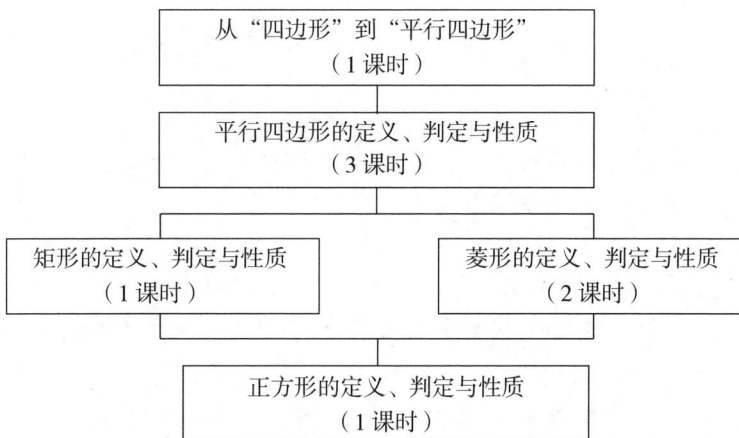

图 2-2-2 "平行四边形"单元教学计划示意图

三、单元教学实施过程

本单元的教学实践也体现了"基于学生研究"的特点，即先请学生展示自己的已知经验或者利用已知经验解决问题的能力，然后以学生的表现为基础进行教学。本部分通过几个特色的教学片段呈现本单元的实施情况。

（一）片段 1：梯形怎能和平行四边形相提并论呢？

这一片段来自第一课时，这节课的主要流程为学生类比三角形，对一般四边形开展研究，提出：内角和等于 360°，外角和等于 180°，任意三边之和大于第四边，特殊线段为对角线。接下来，对四边形的构成元素进行多层特殊化后得到一些特殊的四边形，板书如图 2-2-3 所示。

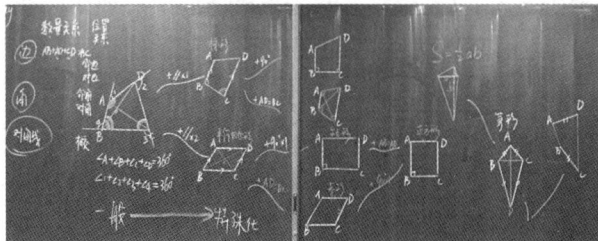

图 2-2-3　"从四边形到平行四边形"课堂板书

学生提出通过对对边的关系特殊化，可以得到平行四边形和梯形。下面是其中的教学片段。

师：我们可以对哪些构成要素进行特殊化而得到特殊的四边形呢？

生 1：对边的位置关系进行特殊化，可以让四边形的对边具有平行的关系。

师追问：几组对边平行呢？

生 1：一组对边平行的话，就得到了梯形；而两组对边分别平行的话，就得到了平行四边形。

师：所以，利用对边的位置关系，我们可以将四边形分为一般四边形（两组对边都不平行的四边形）、梯形和平行四边形。

生 2：老师，我觉得梯形怎么能和平行四边形相提并论呢？

师（疑惑）：此话何解？

生 2：你看，平行四边形的对称性多好啊，比梯形美多了。

《义务教育数学课程标准（2011 年版）》删掉了"梯形"内容，最初笔者不太理解，认为梯形也是很重要的，通过各种学习才逐渐理解了课标修订的意图。在本课的学习中，学生自己通过对比得出平行四边形比梯形"美"而更具有研究价值的结论，这令笔者惊叹。实际上，数学家们在对几何图形研究过程中所做出的每一个选择也是关于美的选择，人本就有追求美的意识，在选择"平行四边形"的过程中，审美确实可看作一重要的视角。

(二)片段 2：只要将正方形研究透彻就可以了！

这一片段也来自第一节课，当学生对四边形的构成要素不断特殊化后，得到四边形的分类图，并对此图做出思考。

师：从这个四边形分类图中，你能得到哪些启示？对于我们研究特殊的四边形有哪些帮助？

生 1：我认为只需要将正方形研究透彻就可以了。

师：为什么呢？

生 1：从分类图中可以看出，平行四边形、菱形、矩形所具有的性质正方形都具有，所以把正方形研究透彻即可。

师：还有补充的理由吗？

生 2：要判定一个四边形是正方形，就要判定它既是菱形又是矩形，所以正方形的判定也包含了矩形和菱形的判定。

以往的教学，都是在本单元学习结束后对四边形进行分类，建立它们的关系，而通过这次教学实践，我们发现学生对于平行四边形和特殊的平行四边形的关系有着非常精准的认识，也再次印证了我们以激活学生的经验，并对经验进行数学化的组织这一思想作为教学思路，与学生的经验基础更契合。

(三)片段 3：这么多结论全都要记吗？

这一片段来自"平行四边形"一课，教师首先抛出一个激活学生已知经验的问题：任做一个平行四边形，你能得到关于它的哪些结论？

学生争着说出了 15 条结论，既包括课程标准要求学生掌握的对边平行、对边相等、对角相等、对角线互相平分等结论，还包括邻角互补、一些三角形全等等正确但并不属于课标要求的结论。教师通过板书进行记录，如图 2-2-4 所示。之后的整理工作是由一位学生的质疑发起的。

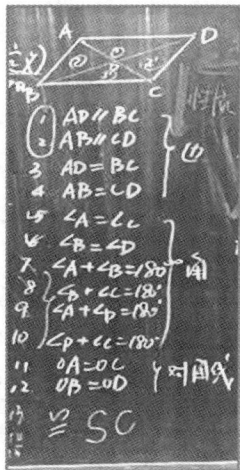

图 2-2-4 "平行四边形"
课堂板书

一名学生指着写在黑板上的这么多结论，

又提出疑问：这么多结论全都要记吗？

这引发了学生们的讨论，有人马上提出：不需要都记；有些结论其实可以被替代。于是才有了对这些结论之间的逻辑关联的深度思考。

学生发现，两直线平行，可以推得同旁内角互补的结论，即结论7~10可以被替代；而由对角线分割的两对小三角形也易证明全等。这样，由全等三角形引发的如面积、周长的关系也就顺势被替代。最后，就剩下1~6、11、12这8条结论，也就是教科书上要求掌握的几个定理。

学生探讨完后，课堂变得安静了，教师开始追问：难道这8条就都正确吗？为什么？

在探讨证明的过程中，教师引导学生关注：从哪儿作为逻辑的起点开始证明？

生：您不是一开始画的就是平行四边形，我们才得出这些结论的吗，所以，平行四边形这个条件就是它们的"根儿"。

师：一开始画平行四边形，保证了什么？

生：平行啊。

师：具体点儿。

生：上下、左右边都平行。

师：也就是说，我们是从大家的结论1、2出发进行推理的，对吗？也就是说，我们以四边形"两组对边分别平行"为基础，推出了其他结论。这背后，我们为平行四边形下了定义：两组对边分别平行的四边形叫作平行四边形，大家都同意这个定义吧？

学生们都表示同意。

接下来，学生由这条定义出发，逐一证明了其他结论，得到了平行四边形的性质定理。

这样，将学生头脑中的"一堆"关于平行四边形的结论(15条甚至更多)化繁为简，组织成清晰、系统的知识体系。最终，使学生体会到，几何图形的定义，实则为一切结论推理的逻辑起点，这也是学生几何思维进阶发展的一个良好"载体"。

关于平行四边形的性质，更多的是梳理和提炼，对于平行四边形判定定理的探索，更是一个由"起点"出发，逐一筛选并证明或证伪的过程。

(四)片段 4:"判定"原来有很多

本片段来自第二课时"平行四边形"。当发现平行四边形具有那么多良好的边、角关系,那么,如何说明一个四边形就是平行四边形,便成为更值得关注的问题,也是本节课由"性质"自然过渡到"判定"方法的关键性问题。

师:上述结论的得出均需要以图形是平行四边形作为前提,那么如何判定一个图形就是平行四边形呢?

生1:定义啊。

生2:还有其他的判定定理呢……

师:目前,我们只有靠定义来说明一个四边形是平行四边形,但你们一定不甘心只有这一条路,对吧?大家还能"编"出哪些可能的判定呢?

生:两组对边分别相等。还有一组对边平行且相等,两组对角……

老师友善地叫停了该生的回答,并抛出了如下的问题:

你怎么确定仅用两个条件就能判定一个四边形是平行四边形?这些条件是从哪儿来的?

该生顿了一下,想必是在犹豫,若回答"课外班就是这么学的",显然不能说服自己。随后其他学生开始帮忙解围。

生:定义不就是用了两个条件吗?

生:判定,不就是把性质反过来吗,以前学的都是这样的。

通过这些回答能看出,学生借助已有的几何学习经验,能够自觉地进行类比(如全等三角形的判定条件是如何锁定为 3 个;等腰三角形的性质与判定互为逆命题等)。教师通过不断地追问,将其外显出来,及时捕捉到了学生的智慧,同时也让学生认识到,这种无意识的想法是多么宝贵。

接着,那几条"呼之欲出"的判定定理,从语言描述到证明,似乎都在学生的意料之中。从定义或已经证明了的判定定理出发,将猜想进行证明,从而得到新的判定定理。不过,这条路似乎走得过于顺利,怎么猜都对呢?教师人为地制造了新的矛盾冲突,掀起了课上的第二个小高潮。

师:我们目前已经得到了 5 条结论可以说明一个四边形是平行四边形,大家满意吗?

生：就这些了吧……

生：难道还有别的？没听说过啊？

师：你们觉得还会有新的判定吗？

生：您要是这么问，就肯定有(得意地笑)，可那些都不对吧。

生：有对的，有对的，你随便编，肯定有对的。

师：怎么能说"随便"呢，你总不能瞎编吧！

生：边啊，角啊，对角线的，随便组合呗！

师：好，那咱们就试试，说不定就有"王氏"判定诞生(刚才发言的同学姓王)。

学生们开始热火朝天地组合条件，给出猜想，并证明或证伪。每当有正确的命题出现，他们就兴奋地称之为"王氏"判定；遇到犹豫不决的命题，如"一组对边相等，一组对角相等的四边形是平行四边形"。一开始，他们总纠结在"这个证不出来呀？"后来，有学生开始提出说："证不出来，肯定就有反例！"讨论的主题就转移到反例图的构造上，如图2-2-5所示。

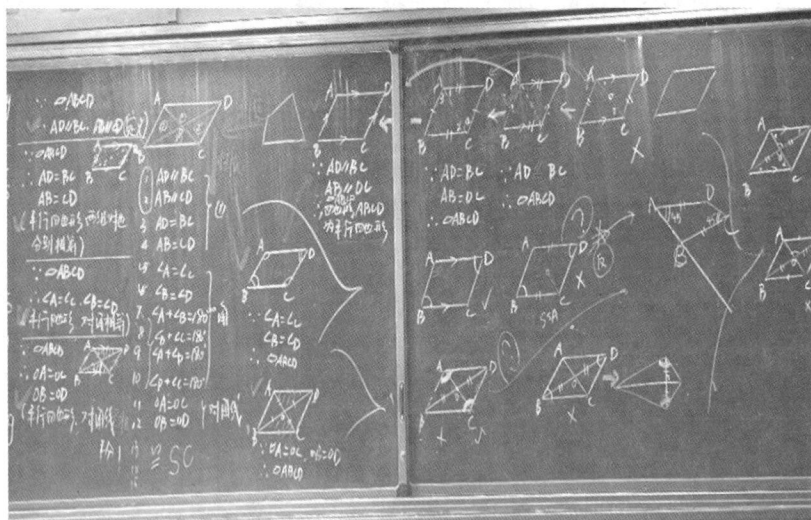

图 2-2-5 "平行四边形"一课的板书

整节课完整地给出了平行四边形的性质定理与判定定理，非常流畅，并没有因为原本两课时的内容在一课时中生成了而显得紧迫。学生头脑中生发出的平行四边形的性质、判定方法远超过教科书的选择，甚至超过教师的想象。

(五)片段 5：矩形的对称性好

这一片段来自"矩形"一课的第一阶段。以第一节课的研究为基础，通过回顾得到了矩形的定义，即学生对矩形性质的观察、猜想。

师：矩形具有哪些一般的平行四边形所不具有的性质呢？

生(齐)：四个角都是 90°。

生 1：我感觉，矩形的两条对角线长度相等。

师：你是如何感觉出来的呢？

生 1：从图形上看，矩形的对称性好呀！两条对角线是对称的，那么长度应该是相等的。

师：你的感觉非常好，矩形的对角线确实相等，它的对称性比平行四边形进了一步。矩形不仅仅是中心对称，还是轴对称。但是凭感觉还不行，大家证明一下吧。

接下来学生独立证明了这条性质。

学生通过观察图形，发现图形的轴对称性，不难猜出矩形的对角线相等这一性质。在这个过程中，学生经历了观察—猜想的探究过程，体会了研究几何图形的一般方法。

(六)片段 6：矩形的判定

这一片段来自"特殊的平行四边形——矩形"一课，学生自主探究矩形的判定条件。

师：矩形的性质对于任意四边形是否都适用呢？

生(齐)：不是。

师：那就要求我们在利用这些性质之前，应该判定一个四边形是否为矩形。如何判定矩形呢？需要对四边形加几个限制条件即可。

学生讨论后，给出了 3 个限制条件的答案。

师：你如何得知需要 3 个限制条件？

生 1：从定义中可以看出，一个角为直角的平行四边形是矩形。而平行四边形的判定需要 2 个限制条件，因此矩形的判定需要 3 个限制条件。

生 2(补充)：我们组就 2 个限制条件展开了讨论，发现最多只能得到它是一个平行四边形。

接下来请学生分组提出不同的判定。

师：咱们一共提出了 16 种不同的判定方法，这些方法都需要证明一遍吗？

生（齐）：不用。

师：为什么呢？

生1：我们可以对这些方法进行分类。

师：如何分类？

生1：我发现这些方法中，绝大多数都是由其中的两个条件判定其为平行四边形，在此基础上再判定它是矩形；而另一部分则是三个条件一起直接判定它是矩形。

师：这样的分类有什么好处呢？

生2：我觉得一方面将16种方法化归为少数的方法，证明起来便捷、迅速；另一方面，从这些根上的方法出发，可以衍生出一系列判定方法。

学生自发产生了分类的意识，这同时也有助于学生更好地理解判定定理的形成过程。

(七)片段7：菱形的判定

以往以课时为单位的"菱形"这节课的教学中会应用演示教具。例如，为了得到菱形的定义，教师先准备一个一组对边可以活动的平行四边形教具进行演示，改变平行四边形的边，使一组邻边相等，引出菱形的定义；为了得到菱形的判定方法，则用一长一短两根木条，在它们的中点处固定一个小钉，做成一个可转动的十字，四周围上一根橡皮筋，做成一个四边形，转动木条，请学生观察其何时变为菱形，进而得到菱形的判定方法"对角线互相垂直的平行四边形是菱形"。

在单元教学设计的背景下，由于在"四边形"一课中，学生已经以"特殊化"思想为指导提出了特殊的四边形，这里面就包括边的关系特殊的平行四边形——菱形。因此，菱形的概念引入的情景就不必要了，而对于矩形的判定的研究也为菱形的研究提供了示范，所以对菱形判定的探讨也更为直接，具体教学片段如下。

师：根据我们第一节课的探讨，同学们先参考矩形下定义的方式，为菱形下一个定义吧。

生：一组邻边相等的平行四边形为菱形。

师：菱形有什么特点？

生：对边相等，对边平行，四条边都相等，对角相等。

师：除了边角关系，矩形还研究了对角线，菱形的对角线有什么特殊的结论呢？

生1：对角线互相垂直。

生2：菱形被对角线分成两个等腰三角形。

生3：每一条对角线都平分一组对角。

师：哪些性质是菱形特有的？

生1：邻边相等。

生2：四条边都相等。

生3：对角线互相垂直且每一条对角线平分一组对角（彩笔标出）。

师：我们知道菱形和矩形都是特殊的平行四边形，那么仿照矩形，你能说出一些些命题可以判定一个四边形为菱形吗？

生1：在平行四边形的基础上加一个特有的条件即可。平行四边形＋一组邻边相等；平行四边形＋对角线互相垂直；平行四边形＋一条对角线平分一组对角。

生2：还可以在四边形的基础上增加三个条件从而判定菱形。

四、教学效果及分析

本单元的教学由于做了较多的整合，课堂容量变大，与以往相比许多课上学生做常规练习的时间减少了，甚至一些课上没有安排学生课上做常规练习。我们也特别关注了学生作业的情况，发现学生作业完成得非常好。事实上，以往的很多常规练习都是所学知识的等价命题，而在我们的实践中，这些题目其实也是有所涉及的，不同的是，它们不是以习题的形象出现的，而是学生主动提出、探索的问题。

本目标单元希望传达的学生关注数学化过程中逻辑化、特殊化等数学思想，是数学中许多知识的产生方式，可以普遍得应用于许多数学问题的探索中。例如，在本单元之后的"旋转"的教学中，从教科书上看，只需要学习旋转的概念和性质，并没有其他的概念性知识需要学生掌握，然而，有经验的老师都知道，在解决有关的问题时，旋转变换产生的许多基本图形都很重要。其实，基本图形的本质就是具体的知识，这些知识都是特殊化思想的产物，包括旋转中心的特殊化和旋转角度的特殊化。因此，在"旋转"单元的学习中，在学习了旋转的概念与性质之后，我们问学生"你觉得，关于旋转，还可以研究哪些问题"，引导学生利用特殊化思想研究问题。学生表现出非常强的应用特殊化思想研究问题的能力。课堂上，各种常用的基本图形都被提了出来，使得本来零散的基本图形有了结构。

【案例评析】

通过问卷调查，教师发现学生关于"平行四边形"的内容有许多已知、许多未知。然而，对许多教师而言，学生的表现也许不需要通过实际调查也基本能预测出来，而本案例的特点在于研究者基于学科本质对学生的表现做了解读，这种解读实质地影响了单元教学的目标、内容、方法，也提醒教师：对学生的数学学习过程的研究和关注与自身对学科本质的理解与把握是紧密联系的。

参考文献

[1]中华人民共和国教育部．义务教育数学课程标准(2011 版)[M]．北京：北京师范大学出版社，2012.

[2]季苹．教什么知识——对教学的知识论基础的认识[M]．北京：教育科学出版社，2009.

[3][荷]弗赖登塔尔．作为教育任务的数学[M]．陈昌平，唐瑞芬，译．上海：上海教育出版社，1999.

[4]顿继安．从"备学生"转向"研究学生"——基于学生研究的数学教学[M]．北京：教育科学出版社，2015.

[5]施良方．学习论[M]．北京：人民教育出版社，1994.

2.3 初中道德与法治"生命"单元的教学设计与实施

【案例导读】学生每天都在日常生活中感受个体生命成长的能量、家族生命的延续、人类精神生命的力量，形成了各种对生命的观念。有些观念对生命教育起着正向作用，有些起着负向作用。从多维目标单元的整体要求来看，深入分析学生对生命认识的倾向，预测这些认识对教学的影响，对确定单元目标、整合单元内容、设计单元活动，促进学生对生命丰富性、复杂性的认识，发展学生的辩证思维能力都有重要作用。本案例为读者提供了一个示范。

一、基于情感、态度与价值观目标统领下的"生命"单元设计理念

（一）对"生命"单元的理解

《道德与法治》在教学和教材的编写过程中往往是按主题进行单元编写的。例如，七年级上册第四单元是以"生命"为主题，围绕着生命方方面面的内容组成相对系统地对生命理解的单元。这也是我们最熟悉、最常见地对单元的理解。主题知识单元的优势就是知识聚焦，单元下面的每一课，都是对单元主题的丰富，比较完整地呈现主题的内在复杂性，以及内在联系。但是，在主题知识单元的教学中，关注点主要集中在知识上，往往会忽略学生的思维方法和情感、态度与价值观的培养。就多维目标的达成来说，学生思维方法和情感、态度与价值观的缺失，难以形成对于生命意义的理解和认同。

对《道德与法治》七年级上册第四单元"生命的思考"教学内容的几层分析：一是我们日常理解的生命在生物学意义上的脆弱性、唯一性、不可逆性、坚强等自然属性。二是比较意义上人的生命的特点：人的生命与其他生物的生命相比，最大的特点是具有创造性。创造性不是人的本能带来的，是需要人后天学习创造的。因此，就有了自然生命(物质生命)与价值生命(精神生命)的区分。自然生命是所有生物都具有的，价值生命是属人的，是人才具有的独特性。三是从生命现存状态的复杂性来看，生命既有平凡也有伟大、既有贫乏也有丰富、既有冷漠也有关

怀。在这些对立统一关系中，得以理解生命的意义。由此我们可以看出，这几层意思，都是围绕着生命意义展开的。世界的存在本来没有什么意义，意义世界是由人的追求、希望等情感赋予在事物中而形成的。任何事物意义的存在都是人的感情上的存在。因此，我们需要建立一个以情感、态度与价值观为首要目标的单元体系，促进学生对于生命意义的完整认识。情感、态度与价值观也是《道德与法治》课程的首要目标。

主题的教学，对于一个主题的多方面认识一定会有所帮助，即知识的丰富性会有所体现。但是教育的本质是培养全面发展的人。全面发展的人的教育意味着教育教学要达成知识、能力、学科思维方法和情感、态度与价值观等诸多目标。但是由于知识、能力、方法和情感、态度与价值观的目标实现的路径以及达成的时间长短不同，很难作为整体多维目标一次性完成。因此，主题单元设计的关键问题，就变成以统领性目标为基础的目标单元设计了。根据课程性质的要求，多维目标的地位并不是一样的，需要找到具有统领性地位的目标，协同其他目标，达成多维目标的整体实现。而《道德与法治》课程的统领性目标是情感、态度与价值观，因此，对本课程中"生命"目标单元的理解是基于情感、态度与价值观目标统领下的生命单元。当然在重视强调情感、态度与价值观目标单元的同时，也不能忽视知识目标，必须以知识为载体，避免情感、态度与价值观目标陷于空洞、无意义，以致无法实现。因此，要在现有的使用单元的基础上明确单元目标，力求在根本上保证三维目标的实现。

(二)基于情感、态度与价值观目标单元来分析教学内容

人教版七年级上册《道德与法治》第四单元"生命的思考"是以生命为主题呈现的，围绕"生命为什么值得珍惜""如何守护生命""怎样面对生活中的挫折""怎样看待生命的意义"等问题进行探讨。新版教材更加关注学生成长中的真实体验与困惑，以及思想性与精神成长方面的引领与引导。

1. 课程标准对"生命"学习的要求

在"生命"单元中，它的课程标准所依据的《义务教育思想品德课程标准(2011年版)》的相应部分是：

课程目标中的情感、态度与价值观：感受生命的可贵，养成自尊自信、乐观向上、意志坚强的人生态度[①]。

---

① 中华人民共和国教育部：《义务教育思想品德课程标准(2011年版)》，5页，北京，北京师范大学出版社，2012。

课程目标分析：该目标蕴含着感受生命历程的各种特点，即不可逆性、独特性、蓬勃向上性、坚韧性、脆弱性、短暂性、创造性，由此感受生命的可贵，生命的价值。从横向来看，由个体生命的价值感受到其他个体生命的价值，以及生命与生命之间的支撑。从纵向来看，个体生命延续了家族的生命，以及人类的生命，生命的发挥在于创造(表2-3-1)。

表 2-3-1 "生命的思考"单元的课程标准及对应的内容

三大板块	二级维度	具体内容	简单分析
一、成长中的我	(一)认识自我	1.5 客观分析挫折和逆境，寻找有效应对方法，养成用于克服困难和开拓进取的优良品质①	生命的脆弱性，每个生命成长会遇到各种各样的困难，需要分析挫折和逆境，克服困难
	(二)自尊自强	2.2 认识自己生命的独特性，珍爱生命，能够进行基本的自救自护 2.6 体会生命的价值，认识到实现人生意义应该从日常点滴做起②	生命的唯一(独特)性，每个生命都是独特的。需要珍惜，发挥自己的独特性。 人的生命可以分为自然生命(物质生命)与价值生命(精神生命)，人的价值生命在于创造，创造从小事做起
二、我与他人和集体	(二)在集体中成长	2.2 学会换位思考，学会理解与宽容，尊重、帮助他人，与人为善③	生命成长是在亲人、他人和集体的帮助中进行的。个体生命与其他生命密切相连，即"我"与"我们"
三、我与国家和社会	(一)积极适应社会的发展	1.6 积极参与公共生活、公益活动，自觉爱护公共设施，遵守公共秩序，有为他人、为社会服务的精神④	人的价值在奉献中体现

① 中华人民共和国教育部：《义务教育思想品德课程标准(2011年版)》，7页，北京，北京师范大学出版社，2012。
② 中华人民共和国教育部：《义务教育思想品德课程标准(2011年版)》，8~9页，北京，北京师范大学出版社，2012。
③ 中华人民共和国教育部：《义务教育思想品德课程标准(2011年版)》，11页，北京，北京师范大学出版社，2012。
④ 中华人民共和国教育部：《义务教育思想品德课程标准(2011年版)》，13页，北京，北京师范大学出版社，2012。

本单元体现了课标中"成长中的我""我与他人和集体""我与国家和社会"三个不同板块的内容。从了解个体"我"生命的特点，到"我们"，即人类生命的延续及精神文明的传承，从而懂得珍视生命。人的生命可以分为物质生命与精神生命，两者密切相关，在守护好肉体生命的同时，也要养护好精神生命，学会正确面对生命中的各种挫折，懂得尊重他人生命，在人与人彼此的关切中传递温暖，发现人生的意义在于创造和贡献。一个单元从自我、他人和集体、国家和社会几个方面进行探究和思考，帮助学生形成比较科学的生命价值观，实现知、情、意、行的全面发展。

2. 教材中的"生命"内容分析

本单元首先以"生命可以永恒吗？"为课题，引领学生感悟生命的来之不易、独特、短暂、不可逆等特点，理解生命有时尽的自然规律。在此基础上，引导学生审视个人生命与人类生命的关系，理解生命有接续，初步培养学生作为个体生命的"我"在人类生命接续中的使命感，引导学生从个体的"我"到生命体验和认知，扩展到对人与人生命关系的思考，理解休戚与共的关系，引导学生理解并践行对生命的敬畏，珍爱自己的生命，关怀他人的生命。结合学生的日常生活，帮助学生学会从爱护身体和养护精神两个方面来守护生命，引领学生既要关心自己的身体健康，培养维护健康、危机情形下自救自护的能力，又要追求充盈的精神生活，满足生命的精神需求，进而引导学生学会直面挫折，增强生命的韧性，发掘自我生命的力量。在此基础上，引发学生对生命的追问："人为什么活着？""怎样的一生是值得过的？"引领学生认真审视生命的意义，帮助学生理解生命的价值在于创造和贡献；引导学生做自己生命的总导演，力求生命充盈，学会关切他人，努力在平凡的生活中书写自己的生命价值，追求生命的美好，活出生命的精彩。

本单元在七年级上册教材体系中居于核心地位，既是本册教材前三个单元的价值升华，也是为学生一生的健康成长打好生命的底色。

二、关于"生命"认识的学生研究

(一)学生研究的意义

1. 学生研究是教学的起点

教学的对象是学生，如果教师在教学中，没有结合学生身处的复杂社会生活，不了解学生产生某种错误观念的生活情境，只是试图用过于简单化、结论化的说教使学生改变观念，就会造成德育的"两张皮"现象。学生知道该怎样做，却不那样做，而且还认为，说一套做一套是生活的常态，是合理的。

学生研究对于学生自我发展的可能性来说，是为了发现学生的学习困惑或者学习智慧，这有助于教师在学生自主学习和自我发展的可能性与现实性之间搭建有效的桥梁。

从多维教育目标来说，这里的学习困惑，包括学生日常概念与学科概念的区别、学生学科思维方式和学习方法的现状、情感、态度与价值观的倾向等。

从宏观上研究学生发展的短期和长远的需要、从微观课堂教学中关注学生的学习困惑和学习智慧，才能真正激发学生学习的积极性，调动学生学习的自主性，走进学生的内心世界。走进学生内心世界的教育，才能够获得学习意义的建构，学生的学习主体地位才能得到真正的落实。

学生研究从教师自身来说，是提高教师自身学科知识水平与教育性知识水平的重要途径。

由于在学生思维过程与学科概念的发展过程经常表现出惊人的一致性，所以我们把学生研究作为提高教师自身学科性知识水平的重要途径。能否将学生研究的结果作为教学资源，真正应用于教学设计取决于我们的学科性知识的发展状况。所以，学生研究也是提高教师教育性知识水平的重要途径。

2. 学生研究的内容及分析

本单元在进行学生研究时，从学生发展阶段、学生所在学校的状况、学生日常对生命的体验等几个方面，采用观察法为主的调研。其具体研究如下。

(1)从学生发展阶段的整体来看，初中生是自我意识建立的凸显期，不断寻找自己在群体中的位置，我是谁？我要成为什么样的人？学习好就可以生活得好吗？活着的意义只是学习，考上理想大学吗？……围绕着学生自己的学习生活，提出对生命意义的拷问，可能都是学生此阶段关心的自我生命状态的反映。

(2)从学生所在学校的状况来看，本校是西城区一所优质的初中学校，大部分学生及家长在学业上、生活上，甚至在今后的职业规划上都有很多的期许，希望并坚信自己的生命会绽放得更加绚丽多彩。但受其年龄、知识及能力等方面的限制，学生对生命的理解还比较单一，只知道学习。学习或学习成绩好像就是学生追求的所有生命的状态，这显然对生命的理解比较单薄，不够全面。

（3）在日常生活和课堂中，学生对生命会产生这样的疑问，需要给予解答。

通过对日常生活和课堂上初中生的表现进行观察，在对待生命的话题里，刚刚进入初中学习的学生，融入新的集体，不断寻找自己在群体中的位置，学习的目的等。学习的目的就是为考取大学吗？只关注学习及学习成绩，对生活其他方面的兴趣减少，这样的学习有意思吗？只凭自己的兴趣生活，没有太多更为长远的人生目标，过于注重物质，缺少对精神的追求，这样的人生是值得的吗？遇到困难挫折不懂得如何有效地进行自我调节，轻生为什么不是好的选择？我还小，死亡离我还很远，没有必要做太多的考虑吧？人们为什么会忌讳谈到死亡，谈死亡就是不吉利的体现？对于宠物或亲人的离去，我们为什么会悲痛？在家庭里，我们还是未成年人，不能做什么事情，我们是父母的包袱吗？……这些问题都是学生在课堂上直接提出来的。

面对挫折时不知所措，情感的匮乏、多种生命体验的缺失，导致学生往往不知道如何处理生活中的各种关系。学生面对冲突不能进行自我缓解、释放时，会引发对生命价值上的困惑，采取伤害自己或他人生命的极端行为。这些情况的发生，在一定程度上反映了生命教育的缺失问题，需要在学生成长过程中，给予学生更多的引导与帮助，引导学生思考死亡，正确认识生与死的关系，有效地调节不良情绪，寻找生命的价值和意义，学会"向死而生"可能是学生成长过程中需要正视的问题。

针对以上多方面的学生研究，结合具体的教学内容，教师有针对性地形成目标单元教学方案。

（二）基于学生研究的"生命"目标单元教学目标

以"生命可以永恒吗？"引领学生思考人的生命与其他生物生命的异同，感悟生命的来之不易、独特、短暂、不可逆等共性特征，以及人类生命独特的创造性特征显示出的价值生命（精神生命）的个性特征。

从人类生命延续看，引导学生审视个人生命与人类生命的关系，初步培养学生作为个体生命的"我"在人类生命接续中的使命感。同时，理解人与人休戚与共的关系，引导学生践行对生命的敬畏，珍爱自己的生命，关怀他人的生命。

从做的方面看，结合学生的日常生活，帮助学生学会从爱护身体和养护精神两个方面来守护生命，引领学生既要关心自己的身体健康，培养维护健康、危机情形下自救自护的能力，又要追求充盈的精神生活，满足生命的精神需求，进而引导学生学会直面挫折，增强生命的韧性，发掘自我生命的力量，努力在平凡的生活中书写自己的生命价值。

二、以情感、态度与价值观为统领的"生命"目标单元方案

（一）生命单元在全册教材中的地位

《道德与法治》教材七年级上册贯穿全书的两个核心词是"生命""成长"。不仅如此，还贯穿了整个初中三年。就七年级上册来说，主要围绕着"学习""交往""成长""生命"这四大核心概念进行。在第一单元中，通过"少年有梦""什么是学习""如何享受学习""认识自己""做更好的自己"来阐释如何学习；在第二单元、第三单元中，通过对周边同伴、老师、家人的进一步了解，思考并不断地学习如何与周围的人进行交往，并在交往的过程中不断学习；不管"学习"还是"交往"都是"成长"路上不可缺少的重要部分。而这些也正可以帮助我们更深刻地理解生命、认识生命，在生命过程中，不仅关注物质生命，更要注重生命的精神层面，在关注生命成长与思想提升的同时，也促进了自身的成长与发展（图2-3-1）。

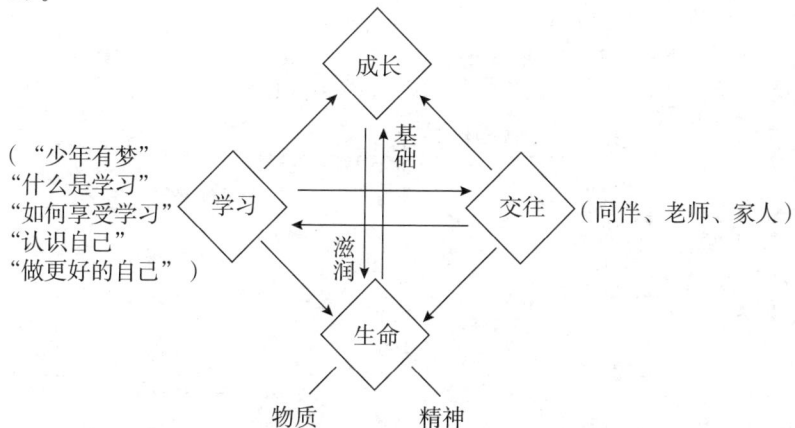

图 2-3-1 "生命"单元在全册教材中的地位

图 2-3-1 关系分析：生命是成长的基础，成长滋润着生命。生命的成长是在学习中不断完成的，生命没有完成时，只有进行时。学习，特别是学生目前的学习，是在积累生命的知识能量，为创造自我的生命集聚营养。生命的成长意味着身体的不断生长（物质生命）和精神生命的不断成长。

（二）以情感、态度与价值观为首要目标与学生实际生活对接

在第四单元专门引领学生思考生命，包括"探问生命""珍视生命""绽放生命之花"三课，"生命可以永恒吗"这个课题就在探问生命的主题之下，而对比所有题目，只有这一题目是一个问句：生命可以永恒吗？这节课需要老师和学生通过一个个探问来认识生命，在"可以""不可以"两个回答之下不断深入去认识生命。重要的不是结论，而是在对生命的探索过程中，区分物质生命与精神生命以及两者之间的关系。

把学生实际生活的事实状态，与生命的概念性知识、方法性知识和情感、态度与价值观等知识进行综合分析，构成一个四个水平的知识图式（表 2-3-2），然后以情感、态度与价值观为首要目标，进行教学设计。

表 2-3-2　以情感、态度与价值观为首要目标进行的四个水平的知识分析

	角度 1	角度 2	角度 3	角度 4	角度 5	角度 6	角度 7
事实性知识	生命诞生，孩子与父母的长相相似；体弱的婴儿在后天的精心抚养下长成健康阳光的人	各种疾病、意外、成长遇到的挫折；生命的终结：死亡	生命的时间维度：时间一去不复返	生命的存在和作用	从家族发展的延续来看，个体生命诞生，家人很高兴，是值得庆祝的喜事	有价值的思想源远流长、科技发展搭建人类发展的阶梯、伟大的精神如雷锋精神不死	人的生命状态
概念性知识	生命很奇妙、来之不易	生命脆弱、顽强、有挫折、有终结、生命有自然规律	生命是短暂的、不可逆的	生命的独特性是生命价值的基础	自然生命的接续	精神生命可以永恒	贫乏与充盈、平凡与伟大、冷漠与关切
	我（个体）				我们（群体）		关系
	物质（肉体、自然）生命				精神（价值）生命		关系

续表

	角度1	角度2	角度3	角度4	角度5	角度6	角度7
方法性知识	生命的基因与后天塑造	各种生命都在寻找成长的有力条件、生命存在的复杂性	生命的短暂，可向往生命永恒	天生我材必有用	个体生命与他人生命相互依存：我的生命在与他人生命的关系中存在与发展	传承与创新	在对立统一的关系中把握生命
	思维方法1：在"我"（个体）与"我们"的关系中把握"生命"						
	思维方法2：在物质生命与精神生命及其关系中，把握生命的内涵						
	思维方法3：在对生命各种对立统一关系中，增进对生命的理解						
情感、态度与价值观知识	感恩父母给予生命	勇于面对挫折、对死亡的态度：向死而生	珍惜生命时间	生命是有价值的、尊重他人生命	勇于担当生命的责任	养护精神生命，传承责任担当；亲社会的情感态度，有助于人类不断地传承和发展	
		生命至上，敬畏生命			勇于担当		
	守护自然生命			养护、滋养精神生命			
	自然生命是人生存的基础，需要从身心两个层面好好守护，保证健康生命的存在；精神生命是人活着的厚度和价值体现，即使物质生活匮乏，精神生命也可以展现其靓丽的色彩						
	珍爱生命						

根据课程标准、教学内容和学生学习的情况，具体课时安排如表2-3-3所示。

表 2-3-3 情感、态度与价值观为首要目标的教学课时安排

核心的情感、态度与价值观	具体的情感、态度与价值观	课时安排
珍爱生命	感恩父母给予生命、珍惜生命时间、向死而生	1课时
	生命至上	1课时
	生命有价值，尊重自己和他人的生命价值	1课时
	守护生命，养护精神	1课时
	提升自己的生命价值	2课时

四、基于情感发生机制的体验活动设计是组织教学的关键

(一)情感发生的机制

情感发生的心理机制主要是体验，因此，情感、态度与价值观目标单元设计最为关键的就是体验活动的设计。"体验，既是一种活动，也是活动的结果。作为一种活动，即主体亲历某件事并获得相应的认识和情感；作为活动的结果，即主体从其亲历中获得的认识和情感。"[①]由此，我们认为，情感、态度与价值观目标实现的关键便是精心地设计"体验性活动"，让道德与法治课由知识"观点讲授型"转变为"体验活动型"设计。其目的是使"教育者有目的地把学生置于直接经验和专心反思中，使其增长知识、发展技能和澄清价值。"[②]

一般来说，学生在其日常生活经验中，情感体验是强烈的、第一位的。生命没有情感、态度与价值观的调动，特别是正向情感，诸如爱、关怀、愉悦等，很难感受到生命的意义。爱是行为的情感动力。爱得越深，动力越强大。它可以焕发人的全部生命的能量，创造自己生命的精神价值，转化为震撼人心的生命力量。

(二)课堂两种体验活动设计

本课教学体验活动，根据大部分学生的回答和认知发展，以及知识的难易度进行设计。

1．"我是小鲟鱼"的直接体验活动

学生活动说明：学生通过化身"小鲟鱼"体验中华鲟从外海返回、生子、再返回外海的旅途过程，设计了4站，每站都有6种不同的选择，但是学生只有选择数字的权利，对数字后面的未来是一无所知的。每一个数字背后都代表"小鲟鱼"的一种旅途经历。在这个过程中，中华鲟会遇到自然保护区，也会遇到自然阻力和人为阻力，根据不同的情况，分数有加有减，不管分数是"加"还是"减"都没有对错之分，只需用心体会一条小鲟鱼来到世上都会经历些什么即可。随后，在"小鲟鱼"(学生)分享旅途经历时，不管是幸运的高分还是历经磨难后惨不忍睹的低分，谁

---

① 李英：《体验：一种教育学的话语——初探教育学的体验范畴》，载《教育理论与实践》，2001(12)。

② 庞维国：《论体验式学习》，载《全球教育展望》，2011(6)。

都没有想到自己面临的状况会是什么。通过"我是小鲟鱼"这个活动来体验生命过程中遇到的困难、坎坷，甚至是意外状况，理解在我们生命中有许许多多不可预知的状况，从而体会生命来之不易，且行且珍惜。

结合前面"我是小鲟鱼"的活动，通过交流讨论，提出问题"你和周围的小伙伴每一站的选择都是一样的吗?""每一站的感受都一样吗?"使学生认识到，"不一样"是因为"每一个人都是独一无二的，都是独特的"，并反问学生"生命的独特都有哪些表现"，让学生对前面所学的生命特点有进一步的理解。除了生理方面，如指纹和虹膜的独特外，每个人的爱好、思维、经历、理想抱负也是不一样的，引用"今天你所读的书，将来都是你看世界的路"这一句话，让学生认识到独特不仅让我们独一无二，也让我们的生活更加丰富多彩。

2. 热播电影《滚蛋吧，肿瘤君》片段形成体验氛围

当然体验活动设计还有想象—间接型体验的方式，即教师设计的各种社会中他人生活的情境设计，把学生带入体验场，促使学生在心理上置身于某种情境或他人的位置。这种体验活动设计，是针对学生在生活中不能够直接体验的内容，或者在特定的、非常的情况下才能体验情境进行的设计。很多教师对热播电影《滚蛋吧，肿瘤君》中的片段进行情境分析，把学生带入生命最后的场域中，生命是有尽头的，我们无法选择，但是面对死亡的态度，我们是可以选择的；让学生通过熊顿来分析、认知死亡以及面对死亡的态度；认识到虽然我们每个人都将面临死亡，但是可以通过某种方式使我们有限的生命得以延伸，可以让生命变得更加精彩，更有厚度；以此促使学生体验故事的主人公——熊顿面对生命的最后时刻选择给予自己和周围人的力量。

两种体验情境是相辅相成的，都是为了学生进入学习场中，完成"生命"体验历程，培育有生活来源和情感真实体验的活动。

探讨生命是不应该也很难避开死亡的，"生命可以永恒吗"这个话题实际上就是要带领学生初步认识到生命的有限和无限，如何在生命的有限中活出生命的无限是我们每个人都要面临的生命课题。从个体生命体的角度看，答案是肯定的，生命不是永恒的，是不可逆的，从生到死是单向的。但是精神生命可以激发活着的人，使得生命能够焕发出更多的色彩。谈到死亡，很多人是悲伤难过的，那么，死是不是一件坏事? 如果没有死亡的人生会是怎样? 这些辩证的思维方式，对学生的思维发展一定有促进作用。

基于以上思考，本节课最后以辩论"长生不死究竟是不是一件好事"来结束本课，引导学生对生与死有更进一步的思考和更深入的理解。生命是有限的，死亡是不可避免的，难道生命真的不可以永恒吗？为什么说有的人死了，却还活着？这就要换一个角度来看生命，从精神生命的角度看，从群体的生命看，逝去的人会以另一种形式活下去，活在人心中，留下精神财富……从而更好地理解生命的长度与厚度、宽度、硬度之间的关系，以及个体生命与家庭、社会、人类的关系。同时，促进学生对生命有更为丰富、丰满的理解，并考虑在需要为生命做出选择的时候如何去选择，为后面对生命的探索"珍视生命""绽放生命之花"做好铺垫。

五、教学效果及其分析

总体来说，本课的教学，关注了学生情感多方面的体验，多方面触动了学生内心深处最柔软的地方。一些学生在谈及自己家养的宠物或者亲人去世，都哽咽了，甚至流出了眼泪。教师也关注到生命的另一端"死亡"问题。不回避死亡，与学生一起探讨死亡问题，激发学生"向死而生"的理性思考。最后教师还问了一个问题：如果没有死亡，世界会是什么样子？学生纷纷参与讨论，感受到珍爱生命的意义。

【案例评析】

1. 如何研究学生？

一些教师对学生研究有抵触。他们总觉得每天的教学那么忙，哪有时间进行学生研究？学生那么多，要对哪些学生做研究？用问卷做学生研究要设计问卷，统计，分析，太费劲了……教师的这些抵触心理，反映出教师对做学生研究的时间消耗以及意义体现、对学生全面性与典型性研究的张力、研究的方式等诸多顾虑。

首先，进行学生研究要树立学生是学习主体的意识，是落实学生主体地位的途径。学生学习前到底有什么经验、观念、情感态度、思考问题的方法，如果不摸清楚学生的状况，就不能把教育深入到学生的心里，教育就无法唤醒学生的内在生命的热情与激情。

其次，以单元为教学的质的单位对学生即将学习的单元内容，从知识、技能、方法，情感、态度与价值观等多方面分别进行研究，形成研究的路径。研究是从现象入手，找到产生问题的多方面的原因，并通过教学体验活动的设计，有针对性地寻求解决学生问题的办法。

最后，学生研究的方法很多，包括问卷调查法、课堂观察法、学生行为活动分析法、访谈法（集体访谈与个别访谈）、作业分析法等多种方法。在本案例中，教师用的是行为分析法、课堂观察法、个别访谈法等方法。比如，课堂观察法，当教师让学生回忆他们的父母对他们做的事情时，他们是什么感受。有几个学生说，他们现在是父母的包袱。言外之意，父母要没有他们这样的"熊孩子"，会过得更好。教师及时抓住这个问题，跟学生一起探讨孩子是不是父母的包袱？最终跟学生一起得出了这样对生命的认识：从血缘的角度看，孩子是父母生命的延续，也是家族延续的纽带。孩子与父母是双向需要的关系。即使父母有时候会有孩子是负担的言语表达，也不是对孩子生命的否定认识，而是甜蜜的负担。让学生理解对一个事物的感受不是单一的，而是多样的感受交织起来的复杂体。学会用这样的辩证思维来看待这个问题，理解生命的感受和状态，也是这个单元要建立的思维方法。

2. 教师需要怎样的发展才能做好学生研究？

首先，要知道做调研的具体目的。其实，做学生调研最为重要的是调研的目的，形式还是次要的。调研有的是为教学设计，有的是为教学改进。前者一般是课前调研，后者一般是课后调研。目的清晰了，才知道选择什么样的方式做调研。

其次，要找到一个调研的切入口，作为学生学习前、学生中、学习后行为观察的窗口。比如，刘老师选择让学生整理笔记的方式，不断观察学生知识建构、思维水平提高的过程，让学生的思维留下痕迹，展现出来，最终成为诊断学生思维发展状况的可视化的载体，从而可以有针对性地指导学生如何思维，使得思维条理化、系统化。

最后，要有敏锐的眼光，通过观察学生的各种行为，发现问题，找到切入口，及时解决学生的观念意识、思维方法、情感态度等问题，为培育全面发展的人，做出学科教育的贡献。

参考文献

[1]季苹. 如何落实三维目标？（一）——对教学"单元"的再理解[J]. 基础教育课程，2005(8).

[2]季苹. 教什么知识——对教学的知识论基础的认识[M]. 北京：教育科学出版社，2009.

［3］李英．体验：一种教育学的话语——初探教育学的体验范畴［J］．教育理论与实践，2001(12).

［4］庞维国．论体验式学习［J］．全球教育展望，2011(6).

［5］陈红．学科教育价值统整下的教学设计研究——以《道德与法治》"珍爱生命"单元为例［J］．思想政治课教学，2018(1).

2.4 初中体育"前掷实心球"单元的教学设计与实施

【案例导读】在制订单元教学计划的过程中，往往会出现内容细碎，不好制订计划，过分强调课时计划的完美，忽略了单元计划的实施。试想，把单元计划设计成相对独立的卡片式，利用不同卡片式的组合来完成教学计划的实施。基于不同的学情与体质状况，有机的组合使课堂内容更加丰富，使学生学习兴趣更加浓厚，采用有效的分层教学，避免一种方法一贯到底的教学，从而使课堂活起来。学会自主练习和增强自我体育锻炼意识，使复杂刻板的体育教学变得生动活泼。

一、关于"前掷实心球"单元的学生调研

（一）学生调研

初中学生的身体素质参差不齐，女生的身体素质和上肢力量稍弱，男生的身体协调性和柔韧性稍差。实心球的出手角度对投掷成绩有较大的影响。最佳出手角度不是不变的，在一定范围内它会随着出手速度的增大而增大，出手角度因不同身体素质的学生而变化，男生可以大一点而女生应小一点。实心球的出手高度对每位学生来说是相对稳定的，它取决于学生的身高、臂长及对该项目技术动作的掌握程度，有些学生蹬地送髋不够或最后用力出现屈肘动作，都会影响其自身的出手高度。通过调查、观察、访谈等方式，找出前掷实心球的学生容易出现的错误以及难点问题，从而为有效的教学设计奠定基础。同时依据初中学生心理、生理发展不均衡的特点，制订了较为灵活的卡片式单元计划，以便于不同层次的学生进行有针对性的练习。采用灵活、多样、有效的练习方法，突破传统的教学思维，创新教学模式，更好地培养学习兴趣。同时通过图片、视频等教学辅助手段把复杂的技术动作简单化，再通过肢体的感知进行较为准确的身体练习，直接有效地完成技术动作，以取得更为突出的教学效果，最终达到提高身体素质和提高运动成绩的目的。

（二）对学生表现的深度解读与单元教学目标

1. 学生表现的深度解读

前掷实心球的全称是原地双手头上前掷实心球，是人体各部分的肌肉群共同参与完成的，将身体主要的大肌肉群力量集中并传递到投掷臂，最后作用于实心球。前掷实心球的学习是提高身体素质的一种手段，是体育中考的一项考核项目，是投掷能力发展的一种技术形式。在前掷实心球的学习、考核中，其相对其他项目的练习更易上手与得分，但因为前掷实心球的技术含量较高，对学生的身体素质和协调性要求较强，学生的犯规率较高，从而影响了学生的兴趣和练习动力。

（1）前掷实心球掷远技术的重难点。

教学重点：动作连贯，身体协调用力（图2-4-1）。

教学难点：出手角度合理（图2-4-2）。

图 2-4-1　教学重点

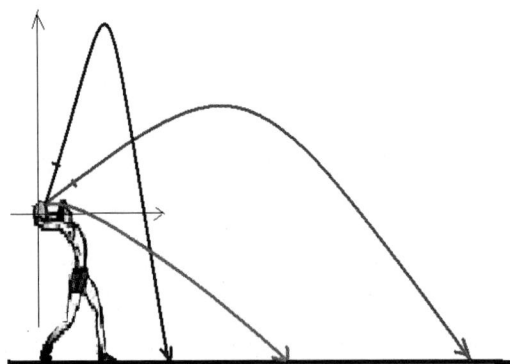

图 2-4-2　教学难点

（2）影响前掷实心球掷远的身体素质。

在实心球的练习中，力量是远度的重要保证，出手角度、出手速度、上下肢的整体配合都需要力量的支撑。前掷实心球的用力顺序是：从下至上整体配合，下肢蹬地、顶髋收腹、展肩挥臂、抬头压腕，将球用力掷出。在初中教学中，学生最大的问题就是用上肢力量来完成整个技术动作，而这个年龄的学生容易力量不足使技术动作变形，甚至因为用力不正确引发肢体的损伤。

身体的平衡性是前掷实心球中最容易被忽视的一个技术环节，在前掷实心球的过程中和最后结束时，身体的平衡性是一个比较难把控的环节。很多同学会因为惯性使身体前移而越过投掷线犯规，或在投掷的过程中因为身体的不平衡，不能很好地完成投掷动作。其主要原因是在出手角度的控制上，学生往往因为急于投远，而没有把控好出手速度和出手角度，从而形成了身体的位移。只有身体后仰、手臂伸直，以及出手角度和出手速度相配合，身体达到正直时，手臂在超过头时，球要完全出手了，才能有效地完成实心球投掷。

2. 单元教学目标

（1）认知目标：使学生认知前掷实心球练习对于身体肌肉力量和协调能力培养的意义。

（2）技能目标：掌握双手前掷实心球的用力方法和投掷技术，提高投掷能力。

（3）情感目标：培养学生吃苦耐劳、团结合作、克服困难的精神和增强展示自我、敢于竞争、敢于探究的信心。

二、"前掷实心球"单元教学设计方案

（一）"前掷实心球"卡片式单元计划

依照大单元教学构建的思路，从提高学生投掷能力发展规律入手，根据不同的学情、不同内容的要求，制订了较为全面的投掷能力发展的卡片式单元计划。"前掷实心球"卡片式单元计划可以把整个计划打碎，根据班级学生的不同学情，选择有针对性的内容合理组合有效的单元计划；也可以根据不同班级的课堂表现，适当增加或减少练习内容组合有目的的单元计划，使整个教学计划的实施更具有灵活性（表2-4-1）。

表 2-4-1 "前掷实心球"卡片式单元计划

单元阶段	卡片式单元设计内容	内容要求
基础阶段 1	柔韧性的练习（肩背、腰腹、下肢柔韧性）	整体协调性
基础阶段 2	力量的练习	发展力量素质的具体手段
卡片 3	轻器械投掷的练习	良好投掷习惯的养成
卡片 4	持实心球投掷力量的练习	专项力量的掌握
卡片 5	前掷实心球技术动作初步学习	前掷实心球的用力顺序
卡片 6	前掷实心球技术动作进一步分解学习	前掷实心球的鞭打作用
卡片 7	前掷实心球技术动作的综合学习	前掷实心球的协调用力
卡片 8	实心球投掷能力的练习	腰腹、背肌、下肢力量的综合
卡片 9	通过实心球考核进行技术动作分析	分析学生个体技术问题
卡片 10	改善实心球出手角度的练习	出手时机的把握
卡片 11	提高实心球出手速度的练习	发力点的控制
卡片 12	提高实心球身体协调性的练习	蹬、展、挺、鞭打的顺序
卡片 13	加强专项身体素质的练习	腰腹、上肢、下肢力量的整体配合
卡片 14	巩固实习球技术动作的练习	熟悉技术动作和用力顺序
卡片 15	实心球各种辅助教法的练习	器械的辅助要符合需求
卡片 16	通过考核来检测实心球技术动作的掌握情况	成绩的统计和技术的分析要准确

（二）卡片式单元实施的教学策略

通过研究前掷实心球教材内容，制订了卡片式单元实施的教学策略，教师在教育教学过程中获得了最有效的教学手段与方法。同时能根据学生的身心特点、学生的体育学习基础，确定有效的教学目标，选取科学有效的教学策略，为体育教学任务的完成奠定了坚实的基础（表 2-4-2）。

表 2-4-2　卡片式单元实施的教学策略

课时	教学内容	重点和难点	教法与学法指导
卡片 1 基础阶段	1. 柔韧性的练习（肩背、腰腹、下肢柔韧性）2. 整体协调性的练习	重点：柔韧、协调练习方法。难点：提高身体的柔韧度、协调性。	1. 教师指导学生练习的方法，同时示范动作。2. 结合学生的实际进行有效的指导。3. 给学生讲解动作要领，并指导学生用力的方法。4. 鼓励学生坚持，激发学生拼搏的意识。
卡片 2 基础阶段	力量练习	重点：发展力量素质的练习方法与手段。难点：力量锻炼的运动负荷监控。	1. 游戏、竞赛法。(1) 沙包掷远比赛。(2) 抛接排球掷远比赛。(3) 实心球原地左右传接接力。(4) 用手拨球接力跑。(5) 搬运实心球接力比赛。(6) 平板支撑比赛。(7) 双手头上、胯下实心球传递接力。(8) 仰卧支臂传递实心球接力。(9) 仰卧直腿夹实心球传接比赛。2. 讲解示范法。(1) 发展局部肌群力量：俯卧撑、引体向上、卧推、举重物练习或爬竿。(2) 发展腿部肌群力量：负重蹲立、蹲跳。(3) 发展躯干肌群：仰卧起坐，俯卧收背，转体练习。(4) 用哑铃或重物做上举后仰前摆练习。
卡片 3	实心球的抛、掷、推（1 kg 实心球）	重点：能用抛、掷、推三种方法投掷实心球。难点：有效地发力。	1. 讲解示范抛、掷、推三种投掷动作的主要区别。2. 原地双手向上抛，要求手腕发力。3. 用双手胸前屈腕拨实心球或排球，增强手指、手腕力量，可启发学生如何使球不掉下。4. 单手肩上向前抛实心球或排球，启发学生比较不同角度的影响。5. 比较实心球和排球前掷技术动作的不同，及时改正问题，固定正确的技术动作。

续表

课时	教学内容	重点和难点	教法与学法指导
卡片4	双手向前投掷实心球（1 kg实心球）	重点：学习双手头上前抛实心球的方法。 难点：球出手时机的把握和出手角度的控制。	1. 复习上次课几种投掷的用力方法，然后讲解示范双手上前抛实心球的方法。 2. 用对比法进行教学，身体姿势为直立和后仰，学生用双手将球举在头前、头顶和头后进行投掷练习。 (1)双人背背，体验身体躯干的完全展开。 (2)双人合作体会直臂牵引后仰和背弓姿势练习。 (3)双人阻力性练习。 (4)背对多功能练习架，支臂挥拉皮筋练习。 3. 易犯错误：上下肢不协调。 纠正方法：多做徒手模仿练习，体会动作，然后再投掷。
卡片5	双手头上投掷实心球（1 kg实心球）	重点：知道双手头上向前投掷实心球的动作要领及用力顺序。 难点：双腿用力后蹬地及髋关节和躯干屈的动作不够。	1. 复习正面双手持球、向前上方抛球练习。 (1)双人牵拉和阻力性练习。 (2)双人原地牵拉体会腿蹬地和髋、躯干的展开动作。 (3)原地徒手体会连贯动作。 2. 讲解示范双手持球由头后方向前投掷的动作要领及用力顺序。 3. 及时纠正错误动作。 4. 用比赛方法进行练习，小组累计成绩竞赛法。
卡片6	发展投掷能力的练习（2 kg实心球）	重点：动作要领和用力顺序。 难点：用力不协调。	1. 徒手体会技术动作。 2. 持球集体练习，教师及时纠正和改进学生错误的技术动作。 3. 加强实心球的专项力量练习。 (1)增强腿部阻力的练习。 (2)上抛实心球。 (3)背对投掷方向两脚开立蹬伸将球经头上后抛。 (4)发展双臂肩带，躯干、腿部肌群的练习。 (5)加强腰腹力量练习。

续表

课时	教学内容	重点和难点	教法与学法指导
卡片7	实心球考查	重点：动作要领和用力顺序。难点：技术动作正确姿势的固定。	1. 分组或集体做准备活动。 2. 讲解考核方法、规则要求及标准，强调安全。 3. 集体进行评价，强调学生要加强力量素质和发展协调能力的作用。
卡片8	改善出手角度的练习	重点：身体协调用力。难点：出手时机的把握。	1. 梯级辅助练习法。 选择适宜的梯级，梯级以斜度30°～50°，顶部离地面2 m以上为宜，球场、田径场四周观看台阶、楼梯级、步级或斜坡路等均可利用。由梯级低处往梯级高处投掷时，练习者面向梯级的地面站位与梯级底端的相距距离要适宜。可根据梯级总的高度和长度酌情而定，梯级高且长，则人离梯级近，反之则远。一般取3～5 m为宜。 2. 标志物练习法。 投掷墙上的目标，在墙上2～3 m处，用醒目的颜色画一个圆圈，练习时学生站在离墙约2 m处，对墙上目标进行投掷，尽可能投进圆圈。 3. 限制高度法。 投过系有横线的标志杆。在投掷线2 m远的地方，放置2个系有横线的标志杆，高约2 m，练习时要求学生把球投过横线。
卡片9	提高出手速度的练习	重点：直臂挥打，瞬间发力。难点：发力点的控制。	1. 鞭打练习。 向前上方徒手挥臂练习，鞭打前上方用标杆固定一标志或悬浮物练习；两脚左右开立，与肩同宽，两手握持排球或轻质量的实心球上举，先用单臂交替向前上方做鞭打练习，并结合蹬地、重心前移、收腹动作；然后用双臂同时进行，动作由慢到快，逐步过渡。 2. 拨球练习。 每人一球往空中垂直拨球练习，体会手指拨球的感觉；往地上垂直砸球，体会手指拨球和手的鞭打动作的练习。

课时	教学内容	重点和难点	教法与学法指导
			3. 压肩练习。 可以两人一组相互同时压肩，也可在单杠上做压肩练习。 4. 满弓练习。 两人一组，一位同学成马步的站位，腿部顶住另一位同学的腰部做搭桥的练习，注意仰头。 5. 蹬地、挺髋练习。 两脚前后开立，借助橡皮带进行对抗性蹬地、挺髋练习，提高蹬伸效果，重心升高。 6. 出手瞬间发力练习。 面对墙壁前后开立，双手持球，直臂向上击打墙壁，体会出手位置和瞬间发力。
卡片10	提高身体协调性的练习	重点：双手头上前投掷实心球的协调用力。 难点：用力后蹬地及髋关节和躯干的配合。	1. 单个动作系列重复练习法。 (1)肩绕环：由直立双臂上举开始。一臂向前、下、后、上画圆摆动，同时另一臂向后、下、前、上画圆摆动，均以肩关节为轴。依次进行。 (2)纵跳：双脚并拢向上跳。 (3)前后跳：双脚并拢向前与向后跳。 (4)转向跳：双脚并拢向上跳，同时跳起后转向180°向左与向右跳，身体维持平衡。 2. 动作组合式练习法。 (1)全身波浪起：由双腿左右稍开立开始。先做直腿体前屈，然后依次进行向前跪膝、向前挺髋、向前挺腹、挺胸、抬头，成反的"S"形波动，两臂在体侧画圆，连续做。 (2)身体不协调动作组合练习：上右步的同时右手上举，上左步的同时左手上举，右步后退右手叉腰，左步后退左手叉腰，变换节奏。 3. 条件刺激练习法。 (1)变方向跑练习：向前 5 m 冲刺，接后退 3 m，左冲 5 m 后，右冲 3 m 的练习；在地上画一边长为 10 m 的正方形，做顺逆方向跑的连续练习。

续表

课时	教学内容	重点和难点	教法与学法指导
			(2)移动中的躲闪练习：用小体操垫设置障碍，练习者利用前滑步及左右滑步躲闪过小体操垫向前快速绕行前进。
			(3)快速转体练习：听教师口令，做向前冲刺中突停转体，然后做向后冲刺的练习。
			4. 游戏练习法。
			(1)追逐练习：把练习者分为两人一组，一方任意先跑，另一方追逐，开始前保持 3~5 m 间距，追上拍肩后交换练习。
			(2)推拉练习：把练习者分为两人一组，站在直径为 2.5 m 圆圈内，双方允许使用推拉办法，一脚出圈者为负方。5~15 次为一组，练习 2~3 组。
			(3)触摸练习：把练习者分为两人一组，规定在一定的范围内用手触摸对方肩部，可以利用步法移动躲闪。
			5. 持器械式练习法。
			(1)由两名以上同学手持排球、篮球练习投掷，练习者尽力躲闪，避免被投掷中。练习 15~20 s 为一组，重复 3~5 组。
			(2)练习者持网球或弹性球，距墙壁 2 m 站立，向墙壁投掷网球或弹性球，待弹回时用手迅速接住，练习时双脚要不停地前、后、左、右移动，练习 15~20 s 为一组，重复 3~5 组。
卡片 11	加强身体素质的练习	重点：动作要领和用力顺序。难点：用力不协调。	1. 上下肢力量练习。 推小车、推手、俯卧撑等；负重直腿跳、跳台阶、背人跑、蛙跳等。 2. 腰腹力量练习。 仰卧两头起；站立、坐或跪着抛实心球；站立、坐或跪着背抛实心球；快速仰卧起坐等。 3. 腰和腿的协调性练习。 两脚左右原地站立：正面掷实心球、后抛实心球、在沙坑里做收腹跳等练习。

课时	教学内容	重点和难点	教法与学法指导
卡片12	实心球考核，按考核标准	重点：双手头上前掷实心球的动作质量。 难点：自评互评的能力培养。	1. 分组或集体做准备活动。 2. 教师讲解考核的方法、规则要求以及标准等，强调安全。 3. 集体进行评价，强调学生加强力量素质和发展协调能力的作用。
卡片13	各种姿势的推、掷实心球	重点：掌握一定的各种推、掷实心球的方法。 难点：投掷能力发展。	1. 讲解示范，提出运用各种姿势推、掷实心球。 2. 学生两人一组进行体会练习。 3. 教师提问：在练习中你感到哪种姿势投最远。 4. 分组练习、自主创想各种方式抛掷实心球。 5. 各组交流展示，相互评价。 6. 教师推荐几种方法让学生练习。 7. 学生分组练习。
卡片14	巩固双手头上前掷实心球	重点：双手头上前掷实心球的正确动作。 难点：自下而上协调用力。	1. 示范讲解双手头上前掷实心球的技术要领。 2. 教师口令下，学生练习投掷。 3. 正误对比，教师指出存在的问题。 4. 徒手纠正练习，体验自下而上的发力顺序。 5. 分组练习，相互观察、纠正。 6. 学生展示，教师评价。 7. 提供力量练习菜单，提出练习要求。 8. 学生在组长带领下练习。
卡片15	复习双手头上前掷实心球；各种投掷方法的练习	重点：身体协调用力。 难点：出手快速有力。	1. 教师讲解示范，提出练习要求。 2. 分四组，在组长带领下练习。 3. 教师巡回指导，纠正存在的问题。 4. 学生分组展示，教师评价。 5. 教师介绍几种投掷的方法。 6. 学生分组进行练习。 7. 分组对抗赛。

续表

课时	教学内容	重点和难点	教法与学法指导
卡片16	双手头上前掷实心球技评与考核	重点：双手头上前掷实心球的动作质量。 难点：自评互评的能力培养。	1. 讲解双手头上前掷实心球技评与考核的要求。 2. 学生分组练习。 3. 分组技评、互评。 4. 分组考核。 5. 总结考核情况，提出进一步加强锻炼的要求。

（三）卡片式单元计划组合的操作流程

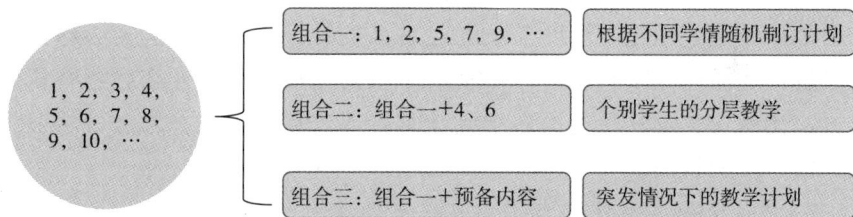

图 2-4-3 "前掷实心球"卡片式单元计划组合的操作流程图

（四）"前掷实心球"单元教学"讲—练—评"策略

"前掷实心球"卡片式单元计划与教学策略的制订赋予了课堂教学更多的练习方式与方法。提高学习效率，让学生学得好、学得快；增进学习效果，让学生学得深、学得透；提升学习体验，让学生爱学、乐学。

前掷实心球的出手角度问题是整个教学的重点。学生在协调用力和出手角度问题上始终不能领悟真谛，在教学中如何让学生体会动作的连贯性和出手角度的合理性，我们曾经利用参照物、挂皮筋等手段来提高学生实心球的出手高度，但往往会出现技术理论学习和实际投掷脱节，学生顾上顾不了下，出手角度控制了，身体协调用力又失控了。为了更好地教好这个技术动作，在教学策略上进行了反思，从"讲—练—评"三方面入手。

1. 讲：由单纯讲解到肢体感知后解惑的转化

讲授是指体育教师将相关体育概念、体育动作技巧、体育常识等理论知识口头传授给学生的教学过程。在讲授的过程中，要注重完成讲述的三大转换，语言讲述—肢体体验的转变（肢体感觉）；知识单一—复合知识的转变(知识多元化)；理论—实践的转变(思考学习)。

在前掷实心球教学中，出手角度和用力顺序是教学的关键，学生在学习中总是不能体会时机和角度的正确位置。在过去的教学中，教师指导学生反复进行肢体和肌肉的感知练习，再来讲述技术动作要领让学生边讲边练，这样学生的动作技术掌握就更清楚明了了。

依据当前学情的特点，自主意识强、知识面宽，在教学中要注重知识的准确传递。例如，在前掷实心球出手角度上，大部分资料说45°角以下出手实心球投掷最远，但是为什么这个角度最好？45°以下的范围是多少，这个问题在八年级物理中就已经开始学习，完全可以让学生自己分析和计算。例如，物理叫射程、数学叫抛物线的问题，多少度的射程最远，学生通过计算比较准确地算到35°到37°，通过自己的认知，学生更易接受这个理论。同时学生通过自己的计算提高对前掷实心球学习的兴趣，从而达到学科融合，由被动学习到主动参与，仔细思考和认真学习，让体育教学从单纯的讲解到让学生通过自身体验、思考、学习继而达到学习的目的。

2. 练：激励学生提高自主参与练习的能力

随着新课程改革的深入，合作学习的教学方式受到普遍的重视，在体育教学中得到普遍的应用。合作学习的教学方式能够培养学生的合作意识和团结能力，促进课堂教学水平和质量的提高。

在初中体育课堂教学过程中，教师应当充分利用一切可以利用的辅助手段和器械进行有目的的教学，并对通过学生合作学习的教学方式促进课堂教学效率的提高。在前掷实心球教学中，让学生通过双人抗阻力练习、双人徒手练习、双人辅助性练习并在练习中相互讨论和相互配合。通过被动的肢体感觉，来固定和强化正确的技术动作，在肌肉的感觉练习中，学生的有效提问和有效互动使学生在练习的过程中取得最佳的教学效果。

3. 评：有效的教学评价促进学生的全面发展

在前掷实心球教学中，教学评价对体育教学起着至关重要的作用。恰当有效的教学评价能全面总结学生的综合素质，如技术动作的掌握、教学成绩的评定、学生练习中参与情况的评定等，从而调动学生学习的积极性(表 2-4-3 至表 2-4-6)。

表 2-4-3　学生技术动作的评价(20 分)

分值	20 分	15 分	10 分	5 分	备注
技术评价	技术动作连贯,有蹬伸、展体、鞭打的动作,出手角度合理。	技术动作较为连贯,有蹬伸、展体、前掷的动作,出手角度略低。	能顺利完成技术动作,出手时机和出手角度略差,有折臂现象。	双手能较为顺利地把球抛出,身体协调性略差,出手角度不合理。	

表 2-4-4　学生成绩的评价(60 分)

分值	60 分	40 分	20 分	10 分	备注
成绩	优秀	良好	及格	不及格	

表 2-4-5　学生参与度的评价(10 分)

分值	10 分	8 分	6 分	4 分	备注
出勤率	100%	95%	90%	80%	

表 2-4-6　学生体会反思的评价(10 分)

	课堂回答问题	课上示范练习	课后作业练习反馈	课堂表扬加分
分值	2 分	2 分	4 分	2 分

三、教学实施过程

(一)指导思想

根据《义务教育体育与健康课程标准(2011 年版)》的基本精神和要求,以"健康第一"为指导思想,以学生发展为中心,充分体现学生的主体地位。培养学生学习的主动性和积极性,激发学生的学习兴趣。围绕前掷实心球的教学内容,通过探究学习和合作学习,提高学生的主体意识,拓展体育教学功能,培养学生的学习能力,使学生在掌握运动技能和身体力量练习方法的基础上,通过体育知识的拓展体会到参与运动和获得成功的乐趣。

(二)教学背景分析

1. 教学内容分析

本节课为前掷实心球练习的第三次课,教学内容为正面双手前抛掷实心球。本节课在复习技术的基础上,重点解决和改善学生前抛实心球的出手角度和出手高度。本课的教学重点是出手角度和出手高度，难点是全身协调用力。在教学重、难点的处理上主要采用感知式教学策略，让学生通过肢体的感觉来掌握技术动作，并通过双人对抗练习、辅助线练习(采用阶梯方法从低往高处投掷、墙上画标志物限高投法、标志杆拉高线投法、远距离制订投掷标志物等方法练习)来增强学生的肢体感觉，继而有效地解决教学重、难点。

2. 学情分析

本节课的教学对象是八年级5、6班的女生，总共40人。经过七年级的体育学习和锻炼，他们各方面的身体素质都相对有了明显的提高。女生思维敏捷、身体素质较好、有丰富的想象力和强烈的表现欲，身体协调性和柔韧性相对较强，力量相对比较薄弱，而投掷项目是大部分女生体育练习的短板。针对这一情况，我们主要采用游戏、观察对比、体验启发及相对新颖的练习方法，充分激发和调动学生的学习兴趣和学习积极性，更好地促进学生练习以达到教学目标。

(三)教学目标

认知目标：了解实心球的技术要点，进一步提高学生对出手角度和用力顺序的理解，了解和掌握发展爆发力的练习方法，并能安全进行练习。

技能目标：进一步掌握前抛实心球技术，使85%的学生较好地掌握前掷实心球技术，并能体会前掷时的出手初速度、角度和高度的合理性，同时发展腰腹力量、身体的协调性和灵活性。

情感目标：通过实心球练习，激发学生的学习兴趣和学习的主动性，培养学生的组织纪律性、吃苦耐劳及勇于拼搏的意志品质。

(四)教学重点、难点

教学重点：连贯的用力顺序。

教学难点：全身协调用力。

(五)主要的教学方法和教学手段、教学资源

主要的教学方法：感知法、游戏法、直观法、观察法、练习法、评价法。

教学手段：体验练习、游戏、讲解示范、模仿练习、分组练习、纠正错误。

教学资源：画标线的操场、挂标志物的横杠、1 kg和2 kg实心球。

（六）教学流程

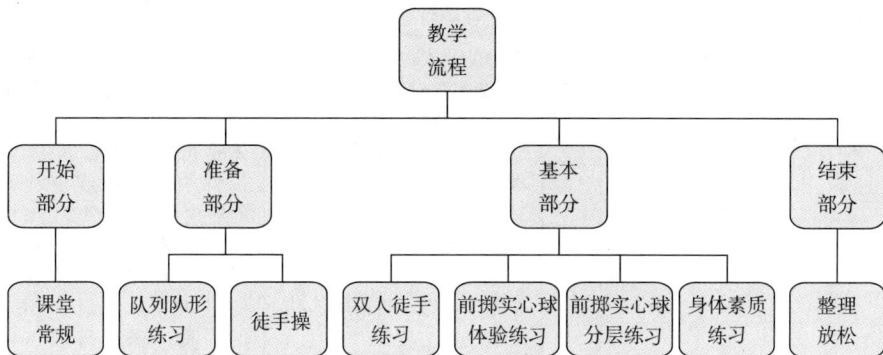

图 2-4-4　教学流程示意图

（七）教学过程

表 2-4-7　教学过程

教学内容：实心球（前掷实心球的出手角度）、游戏				
部分	课的内容	时间	教法措施与要求	教学策略
开始部分	一、师生问好，介绍本课的教学内容 二、队列队形练习 1. 强调身体站姿。 2. 左、右转法。 3. 分队走、齐步走、向后转走。	2分钟	要求： 1. 学生集合快、静、齐。 2. 课堂常规贯彻充分。 3. 动作到位，注意口令节奏，上下肢协调配合。 4. 站姿要求三个夹紧：双手、膝盖、脚后跟。	组织： * ★
准备部分	1. 变换跑：蛇形、跨步、变节奏、变方向。 2. 双人徒手操（2×8拍）。 共六节（略）。 3. 投掷的专门性练习：转臂练习、转髋练习、原地蹬转练习。	8分钟左右	教法：教师讲解、分步骤练习。 要求：跑步时注意前脚掌着地，身体重心要平稳，身体关节充分活动开，注意强调膝、踝关节的活动。 徒手操：注意双人的协调配合，进行肩、腰、臂的抻拉练习。 专项练习时，强调身体的协调性和正确的动力顺序。 图示： 	组织：

续表

部分	课的内容	时间	教法措施与要求	教学策略
基本部分	一、双人徒手对抗练习	25分钟	投掷的双人徒手对抗练习。 1. 双人背对背拉肩。 2. 单人背拉练习。 3. 双人辅助练习。 教法： 1. 教师讲解示范。 2. 组织学生有序练习。 3. 提出问题，解决问题。 4. 学生示范，再集体练习。 要求： 1. 手臂尽量伸直，展胸拉臂。 2. 注意蹬腿、挺髋。 3. 强调身体的方向。 4. 注意身体重心的控制，上下肢的协调配合。 5. 强调两个人的密切配合。	双人辅助体育练习策略解决问题： 1. 双人背对背拉伸，体验在前掷实心球中，拉臂引肩、顶髋展体的肌肉感觉。 2. 单人拉臂练习，在前一个动作肢体体验的过程中，通过同学的帮助，来改善肢体的正确动作，同时通过同学的推拉，来强化肌肉感觉。 3. 双人辅助练习，在练习的过程中，通过辅助同学抗阻时的收拉和放手的时机来感知球出手的时机。

	二、持轻器械的练习方法
	1 kg 实心球进行一人练习一人辅助练习，通过出手角度技术动作的体验，来考察投掷距离的远近。（挂不同高度的皮筋来让学生体会动作）
			图示： 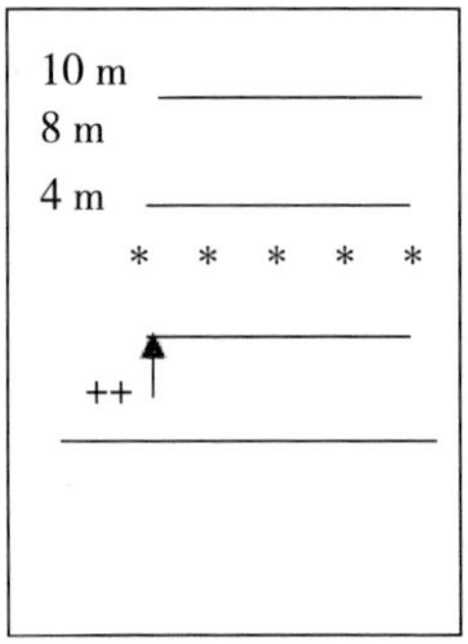
			
			10 m _____
			8 m _____
			4 m _____
			
			   * * * * *
			    ↑
			++ _____
			
			教法：
			1. 教师讲解技术动作。
			2. 组织学生练习。
			3. 通过距离标注线和高度线进行教学。
			4. 集体讲解再练习。
			要求：
			1. 练习时要注意周围环境保证安全。
				轻器械的使用和互助学习策略解决问题：
				1. 轻器械的使用，避免学生在练习中因为器械过重，而导致技术动作变形，更易于学生感知正确的肌肉感觉。
				2. 通过挂不同高度的皮筋来提高学生的出手角度，限制线的标注，让学生反思不同出手角度投掷实心球的距离，通过实践来感知正确的出手角度。
				3. 双人配合练习，在练习的过程中，相互观摩、相互学习、相互改进，通过对方的配合来改进用力顺序和强化正确的肌肉感觉。

续表

部分	课的内容	时间	教法措施与要求	教学策略
			2. 注意强化上肢展臂拉弓的技术细节和协调用力顺序。 3. 练习中注意两人的密切配合。	
	三、实心球前掷练习 1. 双人相对 2 kg 实心球前掷练习 5 次（挂高度线、抵墙投掷、他人助力练习法等）。 2. 游戏：双人前掷实心球投掷接力。全班分成每两人一组向前接力投掷，每人两次，投掷最远者胜。（返回再一次） 3. 游戏：收西瓜。方法：两大组同学背对背站好，用力把手中的实心球掷出。两组交换位置，听老师口令，迅速准确捡回对应的实心球，每组最后一名同学回到起点止，快者胜。		图示： 教法： 1. 教师讲解带领学生练习。 2. 在练习中发现问题解决问题。 3. 集中讲解再统一练习。 要求： 1. 练习时注意力集中，听老师口令统一练习。 2. 强调技术动作，防止出现肌肉损伤。 3. 练习时强调安全距离。 图示： 教法： 1. 教师讲解练习方法和要求。 2. 采用游戏的形式。 3. 每组选一名组长进行监督评比。	前掷实心球辅助线策略解决问题： 1. 通过实心球的质量来让学生体会身体协调用力和肌肉的感觉。 2. 通过不同班级学生的不同情况进行不同辅助手段的练习，挂高度线针对学生技术比较成熟，通过高度线来控制和巩固学生动作，强化肌肉的感觉。抵墙练习针对学生出手时机不好，出手速度不够，来通过墙面的控制来协调出手角度和提高出手时的力量练习。他人助力练习法针对学生的协调性比较差，通过老师和学生的帮助来控制身体位置、出手角度、出手时间等技术，反复练习来巩固提高肌肉的感觉。 3. 通过小比赛游戏来提高学生的兴奋性，提高学生练习的强度，强化肌肉的感觉。

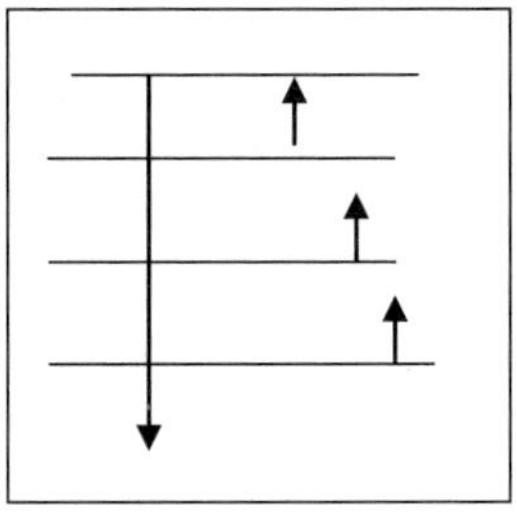

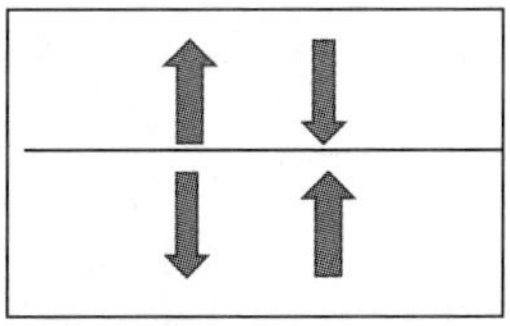

续表

部分	课的内容	时间	教法措施与要求	教学策略
			要求： 1. 听从教师指挥进行练习。 2. 跑动时注意周围环境，强调安全意识。 3. 强调文明赛风。	
结束部分	一、放松练习 二、教师讲评 三、布置收还器材 四、宣布下课	5分钟	教法： 1. 带领学生整理放松。 2. 教师小结本课内容。 3. 强调课后作业。 如何提高前掷实心球的投掷距离？ 要求：积极放松。	组织： 略。
场地器材		实心球20个、标志线、皮筋、跳高架		
预计练习密度	38%~45%	预计平均心率		120~140次/分
安全措施		1. 准备活动要充分。 2. 听从指挥，注意安全。		

四、教学效果及分析

通过对本届八年级学生的身高、体重、肺活量指数、身体素质的分析，在抽取的两个实验班级里，根据学生的问题进行分层次教学，抽取卡片式单元计划的相关练习内容与策略，经过一年实验，通过投掷成绩实验前后的样本数据分析，采用配对样本检验，$p < 0.01$，成绩具有显著性差异，从而说明卡片式单元教学的实施效果是有效的。

【案例评析】

通过构建大单元教学设计，强化技能学练的系统性，提高了课堂效率，优化了课堂效果。这既要求教师要深入研究教材，同时也要求关注学生在学练中出现的真问题，采用基于学生问题的教学策略的实施与运用，抽取相应卡片上的教学手段予以针对性的练习，通过学生自身的体验和技术动作学练的有效性，使投掷时出手角度合理和用力协调，真正做到技能掌握、体质增强、学习热情、兴趣激发，使教学效果最大化。

参考文献

[1]李明，甄广军.七年级双手向前掷实心球教学设计[J].体育教学，2018(3).

[2]郭政.(九年级)《原地正面双手前掷实心球》教学设计思路与课例呈现[J].中国学校体育，2018(1).

[3]葛国军.巧用核心力量训练提高原地双手头上前掷实心球的能力[J].田径，2018(1).

[4]吴继林.单元体育教学计划中技能与体能融合的思考——以双手头上前掷实心球为例[J].田径，2018(7).

[5]鲁红.初中体育实心球教学有效性分析[J].中学课程辅导(教师通讯)，2018(4).

[6]梁志成，周升龙.中考模式下初中体育与健康实心球投掷技巧教学[J].科学咨询(教育科研)，2018(4).

第三篇　教学策略篇

【篇导读】

目标有大小，目标实现所需要的时长、内容载体的多寡不同，而为了有效达成教学目标，完成多维目标单元教学的任务，教学策略的选择是重要的。在目标单元的设计与实施中，有三个层面的教学策略问题需要关注。

第一，单元结构的安排。本书介绍了两种单元结构。一是进阶式单元结构，二是"总—分—总"型单元结构。进阶式单元结构是将长期目标的进阶化设计，也就是将长期目标分解为短期的阶段目标。物理、地理、英语三个学科案例凸显了这一策略。物理学科案例呈现了如何将科学论证思维能力分解，并在声学、光学、密度等内容的学习中逐步实现科学论证思维能力的培养；地理学科案例为了实现增进学生对学科核心概念——"区域认知"的理解，以"气候"要素的学习为载体，设计分层递进目标，为学生搭建认知台阶，循序渐进地提升学生的认知能力；英语学科案例聚焦英语学习中的反思能力培养，并将其分解为建立反思心向、积累反思策略、形成反思习惯的递进式目标，让发展看得见，促进了目标的实现。数学学科案例呈现了"总—分—总"结构，这是基于"问题是数学的心脏"及大概念统领下的学习观的选择。

第二，课堂教学模式。教学模式规定了教学活动的组织程序，也就是指出教学活动中应该先做什么、后做什么、学生做什么以及师生怎样互动起来，体现了特定的教育理论对教学活动整体及各要素之间内部的关系和功能的认识，是沟通教育理论与教学实践的桥梁。数学学科案例，站在初中函数学习的全局，分析了"二次函数"作为培养学生自主探究问题并建构知识能力方面的价值，并确定了与这一价值实现匹配的"总—分—总"型单元结构，并以"做＋反思"的教学模式开展课堂教学。

第三，具体的教学手段与工具。语文学科针对学生叙事文的阅读与写作能力的不足，采用了叙事弧线作为直观形象的思维工具，指导学生在阅读中分析故事结构、在写作中构思故事提纲；化学学科的结构化板书为学生学习提供了视觉化的支持。

需要指出的是，任何一个目标单元教学的实践都需要各个层面的策略同时应用，只不过从全书的总体结构上看，为了凸显某一策略，而在题目中进行体现。化学和体育学科呈现的则是多种教学策略的综合使用。化学学科案例中，首先以学科大概念为统领建立了分散的课程内容的联系，然后分析了不同的内容所承载地对学生理解大概念、提升认识水平的递进关系，又采用了问题引领、结构化板书等课堂教学设计和实施策略不断强化学生对学科大概念的理解；体育学科案例为促进学生在速度、耐力、力量等身体素质链有整体的推进与发展，将各种形式的跑、克服自身体重练习、躲闪、动力拉伸与静力拉伸等体育活动合理地搭配到主教材内容中，采取多样的练习方法和活泼的练习形式；英语学科案例除了对反思能力形成这一长期目标进行进阶化设计外，也应用了教师示范、同伴互助的组织策略，还为学生提供了反思工具。下表对各个案例的基本情况做了整理，以利于读者阅读，也请读者能够超越具体学科，体会教学策略在目标单元教学中的应用（表3-0-1）。

表3-0-1　教学策略篇案例基本情况一览表

学科	目标单元主题	内容载体	重点教学策略
地理	"区域认知"能力的提升	分散在初中地理教科书中的所有"气候"内容	长期目标的进阶化设计
物理	"科学论证"思维能力	声音，平面镜、凸透镜成像，密度概念	长期目标的进阶化设计
英语	英语学习中的反思能力	各种英语学习活动	长期目标的进阶化设计
数学	自主探究问题并建构知识的能力	二次函数	"总—分—总"型单元结构；"做＋反思"教学模式
语文	叙事文阅读和写作能力培养	阅读：《乌鸦喝水》《我的母亲》《台阶》 写作：对我影响最大的一个人	思维工具：叙事弧线

续表

学科	目标单元主题	内容载体	重点教学策略
化学	实验研究物质组成的思路与方法	空气的组成；水的组成；酸和碱的中和反应；氢氧化钠溶液变质的研究；酸碱盐溶液反应后溶液成分的研究	多种策略的综合应用：以大概念为统领建立分散的课程内容的联系；通过问题引领、知识整理、方法提炼、结构化板书等方法促进学会对大概念的理解
体育	身体素质（速度、耐力、柔韧性等）整体发展	引体向上、交叉步跑、加速跑、击掌躲闪、垫上拉伸等	多种策略的综合应用：依据主教材内容搭配合理的身体素质的练习内容，多样的练习方法，活泼的练习形式

3.1 初中地理"气候"单元的教学设计与实施

【案例导读】单元教学策略取决于学生能力发展的进阶与单元教学目标的定位。初中区域地理学习"气候",目的不在于区域本身,而是依托区域并以区域为载体和案例,对学生进行区域认知、综合思维等地理学科核心素养的培养。"气候"单元是以"气候"为主题进行相关教学内容的统整和重组优化,构成贯通不同学段内容的一个大单元。该单元在教学内容知识分析的基础上,进行了单元内容知识结构的重构,对"气候"要素相关内容进行"区域认知"能力发展的进阶分析划分学生的认知阶段,设计了分层递进单元教学目标。依据单元分层递进教学目标再设计相应的单元教学策略。以"气候"要素重构的单元,体现了"区域认知"能力发展的进阶设计与实施,提供了依据分层递进目标进行单元教学的一个范例。

一、基于认知进阶发展进行单元知识重组

(一)"气候"单元知识重组的意义

气候是初中地理教学中的一个重要的核心概念,是初中区域地理环境的构成要素。气候通过区域特征进而影响其他地理要素,是体现综合思维和人地关系的核心内容,在初中学段地理课程中频频出现,是初中地理教学中的核心内容和主干知识。

气候相关内容在初中地理教学内容中所占的比例较大,内容构成繁杂,几乎每个区域都有所涉及。这一方面体现了"气候"要素在初中地理教学中的重要性,另一方面给一线教师的教学提出了巨大的挑战。一是如果只是按照教材的编排,没有对于初中阶段气候内容的整体把握,缺少对于气候大单元的整体设计,教师就会被教材所绑架,容易将气候作为区域的一个"地理八股"要素堆砌区域知识,简单重复;二是教师不能关注到学生的认知阶段和发展水平,"深一脚浅一脚"的现象导致学生要么由于知识过深而生吞活剥或死记硬背,要么由于简单重复而厌倦学习。例如,中图版教材没有按照课标顺序,而是把中国地理分区放在前

面。因而学生还没有学习气候的影响因素，在中国地理分区部分就认识自然地理要素的相互影响和相互作用，就显得较深；而在世界地理中没有凸显气候在区域特征中与其他要素的相互作用而仅说气候本身又显得较浅。因此教师依托课标要求，对教材内容进行先后顺序的统整处理，进行知识的重组优化，从教学内容和学习认知进阶的角度进行单元教学设计，就显得非常重要。

（二）"气候"单元内容的系统梳理与重组

1．"气候"单元内容的系统梳理

教材与课标内容中有关气候的知识点很多，对其进行梳理可以帮助我们明确相关内容和要求，以便于进行区域认知能力的进阶分析。以中图版教材为例，对其学习标准中有关气候内容的要求，按照顺序进行了梳理，如表 3-1-1 所示。

表 3-1-1　初中地理课标与中图版教材中"气候"相关的教学内容梳理一览表

所处学段	章节标题	课标要求
七年级上册	第二章　第二节 气温、降水和气候特征	1. 运用气温、降水资料，绘制气温曲线和降水量柱状图，并说出气温与降水量随时间变化的特点。 2. 运用资料，说出我国气候的主要特征及影响我国气候的主要因素。
七年级下册	第八章　第一节 北方地区 第八章　第二节 南方地区 第八章　第三节 青藏地区	1. 运用地图和气候统计图表归纳北方地区的气候特征。 2. 举例说明南方地区自然地理要素的相互作用和相互影响。 3. 举例说明青藏地区自然地理要素的相互作用和相互影响。
八年级上册	第二章　第一节 气温与降水的分布和变化 第二章　第二节 主要的气候类型 第二章　第三节 气候对生产和生活的影响	1. 阅读气温分布图，归纳世界气温的分布特点。 2. 阅读年降水量分布图，归纳世界降水的分布特点。 3. 运用气温曲线和降水量柱状图，说明气温和降水随时间分布的特点。 4. 运用世界气候类型分布图说出主要气候类型的分布。 5. 举例说明纬度位置、海陆分布、地形等因素对气候的影响。 6. 举例说明气候对生产和生活的影响。 7. 用实例说明人类活动对空气质量的影响。

续表

所处学段	章节标题	课标要求
八年级下册	第五章 第二节 水系和气候 第六章 第三节 撒哈拉以南非洲 第六章 第五节 南极地区和北极地区 第七章 第一节 日本 第七章 第二节 印度 第七章 第三节 澳大利亚 第七章 第四节 俄罗斯 第七章 第五节 美国 第七章 第六节 巴西	1. 运用地图和其他资料，归纳亚洲气候和水系的特点，简要分析地形、水系和气候的相互关系。 2. 运用图表说出撒哈拉以南非洲的气候特点及其对当地农业生产和生活的影响。 3. 说明极地自然环境的重要性。 4. 运用地图和资料，说出日本自然条件的特点。 5. 根据地图和资料，概括印度自然环境的基本特点。 6. 根据地图和资料，概括澳大利亚自然环境的基本特点。 7. 根据地图和资料，概括俄罗斯自然环境的基本特点。 8. 根据地图和资料，概括美国自然环境的基本特点。 9. 根据地图和资料，概括巴西自然环境的基本特点。

除以上内容外，中图版教材有这样一部分，尽管学习标准中没有提到气候，但是在课文的粗黑体标题中暗含着与区域地理特征相关的气候要素，意味着也是气候相关的内容，也梳理在一起，如表 3-1-2 所示。

表 3-1-2 中图版教材中与气候相关的内容

	章节标题	大标题
七年级下册	第八章 第四节 西北地区	温带大陆性气候区
八年级下册	第六章 第一节 东南亚 第六章 第二节 西亚	湿热的气候和丰富的物产 干燥的气候和有限的水资源

教材还有这样一部分，尽管学习标准中没有提到气候，课文的粗黑体标题也没有出现，但是在大标题之下的课文内容中隐含着与气候相关的内容，是与气候间接相关的内容，如表 3-1-3 所示。

表 3-1-3　中图版教材中与气候间接相关的内容

	章节标题	对应的大标题
七年级上册	第三章　第三节　主要河流和湖泊 第三章　第四节　自然灾害 第四章　第二节　水资源	水系分布 黄河 气象灾害 水资源的分布
七年级下册	第五章　第一节　农业的分布 第六章　第三节　交通运输业的发展 第六章　第一节　地方文化特色 第七章　中国的地域差异	农业的分布 因地制宜发展农业 公路、水路、航空和管道运输 自然环境对地方文化的影响 秦岭—淮河一线的地理意义 自然环境对生产和生活的影响
八年级上册	第三章　第一节　人口和人种 第三章　第三节　聚落	人口分布 聚落与环境
八年级下册	第六章　第四节　欧洲西部	优良的自然环境

从表 3-1-3 可以看出，气候相关的内容比较庞杂，但进行统整和系统梳理，不难发现，实际上核心内容主要围绕三个方面：气候概念及特征、气候与其他自然地理要素的关系（区域自然地理特征）、气候对于人类活动的影响。

2."气候"单元知识层级结构分析

从地理学科的核心概念来看，"地理环境"是初中地理教学中的核心概念，而气候是构成地理环境的重要的自然地理要素，所以气候是地理学科初中学段的一个重要概念，可以以其为线索进行教学内容的统整。学生的地理学习是一个由现象到本质、由具体到抽象的过程，在大量地理事实的认知基础上逐步归纳、概括，形成地理概念、原理和规律，进而领悟学科思想方法，逐渐形成学科观念。"气候"单元的学习也是遵从这样的路径，从区域有关气候要素、气温降水的时空分布状况等地理事实表象入手，对表象进行抽象，概括出其本质，形成气候的概念、气候的特征概括、气候的影响因素分析等概念性知识，进而认识气候与其他自然地理要素的关系、气候与人类生活和生产活动的关系，逐步提升到区域综合和人地关系的认识，这是一个知识内涵提升、学生区域认知水平和综合思维能力、人地协调观逐步形成的过程，如图 3-1-1 所示。

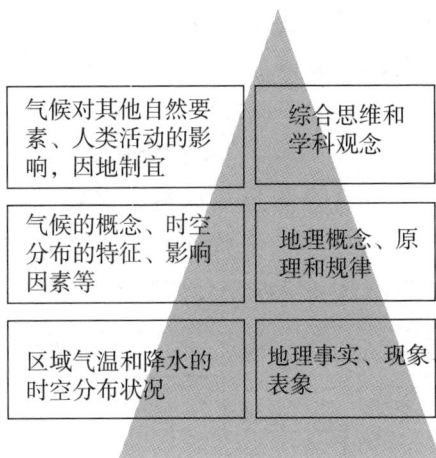

图 3-1-1 "气候"单元知识层级水平分析

从知识的内在逻辑关系来说,该单元可以分为四级:气候要素构成、自然地理特征、区域地理特征、气候与人类活动的关系。某地的区域地理环境包含自然地理特征和人文地理特征。气候反映较长时期大气运动的平均状况,主要由气温和降水两个要素构成,对这两个要素时空特征的刻画可以反映区域气候特征。一个区域的气候特征是自然地理特征的重要构成,是区域自然地理特征的主导要素。区域自然地理特征在一定程度上影响区域人文地理特征,二者相互作用,共同形成区域地理特征。知识结构中可以用箭头表示这种相互关系。"气候"单元知识结构如图 3-1-2 所示。

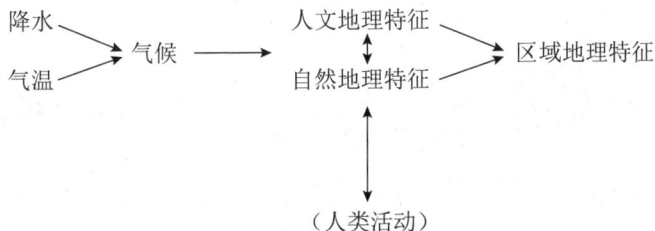

图 3-1-2 "气候"单元知识结构

3. 基于"区域认知"学习进阶的单元知识分析

对气候要素的学习,是为了认识区域地理环境。对气候要素的认识,是"区域认知"能力发展的重要构成。因此区域是载体,区域认知能力的发展是目的。按照初中学生区域地理学习的认知规律,学生地理学习以不同尺度、不同类型的区域为案例，先从形成地理表象、建立概念入手，再到概括认识某地理要素的时空分布特征，达到深化概念阶段；在此基础上，再认识两个或多个地理要素之间的关系，达到初步综合阶段；最后，才能对一个区域的各种自然地理要素、社会经济要素之间的关系进行全面分析，并综合分析形成区域自然地理特征和区域地理特征，进而进行区域差异的比较、区域联系的分析，这就是全面综合阶段。初中学生地理学习的认知阶段划分如图 3-1-3 所示。

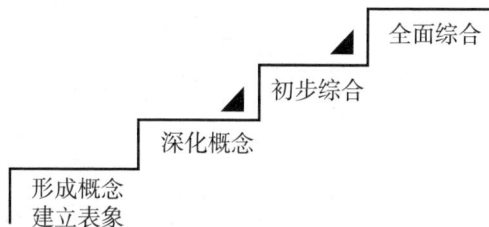

图 3-1-3　初中区域地理学生学习进阶阶段示意图

从图 3-1-3 可以看出，学生对许多地理概念的学习是一个不断深化、上台阶的过程，从建立表象、形成概念到深化概念，再到初步综合和全面综合的过程，就是学生区域认知能力发展的过程。基于学生区域认知能力发展阶段的"气候"单元知识结构，如图 3-1-4 所示。

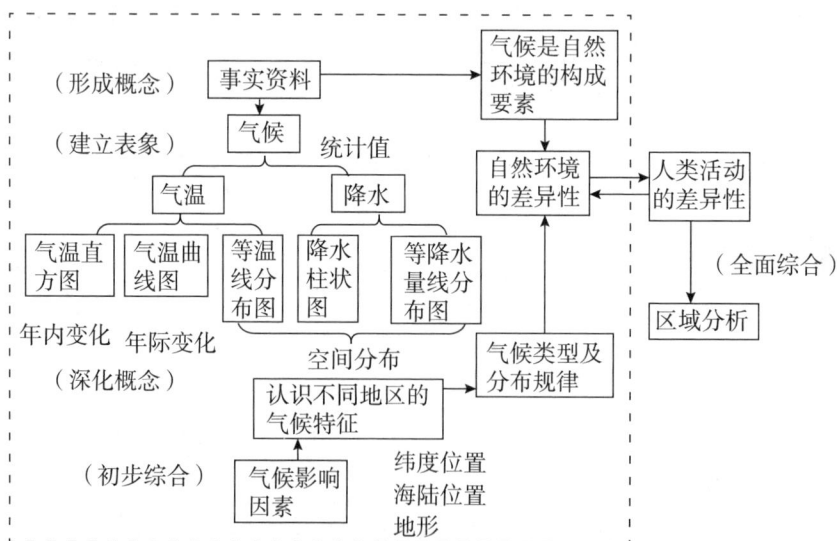

图 3-1-4　基于学习进阶分析的"气候"单元知识结构示意图

4. 单元内容的重组

中图版现行教材是这样编排的:七年级部分,地球地图之后,先是中国总论,再是中国的分区;八年级部分,先是世界的总论,再是世界的分区。课程标准对于世界地理部分的气候知识要求比较低,对于中国地理部分的气候知识要求比较高。初中学段的学习如果简单地把课标对应实施在相应的章节,教师与学生的教学体会将是先深后浅,最后学习效果会大打折扣。而由于现行考试制度和行政管理的制约,使用中图版教材的老师和学生不可能先进行世界地理部分的学习,后进行中国地理部分的学习。因此,需要以气候要素为主线进行大单元的内容调整和重组,尤其要依据教材,综合考虑课标、学时、进度、学生的区域认知学习能力和认知特征,对于教材内容进行重组和优化处理,深浅和学习水平要求对"气候"主题要求进行一个分层统整处理,最终按照学习认知阶段逐步落实课标。

按照这样的思路,将中图版"气候"教学内容对照课标要求,进行教学目标的分层定位设计:七年级为建立概念、深化概念、初步综合,八年级为初步综合到全面综合。不同尺度和类型的区域只是作为案例,按照这样的进阶顺序对七年级和八年级教学内容进行调整处理后,可以体现出一个循序渐进的教学内容序列。单元教学内容的重组调整如表 3-1-4 所示。

表 3-1-4 "气候"单元教学内容的重组

七年级上册	七年级下册	八年级上册	八年级下册
1. 说出气候的概念;运用气温、降水资料,绘制气温曲线和降水量柱状图,并说出气温与降水量随时间变化的特点。 2. 运用资料,说出我国气候的主要特征及影响我国气候的主要因素。	1. 运用地图与气候统计图表归纳某区域的气候特征。 2. 运用地图和其他资料,归纳某大洲地形、气候、水系的特点,简要分析其相互关系。	1. 举例说明区域内自然地理要素的相互作用和相互影响。 2. 运用图表说出某地区气候的特点以及气候对当地农业生产和生活的影响。	1. 根据地图和其他资料概括某国自然环境的特点。 2. 运用地图和其他资料,联系某国自然条件的特点,简要分析该国因地制宜发展经济的实例。

二、基于分层递进目标的单元教学设计

(一)单元分层目标的设计

按照前面重组单元内容和学习进阶分析，设计单元分层递进目标，循序渐进培养气候要素的"区域认知"能力。单元分层递进目标设计如图3-1-5所示。

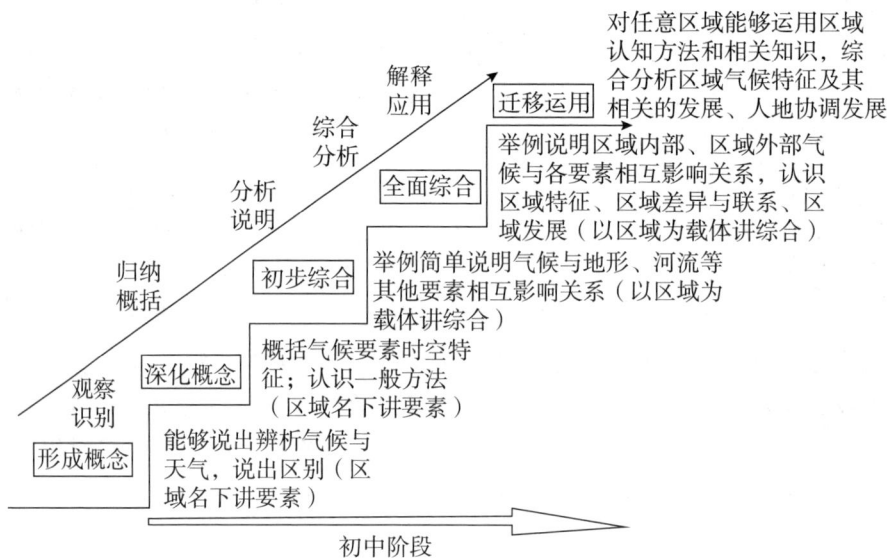

图 3-1-5 "气候"要素的单元分层递进目标示意图

借助不同尺度的区域作为案例，力争用"两学段五台阶"，达到对任意区域的气候特征进行分析概括，进而分析气候与其他要素的相互关系，综合分析区域气候特征及其相关的区域发展与区域人地协调问题，从而达到举一反三，触类旁通，避免了区域气候作为八股要素重复出现，使学生记忆特定区域特征结论的现象，真正实现了综合分析、区域认知能力的素养培养目标。

(二)基于"区域认知"能力进阶的单元教学安排

按照"区域认知"能力的进阶，统筹进行课时安排，共有 5 个课时，主要安排如下。

课时 1：初识"气候"——建立概念

主要内容：区分天气与气候，说出气候的要素，绘制气温曲线图和降水量柱状图，描述气候特征。

课时 2：再探"气候"——深化概念

主要内容：阅读气温分布图和降水量分布图，读出某区域的气候特点，归纳气候的影响因素。

课时 3：气候与"你"——初步综合

主要内容：选择案例，说明气候对水系的影响；说出在气候和地形、水系等自然地理特征综合影响下的人文特征。

课时 4：气候与"你"——全面综合

主要内容：选择案例，分析说出气候在区域整体地理环境中的作用。

课时 5：气候与区域问题——迁移运用

主要内容：选择案例，分析说出气候特征及其在区域人地协调、区域发展中的作用。

"气候"单元按照学生区域认知的能力进阶，主要的内容安排和教学活动要点如表 3-1-5 所示。

表 3-1-5 "气候"单元体现学生区域认知的能力进阶的教学安排

区域认知的能力进阶	建立概念	深化概念	初步综合	全面综合与迁移运用
体现主干知识的核心问题	什么是天气？什么是气候？	气候包含哪些要素？气候要素在时空上怎么分布？受哪些因素影响？	气候影响哪些其他自然要素和人文要素？	气候对于区域地理环境的影响？
教学活动	辨析概念	读图分析、概括特征	因果分析	典型案例剖析

(三)关注学生的区域认知能力发展的关键点，设计单元学习的重点、难点

学生在"气候"内容的学习过程中，通过 5 个课时的活动体验和学习，体验初识"气候"—再探"气候"—气候与"你"—气候与区域问题；从掌握天气和气候的概念，到能说出气候的两大要素，能说出气候的分布规律；再到能读出气候的影响因素，会绘制气温曲线和降水量柱状图，并能读出气候特征；进而能分析气候对其他要素的影响，最终能分析气候在任意区域地理环境中的作用，达到举一反三，触类旁通的目的。

该单元中体现区域认知能力的是气候"概念"以及影响因素，因而该单元的学习重点是：能理解气候的概念，能说出气候对其他要素的影

响；能分析气候在区域地理环境中的作用。

其中制约学生"区域认知"能力发展的学习难点是读图分析。例如，根据气温曲线和降水量柱状图说出气候特征；读气候分布图说出气候的空间分布；举例说明气候的影响因素；举例说出气候对其他自然地理要素和人文地理要素的影响。

(四)单元教学实施中的一些策略

1. 搭建台阶之一：学生从被动"接受资料"读图到"自主寻找和选择"图文资料有针对性地读图分析

在学习区域的自然地理和人文地理时，一般的方法是借助地图和资料进行读图分析。如果教师一味地为学生提供各种类型的气候分布图、气温曲线、降水量柱状图、气候类型分布图和衣食住行等各种景观照片、图文资料，容易使学生眼花缭乱，被动读图，从而会逐渐失去自主性和学习兴趣。由教师提供资料到要求学生自己去寻找选择相关图表资料，明确什么样的要求和任务需要什么样的图像支撑和提供信息，为学生搭建一个认知台阶。学生只有能够有目的、有意识地自主选择和使用地图、资料，才有可能独立自主认识一个区域的地理概况。

2. 搭建台阶之二：学生从抄写某区域"气候特征"笔记到自主归纳区域认知思路和方法

传统的教学中，教师按照中国地理和世界地理的学习，讲完某一个区域气候要素的特征，让学生抄写下来结论。这样的教学，容易导致学生死记硬背结论，而缺失思维过程。按照原型示范—原型模拟—原型内化的心智技能过程，教师给学生示范分析思路，然后变换不同尺度、不同类型区域的案例，逐渐放手，让学生自主归纳某城市或某国、某大洲乃至任意某区域的气候特征，并尝试迁移运用到其他任意区域。

具体的教学策略设计如下。

(1)梳理分析气候类型与特征问题的一般思路。

以八年级上册第二节"主要的气候类型"为例分析该节内部知识点之间的关系，提炼出分析气候类型与气候特征问题的一般思路，如图3-1-6所示。

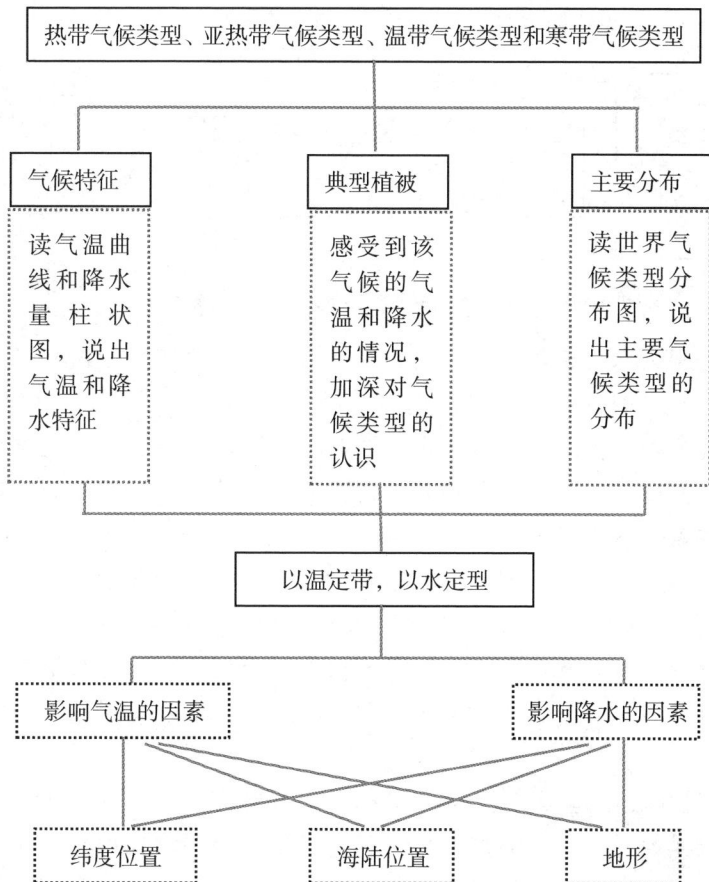

图 3-1-6 "主要的气候类型"内容的关系分析示意图

（2）有意区分四类知识，教学有的放矢。

①明确知识有不同类型和水平。事实性知识、概念性知识、方法性知识（也叫程序性知识）不同，教学策略也应该有所区别。事实性知识是单独出现的，主要通过观察获得，它具备点滴性或孤立性，抽象概括水平很低；概念性知识是较为抽象概括的、有组织的知识类型；方法性知识是关于如何做事的一套程序和步骤。运用方法性知识，获得概念性知识。

②把"气候"单元相关知识进行知识类型的识别。例如，八年级上册第二章"世界的气候"的主要知识类型如图 3-1-7 所示。

影响气候的主要因素

（方法性知识）　　　（概念性知识）　　　（价值性知识）

| 世界气温、降水、气候的时间、空间分布状况（数据、图表等） | → | 世界气温的时间、空间分布特征的读图分析 | → | 世界主要气候类型的分布及气候特征 | → | 气候对生产生活的影响 |

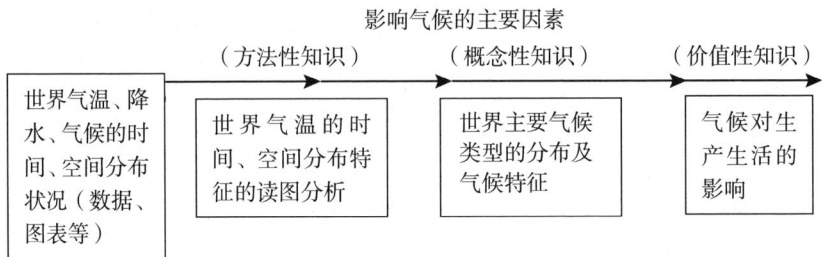

图 3-1-7　"世界的气候"的主要知识类型划分示意图

通过阅读和分析等，学会收集和占有丰富的事实性知识并以此作为支撑；在此基础上概括出本质特征，形成世界气温、降水、气候的时间、空间分布特征等概念性知识，同时掌握读图分析和概括的过程和方法。最重要的是获得这部分内容的意义和教育价值：气候作为地理环境的构成要素，有助于学生进行区域认知、理解和欣赏周围的地理环境；通过气候的时空分布规律、气候影响因素的学习，培养学生空间格局觉察与分析能力、综合思维能力；通过气候对人类生产和生活影响的学习，感悟和形成人地协调观。这是气候这一单元的价值性知识。四类知识的识别与有意设计，帮助学生学习最有价值的知识，形成地理学科核心素养。

（3）优化教学过程，培养学生"综合思维"能力。

气候是自然地理要素之一，与其他自然地理要素如地形、河流密切相关，同时是影响人文地理要素的一个重要因素。这些要素相互作用的分析认识过程就是综合思维培养的过程。

①分析气候与其他要素之间的联系。气候作为区域自然地理环境的要素，与其他地理要素之间共同构成地理环境，在分析气候与其他地理要素之间相互影响、相互作用的关系中，帮助学生构建综合思维和对人地关系的认识，如图 3-1-8 所示。

②去模式化，尝试建立思维导图。学生不喜欢模式化的、一成不变的教学方式。如果按照上面的模式图来学习每个区域的自然地理要素和人文地理要素，虽然内容完整，但是学生的学习兴趣容易丧失。所以应该结合学生的心理特点，结合各学段学生的现有储备，去模式化，尝试建立思维导图，感受各区域的整体特点，体会整体性。区域示例如表 3-1-6 所示。

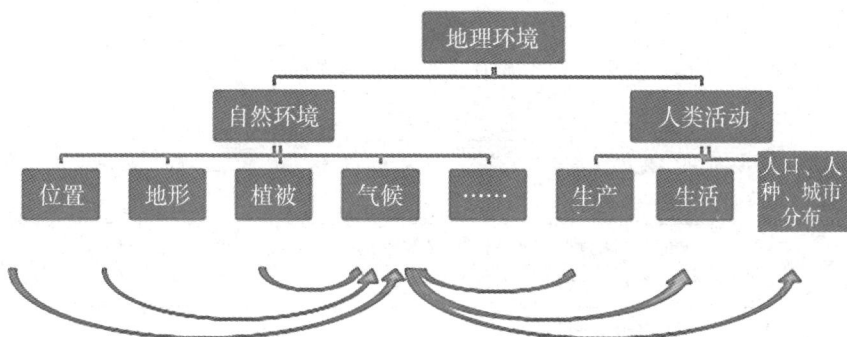

图 3-1-8 气候与其他地理要素之间的联系

表 3-1-6 反映气候与其他要素联系的区域示例

亚洲		给三要素结构图，举出要素之间影响的实例，让学生判断是哪个要素与气候的关系，并说明是谁对谁的作用为主
日本		给结构图，请学生画箭头表示要素间的关系并说明
东南亚	椰子饭	给现实问题的一个词语，请学生找出其他要素并加以分析其相互关系
……		

三、特色课时教学片段

单元教学实施中，不同课时之间层层递进，环环相扣，随着不同区域气候相关知识的学习，不断深化区域认知的过程和方法。每一课都会关注到该节内容在单元中的地位和作用，关注到本节课的目标和特色。例如，气候与"你"特色教学实践片段如表 3-1-7 所示。

表 3-1-7　特色教学实践片段

课题	气候与"你"——气候对其他地理要素的影响
课型	新授课
本课在单元教学中的作用	在学生已经掌握"气候"相关概念的基础上，建立气候与其他地理要素的联系
本课特色	打通教材的章节壁垒，根据学生的认知特点和单元教学的需求，灵活组织学材，帮助学生学习初步综合
学习材料	黄土高原水土流失的材料 中国森林分布的材料 长江与塔里木河、松花江的材料对比 中国农业熟制的材料 各地衣食住行的材料
教学过程	
分组活动	读图文材料，各组讨论、全班交流：气候对植被、地貌、河流水文特征的影响
全班活动	绘制气候与"你"结构图

四、效果与反思

通过探索初中地理教学内容重组优化设计以及单元教学实施策略路径，提高了初中地理教学的有效性和针对性。我们深刻认识到，单元教学设计与实施是落实学生地理学科核心素养的重要环节，要改变气候以区域地理中的"八股要素"重复出现，学生学习低水平重复、学习兴趣下降等现象，只有以学科核心概念为线索进行教学内容的整合、重组优化和单元教学设计才是解决问题的唯一出路。

"气候"单元的学习改变了知识灌输，走向了区域认知能力的培养。在读等温线分布图、等降水量线分布图、气温曲线和降水量柱状图、气候分布图和文字资料的过程中，让学生概括空间特点、比较空间差异、综合分析影响要素，培养学生的读图用图能力，提取信息的能力，空间观察与综合分析能力，提高了地理实践力。通过观察和读图，进一步形成全球意识。通过实例分析，初步感悟气候与人类活动的关系进而形成人地协调观。

【案例评析】

1. 以"气候"为主线进行单元内容的重组优化，提升了教师驾驭教材的能力

气候作为重要的自然地理要素，是地理学科核心概念"地理环境"下的重要概念。以"气候"为主题的内容是区域地理环境的重要组成部分，也是体现区域认知的核心知识和人地关系的重要体现。通过初中区域地理中"气候"相关主题下知识内容的系统整合、重组优化，形成一个跨学段、跨年级的大单元，关注不同学段、不同年级前后内容之间的联系和水平进阶。教师通过单元教学设计与实施，能够超越教材中的自然章节，对教材内容进行整合、重组优化、调整，创造性地使用教材，大大提升教师驾驭教学内容、对教材处理和分析能力，有利于教师自主性、创造性的发挥，符合新课程"用教材教"而不是教教材的思想。

2. 基于分层递进目标的单元教学策略，关注了学生区域认知能力的实际获得

与气候相关的知识和内容分散在初中地理教学内容中，使得教师不容易把握教学的难度，而学生"深一脚浅一脚"学习的结果，容易形成对不同区域气候特征的零星结论的记忆和掌握，难以建构有结构的知识体系和认知结构。"气候"单元的重组优化和单元分层递进目标教学策略的设计，使得教师"既见树木又见森林"，整体分析了单元知识层次和类型以及知识之间的联系，抓住最有价值的知识，按照学生的地理学习的认知规律，从建立地理表象，建立概念，深化概念，建立联系进行初步综合，最后到全面综合和迁移运用，认识区域特征和区域差异、区域发展问题，使得教学内容和能力水平循序渐进不断上台阶。

"气候"单元比较详细地展现了单元教学设计与实施策略，从事实性知识到概念性知识，再到方法性知识和价值性知识，从学生被动"接受资料"读图到"自主寻找和选择"进行读图分析，从帮助学生从抄写某区域"气候特征"笔记到自主归纳不同区域气候内容的分析思路，关注了学生区域认知能力的实际获得。

3."气候"单元教学探索了落实区域认知素养的有效途径

核心素养的培育，是一个长期、连续、循序渐进的过程，需要跨课时，甚至跨学期、跨年级、跨学段来实现。"核心素养—课标—目标单元—课时教学设计与实施"是教师落实地理学科核心素养的必要过程和主要环节。"气候"单元贯通不同学段，打通了区域地理的"块状"界限，

成为一以贯之、循序渐进的学习单元，是系统培养学生区域认知、综合思维和人地协调观等地理学科核心素养的重要环节和途径。

参考文献

[1]张素娟．基于地理学科核心素养的地理单元教学设计——以"地理位置"的学习为例[J]．中学地理教学参考，2017(15)．

[2]张素娟．基于核心概念和学习进阶分析的初高中地理教学内容的衔接[J]．中学地理教学参考，2015(15)．

[3]季苹．教什么知识——对教学的知识论基础的认识[M]．北京：教育科学出版社，2009．

3.2 初中物理"科学论证思维发展"单元的教学设计与实施

【案例导读】"科学论证"思维是物理学科核心素养的重要组成部分。然而在教学实践中对学生"科学论证"思维的培养，是初中物理教学中的薄弱之处，长期以来并没有受到足够的重视，没有形成系统的培养策略。如何基于初中学生科学论证的能力现状和能力进阶发展需求，系统设计对学生科学论证思维方法的培养策略？对于抽象的方法单元设计，如何在教学实施中确定单元目标、选取和整合教学内容、设计单元活动？本案例为读者提供了一个示范。

随着教育教学改革的逐渐深入，基础教育正在从以教为中心转向以学为中心，从以知识为中心转向以核心素养培育为中心。科学思维是物理学科核心素养的重要组成部分。科学论证是基于经验事实和实验证据进行分析综合、推理论证，论证过程中，学生对不同观点和结论提出质疑、批判、检验和修正，进而提出创造性见解的能力与品质。培养学生科学论证的能力，能够极大提高学生的科学思维能力，发展学生的物理学科核心素养。

在物理教学实践中发现，科学论证能力发展存在一些问题。学生的常见表现有：学生经常把观点和事实混淆；部分学生在动手探究前对实验要探究的目的和方法不明确；部分学生做过预习，并且了解结论，看到不符合规律的数据就想篡改，无法做到实事求是。因学科间的知识支撑不足，八年级学生们数据分析能力还较弱，如正比例函数、一次函数、反比例函数还未进行学习。

"科学论证思维发展"单元设计正是要解决教师对科学论证认识不够清晰的问题，解决初中学生论证方法不系统、不科学的问题，解决学生不能基于证据大胆质疑的问题，进而帮助学生逐渐形成批判性思维的意识，追求创新。

一、科学论证思维发展单元的内容和意义

学生科学论证能力培养的诸多问题背后的原因归纳如下：教师对科

学论证的内容了解不够全面，对科学论证的内涵的理解不够深入。教师的课堂有"结论为中心"的理念，轻过程重结论，导致问题的提出和方案设计不足；对已得证据不能进行科学深入的分析和论证，使得得出的结论很浅显或者片面化；很多教师没有深入了解学生实际操作中遇到的困难或新发现。另外，学生的数学基础与数据分析所需的学生实际数学能力并不一定吻合。下面我们来阐述科学论证思维发展单元的内容和意义。

(一)科学论证思维发展单元的内容

《义务教育物理课程标准(2011年版)》指出，科学探究包含提出问题、猜想与假设、设计实验与制订计划、进行实验与收集证据、分析与论证、评估、交流与合作等要素。……分析与论证要素要求学生经历信息处理过程，有对信息的有效性、客观性做出判断的意识，经历从信息中分析、归纳规律的过程，尝试解释根据调查或实验数据得出的结论，有初步的分析概括能力。

科学论证能力是学生科学思维能力的重要组成部分。进行科学的论证首先需要的是证据，证据的获取离不开对情景、现象、数据的分析过程。科学论证的学科本质就是在科学世界中，依托科学探究的形式，对证据进行科学的分析论证(图 3-2-1)。科学研究的问题源于真实生活的世界。从猜想到得出规律需要大量的证据支持，证据来源广泛，既可以是通过实验收集到的数据，也可以是生活经验或事实依据；对数据要进行科学论证，使之切实成为联系观点的依据。切实抓住了科学论证的全过程，才能不断培养学生的科学思维，同时培养学生实事求是、敢于质疑的科学态度。

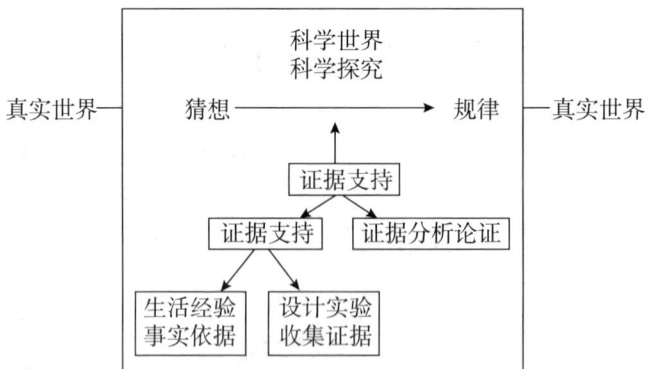

图 3-2-1

科学探究的分析与论证环节是获得证据的过程。《义务教育物理课程标准(2011年版)》对"分析与论证"要素的描述：经历从物理现象和试验中归纳科学规律的过程，能对收集的信息进行简单归类及比较，能进行简单的因果推理，尝试对探究结果进行描述和解释，了解该要素在科学探究中的意义。

"科学论证思维发展"单元是基于科学探究中"分析与论证"要素，从寻找证据入手，对证据进行描述，并对证据进行归纳总结的过程，从而将实验结论升华为物理概念和规律，逐渐形成物理观念；科学论证又是发展学生审辩式思维能力的好载体。

"科学论证"内涵与外延理解有以下几个方面。

①对证据进行整理和分析处理的必要性：在分析论证环节，利用数学工具、表格和图像可以帮助分析数据，揭示隐含在数据背后的整体格局和发展趋势。

②大数据分析方法的多样性：分析过程中可能需要用到观察、分类、排序、比较、因果关系、推理、预测、建模、解释、应用等。

③分析论证需要审辩式思维：对于数据的研究应该是学生主动思考、怀着质疑、寻找规律，不断发现精细的过程。分析过程中，可能还会联想到特例，可能会有新的发现等。

④如何确保证据真实可靠？聚焦非规律性数据，如何追踪它的来源、如何辨别证据的来源是否可靠？论证时，需要对数据的准确性和精确度做出描述和检验，尽可能减小误差。非规律数据的产生源自学生实验操作不规范。对于特殊数据，应当充分讨论，尝试还原情景，找到问题所在，在去伪存真的基础上，做到"改伪存真"。

⑤事实和观点如何联系？观点需要证据来支持，能证明观点的事实就是证据。通常需要通过重复实验和生活应用实例来得出或帮助理解最后的结论。

(二)"科学论证思维发展"单元研究的意义和价值

基于初中物理教学培养学生思维能力目标和当前教学现状，培养学生科学论证的能力，进而提高学生的科学思维能力。初中学生应在具有科学探究意识的基础上，正确运用科学思维方法，使用不同的方法和手段分析、处理信息，描述、解释探究结果和变化趋势等，初步形成分析论证的能力；能根据证据的不同类型，从定性和定量两个方面进行科学推理、找出规律、形成结论；从长远发展角度来看，学生正确使用科学证据，能基于证据大胆质疑，从不同角度思考问题，逐渐形成批判性思维的意识，追求创新。

二、"科学论证思维发展"单元的知识载体梳理

"科学论证思维发展"单元是一个非连续单元，与教材上的连续课时单元不同。"科学论证思维发展"单元将思维培养放在初中物理学习的全过程中，不同阶段的科学论证思维培养侧重点不同。例如，七年级利用开发校本课程——开放性科学实践，培养学生的识别证据意识；八年级侧重培养学生获取证据、证据的可靠性研究、形成科学的论证思维；九年级侧重辩证地进行论证、对研究过程有评估意识、逐渐形成审辨式思维。

梳理初中教材中承载科学论证思维能力培养的教学载体。依据《义务教育物理课程标准(2011年版)》、人教版八年级和九年级物理教材内容，根据学生认知水平进阶，"科学论证思维发展"单元可以选择的教学载体如表3-2-1所示，学生的科学思维论证能力可以在这些载体中不断地、螺旋式地得到培养和提升。

表 3-2-1

人教版教材章节		主要载体(简述为课本中的结论或实验名称)
八年级上册	第二章第1节	声音是由物体振动产生的 声音的传播需要介质
	第二章第3节	什么因素决定音调的高低 什么因素决定响度的大小
	第三章第2节	探究固体熔化时温度的变化规律
	第三章第3节	探究水沸腾时温度变化的特点
	第四章第2节	探究光的反射规律(反射角等于入射角)
	第四章第3节	探究平面镜成像特点
	第五章第3节	探究凸透镜成像规律
	第六章第2节	探究同种物质的质量与体积的关系 密度概念的建立

续表

人教版教材章节		主要载体（简述为课本中的结论或实验名称）
八年级下册	第七章第1节	力是物体对物体的作用
	第七章第3节	探究重力跟质量的关系
	第八章第1节	探究阻力对物体运动的影响 惯性是物体本身具有的一种特性
	第八章第3节	探究摩擦力大小的影响因素
	第九章第1节	探究影响压力作用效果的因素 压强概念的建立
	第九章第2节	探究液体压强大小的影响因素
	第十章第1节	探究浮力大小的影响因素
	第十章第2节	探究物体受到的浮力跟排开液体的重力的关系
	第十二章第1节	探究杠杆平衡条件
	第十二章第3节	测量滑轮组机械效率——分析影响滑轮组机械效率高低的因素
九年级	第十五章第5节	探究串、并联电路的电流关系
	第十六章第2节	探究串、并联电路的电压关系
	第十六章第3节	探究电阻大小的影响因素
	第十七章第1节	探究电流跟电压、电阻的关系
	第十八章第4节	探究电流通过导体产生热量多少与什么因素有关

　　基于"科学论证思维发展"单元的内涵和外延，结合人教版八年级和九年级物理教材中的可用教学载体的梳理，"科学论证思维发展"单元设计精选教学载体，从培养学生的证据意识、形成科学收集证据的方法、对证据进行科学论证三大板块着手，培养学生的科学论证思维能力。"科学论证思维发展"单元的设计方案如表 3-2-2 所示。

表 3-2-2

要素	教学时段	教学载体	课时安排
证据意识	七年级 八年级	寻像之旅 巧借地球引力 声音是由物体振动产生的	3

续表

要素			教学时段	教学载体	课时安排
科学收集证据的方法			八年级	探究固体熔化时温度的变化规律 探究凸透镜成像规律 探究液体压强大小的影响因素	4
对证据进行科学论证	通过对事实、现象、资料等进行简单归纳获得结论		八年级 九年级	声音是由物体振动产生的 探究固体熔化时温度的变化规律 探究水沸腾时温度变化的特点	3
	通过设计实验获取证据，完成论证任务	识别有关无关因素	八年级 九年级 （交替进行）	探究影响压力作用效果的因素 探究液体压强大小的影响因素 影响滑轮组机械效率高低的因素	3
		因变量与自变量的定性关系		探究音调跟频率、响度跟振幅的关系 探究摩擦力大小的影响因素 探究浮力大小的影响因素 探究凸透镜成像规律	4
		因变量与自变量的定量关系		探究同种物质的质量与体积的关系 探究重力跟质量的关系 探究物体受到的浮力跟排开液体的重力的关系 探究杠杆平衡条件（给定条件、分解探究） 探究电流跟电压、电阻的关系	5
		基于数据的科学推理		探究阻力对物体运动的影响	1

三、"科学论证思维发展"单元的进阶式设计

依据上述分析，我们对"科学论证思维发展"单元进行了单元教学设计分解，具体如下。

(一)"科学论证思维发展"单元教学设计第一板块：培养学生的证据意识

正确区分证据和观点，培养证据意识。证据就是科学论证的对象，物理学中的证据是指生活经验、实验现象、真实数据等事实，不以人的意志为转移；观点则是思想的主观判断。事实从生活经验、实验过程中收集而来，使用观察、实验、记录等测量手段获得；观点来源于头脑，通过学习、比较、判断、质疑等思维方法形成。

事实和观点分别代表了客观和主观，在语言陈述中各自体现出感性和理性特点。例如，在研究将空矿泉水瓶子逐渐压入装满水的盛液桶中的过程时，同学甲说"瓶子浸入水中的过程中，溢出的水越来越多，手按瓶子的力越来越大"；同学乙说"瓶子浸入水中时，浮力越来越大"。两种描述中，同学甲描述的是事实，同学乙说的是观点。同学甲所描述的事实可以作为同学乙阐述的观点的证据。

为了使学生能够清晰地表述事实和表达观点，在课堂实验课教学中，尤其是物理起始学段教学中，针对观察记录环节，教师使用学案，列出研究对象、现象、结论等方面，帮助学生们边识别边记录。表格示例如表 3-2-3 所示。

表 3-2-3

研究对象	现象	结论

在实际课堂教学过程中，尤其是实验教学，要从描述实验现象抓起，让学生实事求是地对所见所闻进行描述，科学地记录实验现象，为科学论证做好证据的收集工作。

(二)"科学论证思维发展"单元教学设计第二板块：科学地获取真实证据

从辩证角度来看，观点需要证据来支持，能证明观点的事实就是证据。物理学科中，证据的来源有生活经验、报刊书籍资料、设计实验等。证据收集过程要求学生尊重实验事实，客观、真实、准确地记录和描述实验数据，绝不能为达到数据精确而任意篡改数据。

以"研究物体可否从固态直接变为气态"为例，证据的获取途径列表如表 3-2-4 所示。

表 3-2-4

研究内容	证据来源		
	生活经验	报刊书籍资料	设计实验
研究物体可否从固态直接变为气态	1. 北方严寒的冬季，冰冻的衣服在室外也可以变干。 2. 衣柜里的樟脑球长时间放置变小了。	1. 冰的熔点为 0 ℃，北方的严冬气温在 −10 ℃ 以下。 2. 查资料可以知道碘的熔点为 113.60 ℃、沸点为 184.25 ℃；酒精灯的火焰温度为 400 ℃；一标准大气压下水的沸点为 100 ℃。	将碘锤放在开水中，观察到碘锤内出现紫色的碘蒸气。

（三）"科学论证思维发展"单元教学设计第三板块：培养学生的科学论证能力

基于事实和逻辑方能进行科学论证，形成科学观点。观点或结论可以来自直接观察的印象，也可在讨论或思辨中形成。讨论需建立在相互承认事实和共同逻辑方式的基础之上，"摆事实，讲道理"。

1. 学会对收集的证据进行简单的比较

例如，用温度计测量烧杯中的水温，比较在始终加热的情况下，水沸腾前后的温度变化情况；用温度计测量试管中海波的温度，比较海波在熔化时的温度变化情况；观察连通器各个部位的水面，比较各容器内液面的高度；用电压表测量并联电路各支路电压，比较它们的大小；用电流表测量其电路各支路的电流，比较它们的大小；用海绵受到重物压力时向下凹陷的程度的不同，比较形变程度。

2. 抓住证据之间相互关系的特征，多样化分析证据，归纳科学规律

从证据的类型来看，有以下几类分析归纳方法。

第一类：通过对实验数据的简单比较归纳出简单规律。归纳是一种推理论证的方法，是指从一系列具体的事物中概括出一般性概念、结论或原理的思维方法。以"声音的产生原因"的分析为例，如表 3-2-5 所示。

表 3-2-5

研究对象（发声体）	现象	结论
声带	人说话时发声体振动	这些正在发声的物体都在振动
琴弦	正在发出声音的琴弦在振动	
拉紧的皮筋	拉紧的皮筋嗡嗡作响时在振动	
直尺	正在发声的刻度尺在振动	
音叉	正在发声的音叉可以激起水花；正在发声的音叉可以把乒乓球弹开	
鼓面	鼓面发声时泡沫会跳动	

第二类：根据实验条件和现象，识别因变量的有关、无关因素。我们经常思考和研究两个物理量之间是否有关或者有什么关系，并设计进行实验获取大量的现象或数据。例如，"研究滑动摩擦力与压力大小是否有关"。

使物块放在水平放置的蓝色海绵纸上，保证拉物块的细线沿水平方向，竖直放置的弹簧测力计下方的细线保持竖直。拉动海绵纸，滑动运动后相对桌面处于静止状态，利用拉力、摩擦力二力平衡，通过拉力的大小测得滑动摩擦力；在物块上加钩码，测量摩擦力的大小，研究压力对滑动摩擦力大小的影响。由实验现象和数据发现，滑动摩擦力与压力大小有关。

第三类：定性研究因变量与自变量之间的关系，归纳科学规律。例如，探究"物体的动能跟质量的关系"时：用电磁铁控制质量不同的摆球，从同一高度释放，可以看到小球摆动是同步的，说明小球到达最低点的速度相同。让速度相同的小球去撞击三个质量相同的滑块，三个滑块在轨道上被撞击后移动的路程不等。由物理条件和现象可以归纳出：物体的质量相等时，运动速度越大，具有的动能越大。

第四类：定量研究因变量与自变量之间的关系，得出科学规律。将因变量、自变量相应的数据进行排序、分组、数学运算等操作，使数据能够呈现清晰的规律，进而归纳复杂的、定量的科学规律。例如，"同种物质的质量跟体积的关系""电压一定时，电流跟电阻的关系""电阻一定时，电流和电压的关系"等。

第五类：根据实验现象进行推理。例如，"探究阻力对物体运动的影响"时，因为不可能模拟出没有摩擦力的环境，所以通过科学推理法，根据实验现象——水平面越光滑，物体的运动距离就越长，推理出如果没有阻力，小球将永远运动下去。再如，"研究声音的传播条件"时，通过真空铃实验，当玻璃罩中的空气逐渐稀薄时，传出的铃声越来越小，因为我们无法模拟出完全真空的环境，而只能通过科学推理法，推测出声音在真空中不能传播。

四、"科学论证思维发展"单元的教学实施

基于上述对"科学论证思维发展"单元的认识，课题组老师们进行了系列教学实践，下面分别以"凸透镜成像规律"和"密度"的教学设计为例，阐述收集证据的科学方法，对数据进行定性和定量的分析论证等科学论证思维能力的培养方式，发展学生的科学论证思维。

(一)呈现"科学论证"多样化数据收集和定性分析论证的教学设计与实践

以"凸透镜成像规律"一课为例说明科学收集证据的方法、对数据进

行定性的科学论证两大科学论证思维能力培养的设计与实践。

"探究凸透镜成像规律"实验现象丰富、数据量大，是培养学生科学论证思维能力的好机会。采用将描点记录的透明片叠加的方式能够让学生看到成像特点分区排列，观察对比后便可得出凸透镜成像特点跟物距的关系。大量的实验数据中难免出现有波动的数据，再次通过实验研究科学论证，修正错误数据，是学生们分析数据时该有的能力。

1. 证据的收集与科学论证

突出数据的广泛性、普遍性，利用数学工具排序，发现并总结规律。

设计 1：叠加贴点图像，找到数据分界线。

教师收集并展示全班同学的坐标系贴点(纵坐标为物距，红点表示凸透镜成的倒立缩小的像、绿点表示倒立放大的像、蓝点表示正立放大的像)结果。

学生们清晰地发现凸透镜所成的三类像都在特定的区域内，进一步得出结论：一倍焦距是凸透镜成正立或倒立的像、实像或虚像的物距分界点，二倍焦距是凸透镜成放大或缩小的实像的分界点。向学生渗透生活中的照相机、幻灯机、放大镜使用时的物距分别对应了红、绿、蓝三色点的区域。

设计 2：大数据排序，寻找凸透镜成像的变化规律，提高思维深度。

用 Excel 汇总学生实验数据(含物距、像的特点、像距、像高等项目)，按照物距从大到小的顺序排列，使数据的变化更有规律。学生观察过程中首先将数据按照成像特点或者一二倍焦点处的特殊作用将表格分成三部分。

设计 3：将数据按照成像特点分段，寻找动态变化规律。

将庞大的数据表格分区域处理，在凸透镜成三种像的特点下寻找变化规律，逐渐融入学生的思考，将直观的数据赋予生动的活力，同时也逐渐激发学生猜想照相机、幻灯机在使用过程中的调焦调距等问题。

分段充分分析数据，使得出的结论更加直观，同时更充分挖掘数据的深层价值。由表中数据，学生能够进一步得出凸透镜成像的变化规律：凸透镜成倒立、缩小的实像时，物距减小，像距增大，且像变大(像总比物体小)。

2. 证据真实性的研究

对问题数据的质疑与再分析，提高学生思维的严谨性。

(1)再次观察数据，发现新问题。

组织学生观察数据，找出数据记录单里的问题数据（数据不符合整体的变化规律），分析问题成因，讨论解决方案。

表格中的非顺序性数据是怎么出现的，同学们的猜想很多，如有人认为读数错误，有人认为读数时光屏上的像不清晰，还有人认为凸透镜型号不精准等。对这样的数据怎么处理呢？

(2)还原实验情景，展示真实问题。

学生按照表格数据组装器材，发现了真实问题。问题在于此时光屏上显示的并不是清晰的像，学生的实验操作存在问题，如图 3-2-2 所示。

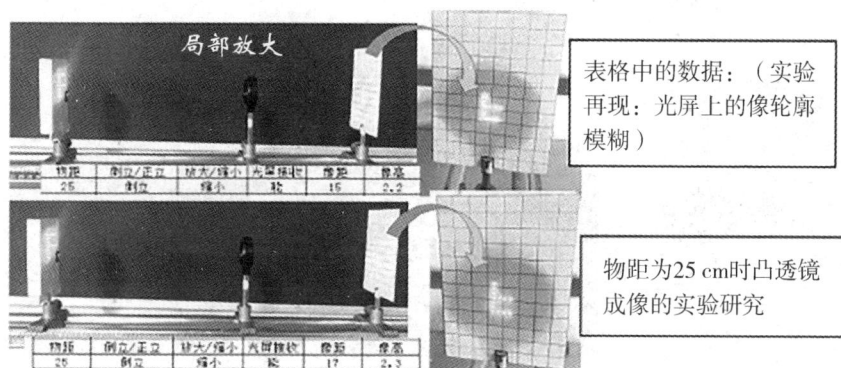

图 3-2-2

调整光屏位置再次承接清晰的像，并对数据进行了修正。

(3)修改问题数据，使结论更具普遍性。

将实验得出的正确数据填入表格，修正原错误数据，发现表中数据完全符合动态规律。

对问题数据的处理过程体现科学精神。学生本着实事求是的科学态度能够发现问题数据并提出质疑，合理猜想错误数据成因，对非规律性数据追踪来源，重现实验研究，以确保数据真实可靠，初步形成了审辨式思维。

3. 将生活事例与已得结论相联系，深入理解规律

动手体验，寻找凸透镜成像的变化规律的事实证据，深入理解

规律。

设置学生活动1：利用自制相机分别拍摄远景和近景。使用自制相机先给远处的物体找远景，调节镜筒，使光屏（薄膜）上成的像清晰；再给近处物体照相，调节镜筒，使光屏（薄膜）上成的像清晰。感受物距、像距、像的大小的变化情况。学生发现：操作过程与实验数据所得结论吻合，对数据进行了有利的事实证明。

设置学生活动2：研究使用投影手电筒。

通过调节胶片到镜头的距离改变物距，调节手电筒到光屏的距离改变像距，感受凸透镜成像的变化规律。学生展示：投影手电筒所成的像变大的过程中，物距在变小（图3-2-3），像距在变大（图3-2-4）。体验与数据分析结果吻合。

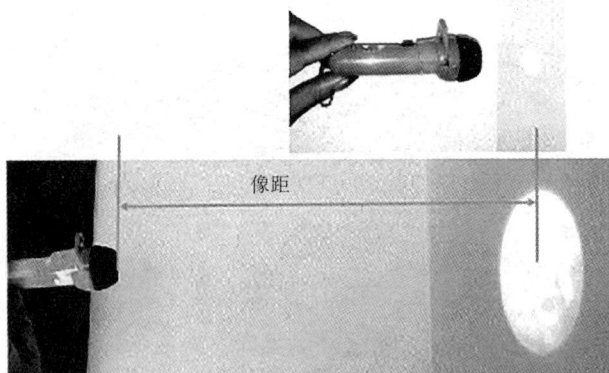

图 3-2-3 　　　　　　　　　　　图 3-2-4

在上述3个教学片段中，运用实验数据、事实描述等方法收集了学生的大量实验数据，再利用数学思维工具，展示清晰的数据，提升数据分析能力；对非规律性数据追踪来源的教学实践，重现实验研究，以确保数据真实可靠，处理过程体现科学精神，帮助学生初步形成了审辨式思维。

（二）呈现"科学论证"之定量分析论证的教学设计与实践

以"密度"一课为例说明对数据进行定量的科学论证思维能力培养的设计与实践。"密度"是人教版物理八年级上册第六章第二节的知识。密度是表现物质属性的一个重要物理量。基于实验探究，建构密度概念。在感性认识图像的基础上，通过计算机辅助对数据进行理性数学计算处理，发现"同种物质的质量与体积的比值不变"，并得出密度概念。

1. 分组实验，使用磁吸贴点记录数据，研究物质的质量跟体积的关系

设计 1：磁吸贴点绘制图像，激发学生思考物理规律。

教室中学生的座位如下。为了体现每一组数据的重要性，为了给学生充足的时间进行准确测量，按照学生座位纵向分为三大组，要求学生把测量的数据和姓名写在磁贴上(图 3-2-5)，并把磁贴贴在老师用投影投在黑板上的直角坐标系上的相应位置上(图 3-2-6)。第一大组研究铁块的质量和体积的关系。第二大组研究铝块的质量和体积的关系。第三大组研究酒精的质量和体积的关系，本组人数较多，实验数据较多。

设计 2：结绳记事法，将同种物质的测量数据用红绳拟合变量之间的线性关系(图 3-2-7)，帮助学生形成感性结论。

 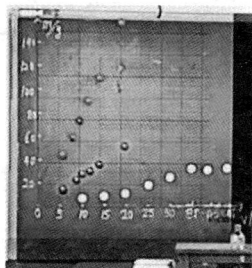 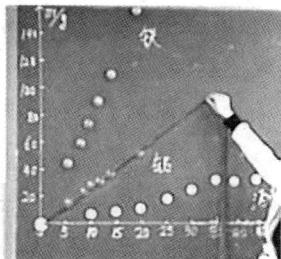

图 3-2-5   图 3-2-6   图 3-2-7

黑板上的磁贴刚刚贴好，学生就会直观看到一条直线，感觉像正比例函数图像。老师用白色磁贴吸在点(0，0)，且白磁贴上系着一根红线，让学生用红线拟合正比例函数图线，能得三条直线。酒精组的数据会有较大误差，因为液体测量有很高的操作要求。例如，移液时尽量别倒在两筒外面、用量筒测液体体积读数有些困难等。学生会清晰地发现：同种物质，质量与体积的比值相等；不同种物质，质量与体积的比值不相等。

2. 对实验数据进行再分析，建立密度概念

数据记录表中求出质量跟体积的比值，发现各组比值差异不大，求平均值可得：铁这种物质的质量跟体积的比值约为 7.74 g/cm³，表达式为 $m = (7.74\ \text{g/cm}^3) \cdot V$。

通过数据分析，得出同种物质的质量跟体积的定量关系，如表 3-2-6 所示。

表 3-2-6

V/cm^3	6	8	10	12	14	20
m/g	46.5	61.4	77.4	93	109	155.5
$\frac{m}{V}/(g \cdot cm^{-3})$	7.75	7.68	7.74	7.75	7.75	7.78
$\frac{m}{V}$平均值/$(g \cdot cm^{-3})$	7.74					

同理求出两种物质的质量与体积的比值，对比数据可知：不同物质的质量与体积的比值不等。因此，可以用质量与体积的比值描述物质的某种性质，进而建立密度概念。

通过让学生亲自动手做实验，分析归纳实验数据发现规律引出概念，教会学生学习物理的方法，使学生养成提出问题，认真实验，仔细分析，积极思考，善于追根求源的良好的学习习惯。

五、"科学论证思维发展"单元效果分析

经过"科学论证思维发展"单元的系统培养，学生们科学论证各方面能力均呈现出阶梯性上升的显性成果。

从学生们课堂参与的状态来看：学生从观望老师分析论证，转变到能够自己发现问题、设计方案、获取证据的主动研究状态。经过系统培养升入初三的学生，90%以上能够在小组讨论中发表自己的看法，能用自己的语言有条理地解释、表述现象或结论，善于多角度思考问题并能主动提出有价值的建议。初三阶段课堂80%时间交给学生独立思考、动手研究实践。

学生的收集证据能力和数据分析能力的不断提升，在后期课堂实践中有明显体现。科学论证能力培养初期，"探究凸透镜成像规律"实验需要通过全班同学合作收集获取多组有效数据，之后进行定性分析方可得出规律。初中物理学习后期，"探究电流跟电压、电阻的关系"实验中，一个实验小组（两位同学）就能准确识别变量，设计并进行实验，收集大量有效数据信息，同时对数据采用在平面直角坐标系中描点作图的方式寻找因变量与自变量之间可能的定量关系，再通过对数据的乘除法运算等，找到因变量与自变量的正比关系（图 3-2-8）或者反比关系（图 3-2-9），并尝试找到定量表达式。而且，学生意识地需要利用 Excel 辅助对数据进行排序、描点并拟合函数图像、求解表达式等处理（图 3-2-10、

图 3-2-11），逐渐产生从人脑的运算处理转向精度更高的计算机处理方式。

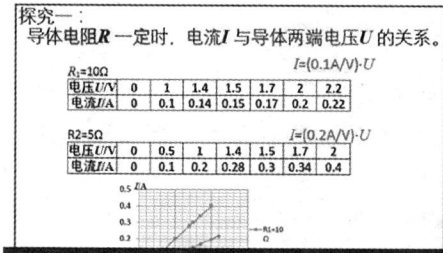

图 3-2-8

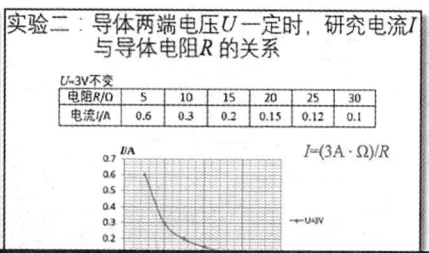

图 3-2-9

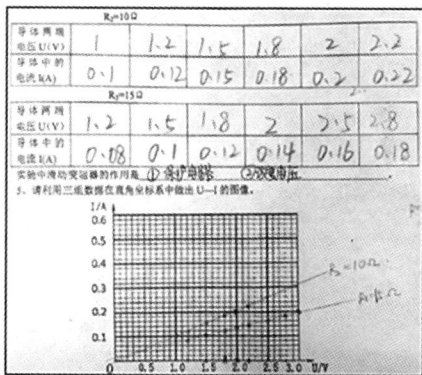

图 3-2-10

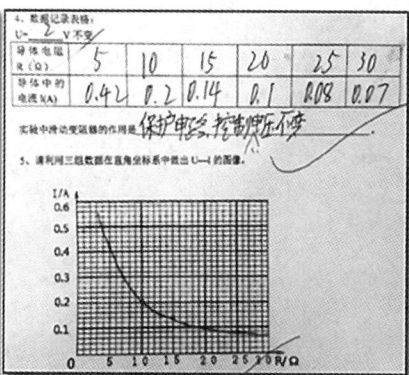

图 3-2-11

学生们经过"科学论证思维发展"单元的系统培养，在纸笔测试中表现出了较强的科学思维能力。例如，2018 年北京市物理中考试题第 31 题给出情景：将一个小球浸没在水中由静止释放；提出问题：请根据小球的受力情况分析其可能出现的运动情况。本题源于课堂实验，以受力分析为切入点，运用力和运动关系灵活解决实际问题。本题能引导教学关注物理学科核心素养的培养，考查学生严谨的科学思维。再如，2018 年北京市物理中考试题第 32 题考查"物理实验中的图像法"，这篇科普阅读题是整套试卷得分率最低的题目。试题立足于学生的长远发展，要求学生通过速读检索、筛选信息，同时伴随联想、提取、建构的思维活动，并把通过阅读获得的新知识能迅速进行迁移、解决问题。

"科学论证思维发展"单元基于初中学生科学论证的能力现状和能力进阶发展需求，从培养学生的证据意识、形成科学收集证据的方法、对证据进行科学论证等方面着手，培养学生科学论证的能力，极大提高了学生的科学思维能力，发展了学生的物理学科核心素养。

【案例评析】

从"对证据进行整理和分析处理的必要性""大数据分析方法的多样性""分析论证需要审辩式思维""如何确保证据真实可靠""事实和观点如何联系"五个方面对学生"科学论证"思维的发展进行进阶设计。从培养学生的证据意识、形成科学收集证据的方法、对证据进行科学论证三大板块着手，对初中物理教学中承载"科学论证"思维能力培养的内容进行了非连续单元教学设计，并在教学实践中形成了系统的培养策略。学生们"科学论证"思维能力呈现出了阶梯性上升的显性成果，教师在研究和实施过程中对"科学论证"的认识也得到了加强。

参考文献

[1]人民教育出版社，课程教材研究所，物理课程教材研究开发中心．义务教育物理教科书[M]．北京：人民教育出版社，2012.

[2]中华人民共和国教育部．义务教育物理课程标准[M]．北京：人民教育出版社，2011.

3.3 初中英语"学习反思能力发展"单元的教学设计与实施

【案例导读】反思能力是中学生英语自主学习能力培养的一个重要方面。如何在一定的时间长度内，即大的单元教学中，通过明确的单元目标，分阶段把中学生英语反思能力贯穿于日常学习、阶段总结以及考试后，进行系统、贯通培养，值得研究。本案例探讨了如何基于学生已有的反思意识和反思能力基础，培养反思能力——调查反思能力基础，确定单元教学目标，明确阶段培养目标和内容、设计单元活动。

反思性学习是一种有效的学习方式，它使学习者通过在学习过程中进行自我规划、自我调控和自我评价，形成良好的学习态度、意识、品质和习惯。然而，在现实中，初中生由于生理、心理及认知水平的局限，普遍缺乏反思意识、反思方法和反思习惯。反思性学习能力的不足，严重影响了学习效率的提高。因此，对于学生英语学习反思能力培养的研究，具有十分重要的现实意义。

反思性学习的整个过程是学生自主活动的过程。学生自始至终主动地、积极地、自觉地管理着每个学习环节，在目标的驱动下对学习进行评价、分析、复习、巩固直至达标。从教育规律和心理规律的角度看，反思性学习能力包括反思心向、反思策略和反思习惯。反思心向指学习者有自觉反思欲望，有将反思付诸学习过程的毅力及决心，是反思性学习的前提。反思策略是指学习者在反思性学习过程中所采用的方法，是反思性学习能力的核心。学习者通过使用反思单等工具，进行试卷反思、课堂学习反思、作业反思等行为，从而具备善于观察发现问题、分析问题、解决问题，进而制订调整方法的技能。反思习惯是指学习者对学习过程自觉进行有目的的计划、监控、评估和改进的行为方式和习惯，并通过与同伴分享交流从而相互学习提高，这样不仅能培养其合作沟通能力，也能为个体的反思行为提供智力和毅力的支持，是提高反思性学习能力的保障。

一、初中生英语学习反思能力的现状调查

七年级是小学和初中衔接的重要阶段。小学生对于学习的认识还停留在感性阶段，而进入初中学段，知识数量和难度的提升对于学生的学习能力提出了更高的要求。而反思能力作为学习能力的重要方面，对于提升学生的学习效率有着至关重要的意义。

(一)调查初中生英语学习反思能力的现状

基于上述认识和教学经验，笔者将七年级的英语学习反思能力的培养作为单元教学主题研究的内容，并对所教学生英语学习反思能力进行了问卷调查(见附件1)。结果显示，在完成问卷的40名学生中，大多数学生不确定反思与学习效果间是否具有正向关联，仅有8名学生有主动反思的习惯，28名学生能够在老师布置相关作业时进行反思。

调查结果显示，学生反思性学习的状况并不乐观，表现在：①对学习的反思认识不够，多数学生很少主动反思；②反思内容不清楚，不知道从哪些方面进行反思；③反思的方法模糊，缺少反思技能，不知道如何进行反思。而反思意识和能力的缺乏使学生很难在英语语言学习中取得应有的进步和发展，英语学习中仍然存在"耗时长，收效微"的问题。这样既影响英语学习的效果，又会挫伤学生学习的积极性。

(二)分析学生反思能力不足的原因

基于后续对学生的调查访谈获取的信息以及教学经验，笔者认为出现这些问题的主要原因有以下几点。

第一，学生的学业负担较重，缺乏对自己的学习行为和学习效果进行分析的意识。一些学生不了解反思的重要性，对自己的英语学习没有高要求和高期待，仅满足于完成教师布置的作业，没有反思意识。一些学生无法正确使用考试分数来正确评价自己的学习。偶尔的一次高分就把自己定位在优等生行列，成绩的下滑仅视为偶然。

第二，教师注重完成教学进度和任务，忽视反思能力的培养。教师有时迫于教学进度的压力，只关注完成教学任务，认为教学时间紧张，教学内容都完成不了，忽视对学生自主学习反思能力的培养，课堂教学中没有给学生留出自主思考学习收获和学习问题的时间和机会，制约了学生思维的发展。

二、培养英语学习反思能力的单元整体教学方案

针对初中生反思能力薄弱这一问题，笔者决定利用七年级整个学年，逐步培养学生的反思心向、反思策略，促成其形成反思习惯。

单元整体教学方案如下。

(一)第一阶段——七年级上学期，重点目标是培养学生的反思心向

首先要让学生知道什么是反思，反思对于学习有什么促进作用。不仅要培养，更要强化学生的英语学习反思意识。笔者重点引导学生产生"镜面反思"的意识，对照教师和同学的行为进行反思，并在课堂上给予学生足够的时间和空间进行自我学习反思，给学生搭建英语学习反思的平台。

(二)第二阶段——七年级下学期，重点目标是培养学生的多种反思策略

在学生具备反思心向后，教师合理地对学生的英语反思性学习进行指导、监督和检测，发现问题后及时调整。对于反思经验不足的学生来说，笔者计划利用英语反思表、英语课堂反思提纲和评价表、考前计划表等反思工具对学生进行反思策略的指导和引导。这些工具能帮助学生拓宽反思学习问题的角度和深度，帮助学生针对自己的学习问题进行合理分析和归因，从而提升思维水平和品质。

在学生具备了一定的反思策略后，笔者计划给学生布置更为开放的反思任务，如反思自己英语学习中的问题，自主制订改进计划，并记录实施方案，定期总结调整，并在小组或者全班范围内交流成效。

三、培养中学生英语学习反思能力的实践策略

要培养学生的英语学习自主反思能力，教师要充分发挥示范引导作用，同时要充分利用学生同伴之间的相互鼓励、激励，榜样示范作用，还要引导学生进行自主的反思，并能够依据学习目标进行有效的反思，客观归因学习问题。

(一)多种方式提升学生的英语学习反思意识

要培养学生的英语学习反思意识，教师和同伴都可以成为一面镜子，让学生来对照进行自我反思。教师英语教学的方法、指导的方式以及思维方式等都可以成为学生效仿的内容。而同伴不同的学习方式和思

维方式也可以成为彼此学习的内容。通过对于教师和同伴的观察和学习，学生可以发现自己学习上、思维上、能力上的长处和不足，能够客观地认识和评价自己，并为自己的学习改进规划提供思路和策略。

1. 教师榜样示范，激励学生进行学习行为反思

要引导学生提升学习反思的意识，要让学生针对具体的学习行为进行反思，让他们看到学习行为的榜样，他们在对比中才会反思自己的学习行为。针对学生刚升入初中不会做笔记的问题，笔者进行了笔记记录的示范，在黑板上手写出依据学习内容进行笔记记录的形式和内容，让学生学习笔记格式和结构。一个月后，笔者组织学生讨论笔记应包含哪些内容，并写在黑板上。然后笔者播放了一段录制好的有关如何做笔记的微课，其中展示了很多往届同学优秀的笔记作品，最后再让学生来补充、丰富黑板上的内容。在课后的访谈中，学生用"震惊"来形容看到范例笔记时的心情，并希望自己的笔记也能那样的充实精美，令人"赏心悦目"，有的学生还提出了优化笔记的想法，并迫不及待地与同伴进行交流。

自主学习讨论笔记内容和形式的过程激发了学生对自己现有笔记的思考，微课内容对学生进行了进一步笔记记录的指导，教师把对学生笔记的期待借助一些优秀笔记展示了出来，就如同提供了一面镜子，为学生反思自己的英语学习行为的优势和不足提供了可参考的依据，从而为学生后续的学习行为改进明确了方向。

2. 充分利用学生资源，引导学生对照同伴学习行为进行反思

《义务教育英语课程标准（2011年版）》中指出，学生资源蕴藏在每个学生的生活经历和学习体验之中，也蕴藏在他们丰富的情感和活跃的思维之中。学生资源是课程资源的重要组成部分。在平时的课堂上，笔者充分利用学生资源，引导学生相互倾听、相互学习、相互评价。笔者要求学生认真聆听同学的发言，之后做出点评，并遵循"Two stars, one wish"的原则，即要他们至少发现同学发言中的两个亮点，并提一点改进建议。在这个过程中，学生不光要关注他人发言的内容，还要提炼出他人的优势和不足。其实就是把他人当作镜子照照自己，听一听别人，想一想自己。他人的优点也许正是自己需要学习的地方，而别人的不足要引以为戒。学生看似在倾听，实质在思考、在反观、在学习。在一次对文章结构分析的小组辩论之后，一位学生在学习反思中这样写道："在课堂上不仅可以向老师学习，在同学的身上也可以学到很多东西。

比如对同一篇课文，大家的想法不同，理解也不一样。每个人都有各自的道理，大家通过交流达成共识。在此过程中，我们对书本内容有了更深层次的理解，分析能力有所提高，对表达能力、整合能力也都有帮助。"另一位小组发言代表在学习反思中写道："听了其他同学的分析，对文章的理解进一步加深了，除了敬佩之外，还产生了更多的灵感，这些灵感产生的过程对我也有很大用处，在这方面我也有榜样和学习对象了。""这节课我收获很多，不光可以向同学们学习知识方面的内容，还可以向他们学习一些思维方式、语言表达等""同学间的交流是思维火花的碰撞，弥补了我个人看法的局限性"。有几位成绩不是特别好的同学写道："不同的说法撞出火星，很有意思。我也开始学会分析上下文和分段了。"总之，不论是向老师学，还是向同伴学，懂得欣赏他人，在和同学合作交流中反思自己的学习行为、收获与不足，是发展自我学习反思能力的一个前提。

（二）运用多样的反思工具培养学生的反思策略

由于年龄和认识水平的局限，如果没有教师的引导，初中学生的反思会很简单且无头绪。对于没有反思经验的初中学生，笔者遵循了由简单到复杂，由具体到抽象的培养思路。在培养之初，笔者确定从反思单和反思提纲入手引导学生进行反思，让反思有据可依，有理可循。因为它们可以帮助学生反思更加条理化，使学生的反思思路更加清晰。

1. 运用课堂学习反思提纲，培养学生对照学习目标进行反思的策略

初中学生大部分的时间是在学校度过的，课堂是学生学习的主要场所。但由于课堂上知识形成的过程中涉及很复杂的心理和行为活动，而且课堂学习效果不一定能够短时间内即时地外显，只有学生具备了一定的反思能力之后才可以进行较客观、全面的自我评价。在一次课后访谈中，笔者提问："要想保证最好的听课效果，你认为应该怎样做？"很多学生都提到了"认真听讲"，但是应该怎样听讲，听什么，有些学生是不清楚的。比如，是否明确本节课要学习的目标，能否抓住老师讲课的重点，能否厘清老师讲课的逻辑，能否正确处理听讲与笔记的关系，等等。很多学生都忽略的一点，就是同学也可以成为学习的对象。例如，大家对于同样的问题提出的不同观点，就可以成为发展思维宽度和深度的借鉴，由此还可能引发对于自己学习方式的深入思考。另外，课后及时自评也是巩固课堂所学的重要方式，在自评中发现收获和不足，建立

成就感的同时及时查漏，才能为下阶段的学习做好准备。所以笔者希望借助课堂反思提纲的引导，使学生可以更加明确听讲的目的、学习的对象和内容、采用哪些好的评价方式，这样学生才可以不断完善自己的学习过程，成为一个更有效的学习者。

课堂反思提纲如下：

(1) 我的学习状态、学习参与是否很好？具体体现在哪些方面？

(2) 学习的收获有哪些(词汇和语法知识、好的语句、听说读写技能等)？

(3) 其他的收获有哪些？(同伴的启发？更好的学习方法？……)

(4) 发现自己的英语学习需要改进的一个方面是什么？

(5) 如何能够更好地参与课堂学习并获得发展？

笔者努力在课堂教学结束前留出 3～5 分钟让学生对照反思点进行反思。即时的课堂学习收获、学习问题反思能够帮助学生梳理和建构新旧知识间的联系，从而建构新的知识体系；借助反思单，学生可以及时回忆并记录课堂上出现的疑惑，以此督促自己及时补缺，避免形成知识漏洞。而且及时有效的学习后反思能够为下节课后续的学习做好知识和方法的铺垫，有助于学生形成学习成就感。学习后的反思不仅对学生，而且对于教师也有所助益。通过阅读学生的反思内容，教师也可以反观自己的教学目标是否清晰，并是否已经达成。

一段时间之后，笔者发现学生学习和做其他事情的目标性都增强了，上课前会主动问老师这节课要学什么，并会跟老师主动交流对于此内容自己掌握的情况，在对照黑板上老师的教学重点后，能够自觉判断出自己的学习重点在哪里。在课后学生的提问中，当问及语法问题时，他们会使用"我知道 A 与 B 的共性，但它们的区别我还不是特别清楚"，这说明学生开始关注课堂的核心内容，并能自发去寻找知识间的联系。

笔者在培养学生英语学习反思能力的初期，重点关注了以下三个方面。

(1) 教学目标显性化、清晰化。在上课前，把一节课总的教学目标写在黑板一侧或写在幻灯片的首尾页，并让学生记录在笔记本上，方便学生课前了解要学习的重点，并在课后对照进行反思和自评。在上课过程中，要注意上课语言的逻辑性。在各个教学环节中，要简要说明此环节与总目标间的联系，在不同环节过渡的时候要说明环节间的联系，这样便于学生在课堂全程中明确学习重点，在课程结束时反思自己学习的全过程参与情况以及学习收获。

(2)精心设计学习活动，发挥学生的主观能动性。教师要给学生自己尝试发现英语语言思维和表达的特点以及英语学习规律的机会，让学生有机会自主发现、合作探究语言知识的表达形式，理解其意义，并且要设计相应的学习活动、语言实践活动或者相应的语言运用练习题来评价学生的学习收获和语言迁移运用能力。这样学生的学习收获评价意识和反思意识才有发展的载体，从而在反思环节才能更投入、更自觉。

(3)给予学生课堂反思的留白时间要充分。建议最初教师课堂教学结束前要留出 3～5 分钟让学生对照反思点进行反思。但随着学生反思意识的增强，反思能力的提高，他们会自觉在课堂的全程进行自觉反思，自觉自查自省的能力也会不断提升，那么课后反思也会水到渠成，所用时间也会相应缩短。

2. 培养学生自主反思学习问题、自主规划学习的能力

培养学生的反思能力的最终目标是培养学生的自主学习能力。所以，在掌握了一定的反思方法之后，教师要逐渐放手，引导学生自主制订英语学习计划，安排英语学习时间，并自主反思、评价学习结果。作业作为学生课后自主学习的重要资源和载体，对学生英语学习非常重要。作业既是对当日学习内容的检测，也是拓展学习的资源，学生在做作业的过程中，不仅要根据自己的学习水平，合理规划作业时间，保证作业质量，还要参照作业完成情况反思、评估自己的学习效果，发现自己的优势、劣势，从而重新定位自己和明确下一阶段努力的方向，及时制订出调整措施。这一过程需要学生自己独立自觉完成，对学生的思维水平和思维能力要求较高。

(1)指导学生进行一周作业反思。

在日常教学中，笔者发现很多学生在完成作业过程中比较拖沓，在家学习效率不高，严重影响了作业质量；而且由于作业时间过长，导致其他自主学习的时间也无法保证，阻碍了学生的自主发展。在与部分学生沟通过后，笔者发现学生能够意识到这个问题，但由于自控力不足，这一问题很难改变。于是，笔者要求学生在每周末要反思本周作业效率，反思的内容不仅局限于对知识的学习，还可以拓展到对于课余时间的规划、当日的复习预习安排和自主学习规划等方面。学生需要每天记录下英语作业所占用的时间段、时长、质量和收获，以此作为周反思的依据。通过每日记录，学生可以自主监控每日作业效率，通过周反思学

生能够及时发现自己在学习中的问题，及时做出调整，从而发现最适合自己的学习方法。(英语作业周反思记录表见附件2)

(2)引导学生进行听力英语作业反思。

英语作业反思内容的选择很重要，该作业应该能够反映出学生学习的发展和问题。笔者选取了跟录音听写课上听过的内容或者阅读过的内容这一项作业作为自主反思能力发展的素材，因为此项作业具有连贯性且能集中反映学生英语听力能力的发展轨迹。笔者选用了与课本话题同步，但语言难度稍高的一些文段音频材料，字数在150词左右(对于七年级的学生任务难度要适中)。学生可依据自己的英语水平，选择听写全文，听写一两个段落或记录下关键语句3~5个。听写完成后，学生可对照原文对自己的记录进行改进完善，然后分析自己在听力中的问题及原因，还要制订相关的解决策略和阶段计划，这对学生是一个新的挑战。此项作业中，要想理解原文并听写下来，学生不仅要克服个别生词的障碍，而且要适应较快语速而产生的连读、弱读、省音等语音现象。

教师引导学生做此项作业的听力反思包括以下方面：语境辨词能力和拼写能力，听中笔记的能力，对文章结构的梳理和主要内容的理解能力等。然后对照原文进行订正改错，并在此基础上进行反思，反思自己误听或漏听的原因和改进措施，并将其记录在作业本上。

笔者在第二天的课堂上，组织学生讨论此项作业的意义和反映出的一些不足。对学生普遍反映的"有些地方听不清，听不懂"的问题，让大家讨论症结在哪里。除了词汇的问题，还有没有其他的原因。听懂每一个词是否是发展英语听力的终极目标？经过讨论，大家得出的结论是，"听"是获取信息的一种方式，"信息的提取"是关键。听文章和读文章有类似的地方：首先，要听主旨大意，不要过于纠结生词；其次，要听文章的结构和逻辑，用关键词记录，同时在有意义的语境中推测生词的含义；再次，可以选择一节或者一句听细节，争取记录下每个词，此过程可以发展听力中的一些微技能。

笔者要求学生在笔记本上留出固定区域制定自己听力发展的总体规划和阶段措施，并记录实施进展，每周上交，每月组织小组内互相分享计划的执行情况和成效，然后选出一位目标制定合理、计划落地情况好的同学进行班级汇报。

3. 运用试卷反思单培养学生正确归因的策略

阶段考试不仅能反映出学生在某一阶段的学习效果，还能折射出学生的学习态度和方法。考试分数作为一个学生较关注的量化的指标，对于反思经验不足的学生，更容易以这种外显性的指标来评价自己学习的过程，从而引导学生养成透过现象认识本质、由表及里的思维方式。所以笔者决定从试卷分析入手初步培养学生反思的能力，从而使学生朝着成为一个更加理性的学习者的方向努力。

笔者设计的试卷反思单由两部分构成，第一部分是改错，第二部分是同质问题分类、归因，并制订整改措施。第一部分是第二部分的基础，学生只有在改错的过程中，才能更深刻地剖析问题的性质和成因，同时明确改进的方向。第二部分是反思单的核心部分。首先，笔者把题目进行了分类，如语法知识、阅读能力、写作能力和听力，并要求学生据此进行得分率统计，这些数据直观显示了其英语学习的优势和不足。其次，要求学生写出优势和不足，并从语言知识和语言技能的掌握情况、学习方法态度、学习付出、学习方法等方面分析原因。

据笔者观察，学生能够很容易发现知识的欠缺，但知识背后的原因，除了"粗心大意"外，似乎很难再析出其他原因。很多情况下，知识的问题是显性的，容易被发现。但知识背后的方法、态度的原因是隐性的，需要教师指导，学生才能深入剖析。经过一段时间的引导和练习之后，学生的试卷分析变得有深度了。一个学生写道："这次考试中，我在基础知识上丢了很多分。比如，简单的单词运用，或者词性用法方面。虽然都背下来了，但是具体的使用却还是不清楚。我以后记单词时，不光要记住拼写，还要记它的用法，并多加使用巩固。"另一位学生写道："对文章的理解要站在作者的角度，而不是根据印象和经验妄加揣测，要忠于原文。"虽然学生对问题的认识的表述不是特别准确合理，但他们已经有了对知识形成的方法和学习态度的认知。但由于学生的认知水平和反思经验所限，学生的反思还存在以下三个问题。

（1）无法把考试成绩和学习策略联系起来。

学生虽然能够依据各个题型的得分情况分析自己本次考试的优势和劣势，但对原因的分析仅停留在具体的一些做法上，如练习较多或较少，积累较充分或不足，做题认真或马虎等，无法将这些不成功的学习行为归因为某一项学习策略的缺失。

（2）改进措施过于笼统。

对于改进措施，学生虽能够根据提示制订出自己在不同方面的整改计划，但普遍比较宽泛，不够具体，可能会影响到后续的落实。比如，学生就"课堂"一项制订的改进计划为：认真听讲，增加回答问题的次数。虽然明确了大致的努力方向，但无法进行量化，因此计划就失去了可操作性和可衡量性。反思造成此问题的原因主要在于教师在学生完成此任务前没有给予学生细致到位的指导，虽然在反思单的下方有提示，要求学生在制订计划时注意遵循 SMART（S＝Specific、M＝Measurable、A＝Attainable、R＝Relevant、T＝Time-bound)原则，但并没有引起学生足够的重视；虽然笔者也预估到了学生无法理解这些原则的可能，在原则后附了一个计划的范例，但由于没有带领学生分析范例与原则间的统一，学生并没有意识到范例的功能和重要性，所以范例也就形同虚设。

（3）学习计划与学情分析脱节。

学生在制订计划时并没有结合上一部分对作答情况的分析，两者间的因果联系并不明显。

由此可见，学生反思能力的培养不是一朝一夕之事，需要教师在日常教学中不断观察和引导。学生在实践中不断学习改进和调整，最后达到熟练自觉的应用。

四、单元教学实施效果及分析

由于初中学生的年龄特点和思维能力所限，其反思能力的培养不是一蹴而就的。要想使学生从一个感性学习者提升成为一个较理性学习者，离不开教师的有效指导和监督，同伴间的相互观察和学习，以及学习个体自身的努力。笔者所进行的为期一年的英语学习反思能力培养实践，从反思意识的培养，到反思方法的掌握，再到反思习惯的形成和迁移，最终反思能力带动了学生英语学习能力的提高。其具体表现为：学生们加强了反思意识。学生认同反思的价值，在反思中，他们提高了发现问题、分析问题和解决问题的能力，而且他们在反思中不断地优化着思考和解决问题的方式。学生丰富了反思策略，经过老师的指导，他们的反思方向更加明确，同时对照老师、同学，他们对自己的目标或学习中的问题进行相应的反思。而且，学生反思不仅仅停留在确认知识点是否掌握，还会思考自己的学习过程是否完善，学习态度是否端正，学习策略是否恰当等。此外，一部分学生养成了反思习惯。他们不仅会反思自己的英语学习，进一步深入分析学习的需求，明确自己的学习目的，并制订相应的学习计划，还会把这种反思的习惯迁移到其他学科中。

可以看出，学生英语学习反思能力的发展将经历反思意识强化—反思途径优化—反思习惯养成三个阶段。而且，学生英语反思学习的能力也可被迁移复制到其他学科的学习中促进多种学习能力的形成，这将为学生的终身学习奠定坚实的基础。

【案例评析】

反思能力培养是中学生英语自主学习能力培养的一个重要方面。本案例通过问卷调查、访谈等方式确定学生反思能力的已有基础、欠缺和发展需求，确定了贯穿整个单元教学的实施策略——运用多种方法和反思工具，包括教师示范、同伴榜样作用以及反思工具单，帮助学生提升反思意识、反思能力，进而发展其反思习惯。本单元教学实施案例启发更多教师关注学生英语学习反思能力等的系统、持续培养。此外，本案例在关注培养学生英语学习反思能力的同时，还注重培养学生自我学习问题分析意识以及自主学习规划意识和能力，这是学生英语学习自主学习能力培养的重要方面，是学生研究的重要目标和意义所在。

参考文献

[1]中华人民共和国教育部. 义务教育英语课程标准（2011 年版）[M]. 北京：北京师范大学出版社，2012.

[2]李宝荣. 以提升能力为本——基于学生研究的英语教学[M]. 北京：教育科学出版社，2015.

[3]尹秀娟. 培养初中学生英语反思性学习能力的行动研究[D]. 济南：山东师范大学，2011.

附件 1：问卷调查

学生英语学习反思能力调查问卷

1. 你认为反思对于学习重要吗？	A. 重要　　B. 一般　　C. 不重要
2. 你反思的频率是＿＿＿＿＿。	A. 经常　　B. 偶尔　　C. 从不
3. 你会在何时反思自己的学习？	A. 下课后　B. 考试后　C. 一天学习结束后 D. 其他时间＿＿＿＿＿＿＿＿
4. 你会对照哪些方面对自己的学习进行反思？	A. 老师的教学　　　　B. 同学的行为 C. 自己的学习目标　D. 自己的学习问题 E. 其他＿＿＿＿＿＿＿＿
5. 你跟同学交流过自己反思的结果吗？	A. 是　　B. 否

附件 2：《英语作业周反思记录表》

	时间段	时长	质量	收获
周一				
周二				
周三				
周四				
周五				
周末				
一周作业反思：				

3.4 初中数学"二次函数"单元的教学设计与实施

【案例导读】目标单元教学经常要对知识进行重组与整合，但知识的重组与整合并非是对知识点进行机械性的重新排布，而是要以问题解决为线索让知识按照其生长出来的程序产生，实现有机重组。为了达到这样的要求，需要以新的结构和新的模式开展教学。本案例提出的"总—分—总"型单元结构和"做＋反思"教学模式就是在这一教学思想指导下形成的。案例以初中数学"二次函数"为载体，呈现了如何在上位概念"函数"的统领下，充分考虑学生关于函数的认知基础、建构能力，通过设计单元统领性的问题，为学生提供自主研究问题，并经由教师引领进行反思而产生单元主干知识，再进入局部细节性的学习的过程。

单元教学被提出的缘由之一就是"以课时为单位的教学导致知识碎片化、教学过程中难以给学生足够的思考与交流空间"，然而，无论以何种理念、何种目标为取向开展单元教学设计，在对知识进行重组与整合后，都要尊重学校教学以"课"作为时间单位进行组织的现实，最终将重组的内容按照课时进行安排，也就是转化为课时设计。因此，"怎样组织单元是创造课程的中心问题"，有意义的单元教学设计需要探讨的一个重要问题是：按照什么样的线索安排一个单元内若干个课时的知识，甚至一个课时内的不同知识。

分析当前教学中知识碎片化问题的产生根源，主要在于以知识点在被整理好的知识体系中的位置为线索组织单元内容，当所有知识都学习完成后，再解决综合问题，这种单元中的内容呈现"分—总"结构。但这并非知识产生的程序，而是如弗雷登塔尔所言，"为适于印刷，必须把发现某一成果的顺序颠倒过来加以阐述；特别是对一些关键概念的定义，它们其实是结构的最终笔触，却总被摆在最前面"。避免知识以碎片化的形态出现在单元教学中，需要参考知识的真实产生过程进行设计。重要的知识是在大问题、大任务的驱动下产生的，而且通常一个问题的解决过程会产生多个具体的知识点，这样的单元中的内容将呈现"总—分—总"结构。本文以初中数学"二次函数"单元教学为例说明。

一、函数视野下的"二次函数"单元的教育价值

"二次函数"单元是初中数学"变量与函数"模块的组成部分。变量与函数是初中数学的一个主线，也是学生步入中学阶段所接触的一个全新的知识板块，它是用运动、变化的观点研究、描述客观世界中相互关联的量之间的依存关系。学生可以通过学习函数及其相关性质，更深入地认识现实世界中许多运动变化的规律，进而利用所认识的规律解决各种具体问题。

初中"变量与函数"模块包括一次函数、二次函数、反比例函数三种函数，每种函数都是某种特定变化规律的数学模型，三种函数知识间属于同位关系，这种同位关系可以通过不同版本教科书内容顺序安排的不同而窥见一斑。例如，笔者所使用的人教版教材中，是按照"一次函数—二次函数—反比例函数"的顺序安排的，而北京出版社的教材则是按照"一次函数—反比例函数—二次函数"的顺序安排的。尽管各个版本的教科书都首先安排一次函数的学习，这主要是源于一次函数代表的规律简单、普遍，一次函数学习中所用到的其他代数、几何知识也都简单，并非一次函数的学习是其他两类函数的知识基础，但是一次函数的学习却为其他函数的学习提供了被布鲁纳称为"非特殊迁移"的知识，即研究新函数的思路与方法：在实际问题的解决中发现新函数—根据解析式特征为其命名—探讨该函数的图像与性质—根据其性质解决问题。这样二次函数的学习将是学生通过学习一次函数而初步形成研究新函数的观念的应用，也为以后遇到新的函数问题提供态度和思想方法范例，这是尊重学生学习主体地位的体现，也是为学生提供实践数学思想方法的体现。

二、函数视野下的"二次函数"单元的教学设计

（一）单元总体结构

以函数的概念统领"二次函数"单元的教学设计，首先需要选择一个能够统领驱动二次函数的概念、性质等知识产生的单元统领性问题。在教学中，首先让学生解决该问题，然后分析这个问题的解决过程的本质，从中提炼出单元的部分主干知识或主干问题，在该单元随后的学习中逐步对这些知识深化理解，或对问题进行逐次解决，从而得到单元的

全部知识，形成技能，进而应用于解决综合性问题。这样的单元教学呈现"总—分—总"的结构，如图 3-4-1 所示。

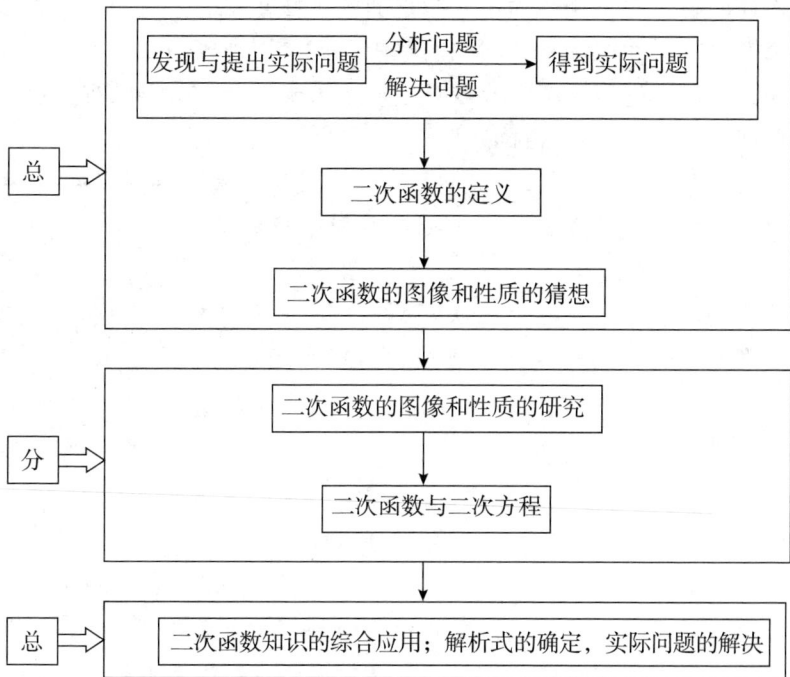

图 3-4-1 "总—分—总"型二次函数单元结构

（二）统领性问题的设计

按照"总—分—总"型结构进行单元教学设计，首先要设计能够统领起单元主干知识的问题。那么，什么是能够统领起单元主干知识的问题呢？一般来说，二次函数单元的教学都从几个具体的现实情境问题开始。例如：

（1）正方体的棱长为 x，表面积为 y，则 y 与 x 有什么关系？

（2）N 个球队参加比赛，每两队之间进行一场比赛。比赛的场次数 m 与球队数 n 有什么关系？

（3）某种产品现在的年产量是 20 t，计划今后两年增加产量。如果每年都比上一年增加 x 倍，那么两年后这种产品的产量 y 将随计划所定的 x 的值而确定，y 与 x 之间的关系应怎样表示？

这些问题都指向"两个变量间具有什么关系"，从这些问题出发的教学也必然止步于关系式的活动，再通过几个关系式的共同特点的概括而得到二次函数的定义，而二次函数单元中的其他知识，如二次函数的性质、图像、求最值的方法等则与这些问题无关，所以这些问题属于单元的引入性问题，而不能作为单元知识的统领性问题。

二次函数单元的统领性问题的解决，需要用到较多二次函数单元的重要知识，这样的问题在常规教学中通常被安排在"二次函数的应用"部分。例如，下面的"围篱笆问题"。

如图 3-4-2 所示，用 24 m 的篱笆靠墙围矩形菜地，中间用篱笆截成左、右两部分，所围菜地的最大面积为多少平方米？

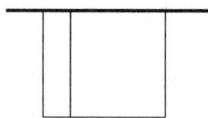

这个问题通常是学习完二次函数的知识后用以说明二次函数知识的作用、函数知识与现实问题有

图 3-4-2

联系的题目。教学重点是建立实际问题的二次函数模型，而二次函数模型一旦建立，解决问题的过程就成为二次函数求最值的基本程序的演练。

将这样的问题作为单元统领性问题，即将其作为能够推动二次函数的知识产生的问题。首先请学生利用已有知识、经验解决，此时，学生虽并不具备学术形态的二次函数知识，但是二次函数知识产生的知识基础、思想方法学生都具备。例如，对二次函数进行恒等变形的乘法、配方等知识、根据图像观察趋势确定最值点的数形结合方法、描点作图的知识等。因此，相信学生能够解决这一实际问题，或者具有解决这一问题的基本思路，通过学生间的交流和教师的引导，将问题解决后，聚焦解决问题过程中遇到的新对象、新方法、新规律，将其表述出来就是新知识。

(三)通过学生调研了解"总—分—总"单元教学模式的可行性

为了了解以实际问题驱动二次函数单元整体学习的可行性，我们进行了学生调研，调研的题目即为上述"围篱笆"问题。

调研对象为一个班的 38 名学生，调研数据如下：

有 26 人列出菜地面积 S 和垂直于围墙的矩形篱笆的长 x 之间的关系式为 $S=x(24-3x)$，并将其展开为 $S=24x-3x^2$，之后，有 21 人对代数式进行配方处理变为 $S=-3(x-4)^2+48$，得到 S 的最大值，而另外 5 人则未再对解析式处理，也未能求出答案。

有 7 人写出了一些不同长、宽的长方形的面积情况并给出答案。

有5人直接给出了答案：围成的图形为正方形时面积最大，追问原因，回答是"小学曾经学过'正方形面积最大'"。

从调研结果中可以看出，尽管学生尚未学习二次函数的具体知识，但已经有相当高比例的学生（近70％）的学生能够用函数思想方法解决问题，他们需要的只是对自己的操作对象和操作过程的数学本质用函数的话语体系进行表达，因此，以"总—分—总"型结构开展二次函数单元的教学是可行的。

(四)"做＋反思"教学模式

"围篱笆"问题中，学生具有解决的可能性，但是解决问题并非数学的全部，数学的第一特点在于其抽象性，数学知识的产生需要从解决具体问题中提炼出具有普适性的概念、原理或者方法。因此，教师需要引导学生对解决问题的过程进行反思和分析，从中抽象出数学知识，也就是以"做＋反思"模式开展具体内容的教学，如图3-4-3所示。

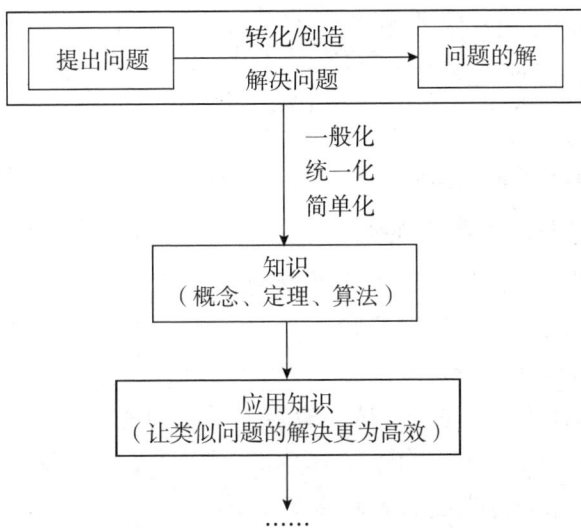

图 3-4-3

图3-4-3中，学生在知识形成前解决问题和知识得到后运用知识解决问题活动都属于"做"数学阶段，"反思"活动的对象是解决问题活动。通过反思，学生将明晰解决问题的思路与方法、智慧与困难以及结果的一般性意义，新的知识以及知识运用过程中的要点也得以产生。

"做数学"一词来自弗赖登塔尔，他在评价夸美纽斯关于教学论的原理"教一个活动最好的方法是演示"时提出，应该从教转向学，从教师活动转向学生活动，进而将夸美纽斯的话改造为"学一个活动的最好方法是做"。

三、教学实施

单元起始课为本单元设计中的重点课，这一课统领单元全部内容，学生在这节课中将通过一个实际问题的解决，整体认识二次函数的概念、图像与性质，这节课的教学流程如图 3-4-4 所示。

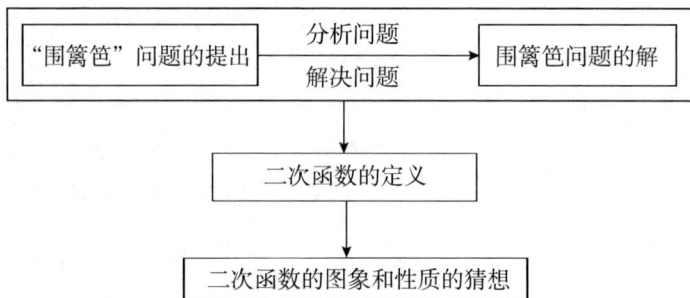

图 3-4-4

下面呈现这节课的重点过程。

(一)活动 1："围篱笆"问题

在上课伊始，教师直接提出"围篱笆"问题，并将学生的研究目标集中在"菜地的面积如何能最大"上。

师：根据题目条件，如何求得面积的最大值？

生 1：现将面积 S 表示出来，设矩形菜地的宽为 x，则 $S = x(24 - 3x)$。

师：如何求解这个代数式的最大值？

学生的表现与课前调研类似，有的学生尝试从代数式 $S = x(24 - 3x)$ 入手，将其整理为 $S = -3x(8 - x)$，但很快发现这样的代数变形对于我们计算出 S 的最大值并没有太大的意义。有的学生开始对 x 进行赋值，试图在枚举中发现 S 的最大值。还有学生将代数式进行了配方变形，化为了 $S = -3(x - 4)^2 + 48$，从而发现了 S 的最大值。教师请学生进行方法的交流，在交流的过程中，学生对枚举法和代数求解法有了一定程度的认可。在枚举法中，通过枚举整数点，发现了数据具有一定的对称性，同时在数据中发现了 S 的最大值。而对二次代数式进行变形后，由平方的非负性就可以求得代数式的最大值了。在解决问题的过程中，尽管并没有提及这是一个函数问题，但学生已自主调用了函数的相关知识，从列表和解析式两个角度给出了合理的解决方案。

(二)活动 2：对问题解决过程的"反思"，形成更多的方法

波利亚在《怎样解题——数学教学法的新面貌》一书中提道：学生通过回顾完整的答案，重新斟酌、审查结果及导致结果的途径，他们能够巩固知识，并培养解题能力。一个好的教师必须理解这些，并使学生深刻认识到：没有任何一个题目是彻底完成了。在经过充分的研究和洞察以后，我们可以将任何解题方法加以改进，且深化我们对答案的理解。"围篱笆"问题已经解决，这是显然远远不够的。教师将问题引申，挖掘出更多的解题方法和答案背后的价值，才更具有意义。

师：如果实际场地受限，不能恰好满足 $x=4$，那么，在 $x=4$ 附近，S 随 x 变化的规律是什么？

生：S 会变小，因为 $x=4$ 时，S 是最大的。

师：变小是肯定的，我还想知道是怎么减小的，如何描述这个运动变化规律？

生：x 离 4 越远，面积就减小得越多。

师：如何发现这个规律的？

生 1：从解析式 $S=-3(x-4)^2+48$ 可以看到，括号里的差越大，经过平方和乘 -3 后就会被放大得越多，那么离最大值 48 就越远。

师：我们发现解析式不仅能帮助我们求得最值，还能帮助我们分析其变化规律，但它对 S 变化的刻画不够直观，还有没有其他角度可以解释这个变化规律呢？

生 2：从表格中的数据，可以直观地看到，x 离 4 越远，面积就与 48 差距越大。

师：(板书，图 3-4-5)从表格中的数据，我们是否还能发现 x 从 4 向两边取值时，x 每变化一个单位值，S 的差值是越来越——

3-4-5

生：越来越大。

师：除了表格中的数据可以直观地帮助我们分析以外，还有什么工具能呈现变化规律？

生3：我认为还可以画出它的图像，再从图像上观察到它的变化规律。

对于解析式的变形，不能仅仅看作帮助我们求解最值的工具。教师以变形后的解析式为切入点，试图引导学生读出关于自变量及函数值的变化规律。通过追问，学生从多角度对 S 随 x 的变化而变化的趋势展开了探讨，并提出了可以通过画图的方式得到它的变化规律，如图3-4-6所示。

基于"一次函数"的知识经验，学生逐步体会到这个实际问题的本质就是一个函数问题，并自主从解析式、表格和图像等不同方面解释函数所具备的性质。在学生画完图像后，教师再引导学生从图像的角度解决 S 的最大值问题，

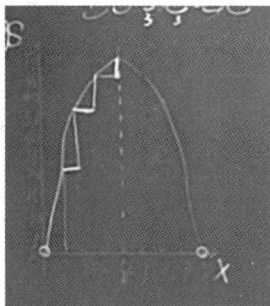

3-4-6

并引导学生从图像中得到该函数的一些性质，如对称性、增加性等。

（三）活动3：再次反思，在函数视角看解决问题的过程

学生在解决这个实际问题的过程中，已不自觉地调用了函数的相关知识。教师借由这个问题，引导学生基于已有的"一次函数"的知识经验抽象出"二次函数"的概念，由一个具体的函数问题归类为一系列相似的函数问题。

师：我们从不同的角度解决了"围篱笆"问题，这个问题好像是我们所熟悉的问题。我们在学习什么知识的时候也从这些角度解决过问题呢？

生：函数问题。

师：这真的是一个函数问题吗？

生1：是的，因为 S 随 x 的变化而变化，且每个确定的 x，只有唯一的一个 S 与之相对应。

师：我们所解决的"围篱笆"问题，是一个函数问题。这究竟是一个什么函数呢？

生2：二次函数。

师：那么什么样的函数是二次函数呢？

生：最高次项是二次的，形如 $y=ax^2+bx+c(a\neq0)$ 的函数是二次函数。

师：今天在研究"围篱笆"问题时，我们研究了它的解析式和函数图像，得到了二次函数的定义。同时看到，一个具体的二次函数的图像呈现出抛物线的样子。那么，是不是所有的二次函数的图像都与这个二次函数的图像类似，是对称的、像抛出的物体的运动轨迹呢？根据我们学习函数的经验，了解所有二次函数图像的样子，进而得到二次函数的性质是重要问题。我们后面的研究也将围绕这些问题展开。

对于这节课探究过程的总结和反思既是对知识本身的再加工，同时也是对探究方法的延伸。至此，学生在课堂中习得的不仅仅是二次函数的概念，而且还获得了研究一类函数的过程性方法，以及如何应用知识去解决实际问题。

图 3-4-7 是这节课的整体板书，这节课的主要思路分析如下。

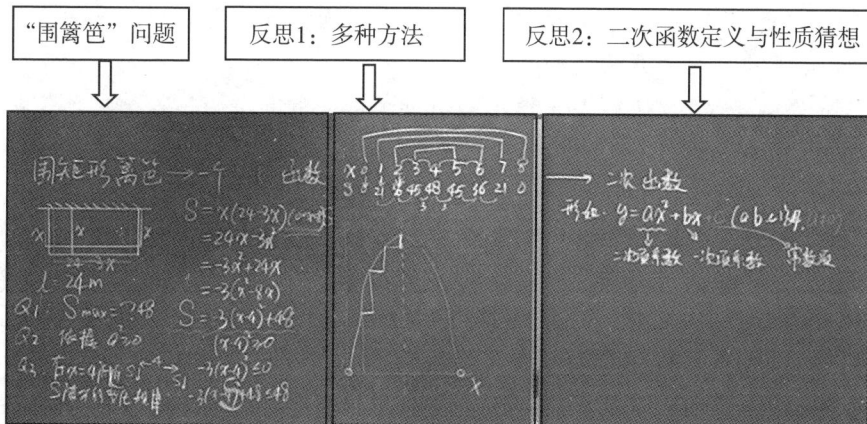

图 3-4-7

四、反思与分析

（一）单元教学价值的再认识

函数的学习，如果只定位在记住每个函数的图像和性质，那么初中三年，学生将只掌握三种函数的具体知识，难以领会函数的思想，以及研究函数的一般性方法。在进行单元教学设计的过程中，教师要始终站在全局整体的角度来对课程进行深入研究，对函数板块的每一个单元、每一个章节的特征、内在联系等进行研究，尤其是要关注章节与章节之间的内在联系与连贯性，以便在单元教学设计的过程中紧贴教学内容，体现课程整体理念。同时，基于学生的已有学习和知识经验，对初中阶段的三个函数的教学，不应只是简单的重复，而应逐步放手，引导学生自主自发地探究。到反比例函数的时候，学生能否达到"不教即会"的程度？我们有这个信心，在大函数单元的背景下，将其他内容大胆前移，如求解函数的最值、函数观点看方程等，相信学生是完全可以接受的。

从解析式到图像再到性质，学生都没有显现出太多的困难。教师需要做的，是把学生自发调用的知识理性化、严谨化、数学化。那本节课的定位，就不应局限在二次函数的概念，而是获得全章的研究方法和脉络。

(二)"总—分—总"单元结构与"做＋反思"教学模式

"总—分—总"型单元结构与"做＋反思"教学模式紧密关联。单元以"总"开始，表现为以统领性问题的解决开始单元的探索，有利于体现知识的价值。实际上，在实际生活或生产中，人们遇到问题后需要总结出解决问题的一般性方法或规律知识。

"做数学"时，往往需要教师给出一个恰当的问题引出这节课所需的知识。这个问题可以是有生活背景的实际问题，也可以是一个纯数学问题。在本节课中，我们给出了"围篱笆"这样一个实际问题，基于学生已有的知识储备，我们有理由相信学生可以提出解决问题的方法。

同样，我们将这样的教学模式运用在了初中最后一个函数——反比例函数的教学中，统领性问题则设计了一个纯数学问题：求解 $2x > \dfrac{1}{x}$。

这个问题一般在全章的最后，用一课时专门研究，其难点在于不能用数形结合找到解集，只能靠"三线四区"法，或者"找交点、分左右、比高低"等教师归纳的口诀死记下来，这样就失去了其本身的函数味道。教学中，我们在起始课先让学生解决这一问题，发现学生给出了不同的解决方案。部分孩子从代数的角度出发，想类比解分式方程的方法，求解这个不等式，但发现计算量极其烦琐。让我们感到非常兴奋的是，有学生自主提出用函数的知识来解决问题，即将此不等式转化为比较"$y=2x$"与"$y=\dfrac{1}{x}$"两函数图像的高低问题，由此提出了研究 $y=\dfrac{1}{x}$ 这样一个新函数图像的问题，该问题最终由学生独立解决。之后，对这一函数进行一般化探讨，开展了关于反比例函数的研究。这样的教学教给学生的是知识结构，而不是一个个知识点。因此，知识的学习过程也会具有迁移性。

（三）按照知识形成过程设计教学

在备课初期，笔者预测的学生的困难是：在没有任何二次函数知识的前提下，学生能应对二次函数中较为复杂的"求最值"问题吗？能顺利画出二次函数的图像并得到它的相关性质吗？从调研结果和课堂表现中发现，学生能自主将一次函数的学习经验迁移到二次函数中来，在预设的难点上没有较大的困难。

在单元起始课上，学生完整解决了"围篱笆"的实际问题，对以该实际问题产生的二次函数 $y=-3x^2+24x$ 的性质和图像也做了针对性探讨，在反思阶段，得到二次函数的概念后，提出了关于二次函数图像的形象特征的猜想，因此，在后续二次函数的图像与性质研究中，可以为学生提供更多的选择。

传统上，二次函数的图像和性质的研究是按照"由简到繁"的程序安排的，如图 3-4-8 所示。

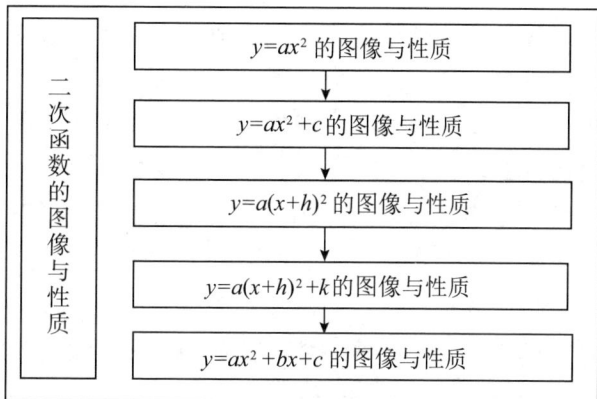

二次函数的图像与性质

- $y=ax^2$ 的图像与性质
- $y=ax^2+c$ 的图像与性质
- $y=a(x+h)^2$ 的图像与性质
- $y=a(x+h)^2+k$ 的图像与性质
- $y=ax^2+bx+c$ 的图像与性质

图 3-4-8

"从简到繁"是认识事物的一种方法，这种安排降低了问题的难度，使学生可以拾级而上，理解二次函数的图像和性质，但缺点是在这个过程中，形如 $y=a(x+h)^2$ 和 $y=a(x+h)^2+k$ 的二次函数的出现并不自然，显然是基于对一般形式的二次函数的图像先知先觉而做的铺垫，是"事后整理"的结果，而非知识真正的产生过程。因此，从学生提供更多的思考空间的角度看，直接给出这样的问题探索流程是不合理的，特别是在学生已经对一般的二次函数的图像和性质有了猜想的基础上，可以为学生提供一些繁简不同的具体的二次函数，请学生自己探索，通过描点、作图，画出图像，当发现不同的二次函数的图像形状都呈抛物线形，且画图的关键就是确定对称轴、最高或最低点的时候，再将问题转化为对二次函数的对称轴、最值点与函数解析式的关系，进而获得一般二次函数的图像与性质。

【案例评析】

合适的教学策略选择才能实现单元设计意图，"总—分—总"型单元结构和"做＋反思"教学模式则是基于问题解决的数学观和学习是已有经验的迁移的学习观的一种选择。在应用中，有以上三个问题需要关注。

第一，如何设计单元统领性问题。本案例所设计的问题，在传统的教学中是单元知识学习后的一道应用题。这是一种非常便捷有效的设计问题的方式，需要教师转变观念，相信学生能够根据已有知识建构解决问题的思路。

第二，学生在具有挑战性的单元统领性问题面前可能会遇到困难，教师应如何帮助学生突破难点。突破难点的方式有很多，其中的关键在于教师能够看到学生已有想法中的智慧、能够建立解决新问题的方法与学生已有方法的联系。

第三，在关键处停留，引导学生对单元统领性问题的解决全过程中的要点进行细致的分析，从中提取出知识。由于单元统领性问题是具体的、个别的，因此经由对这样一个问题的分析与反思未必能够得到普遍性知识，而是可能提出进一步的问题，经由研究形成确定性知识。

参考文献

[1]季苹.如何落实三维目标？（一）——对教学"单元"的再理解[J].基础教育课程，2005(8).

[2][日]佐藤学.静悄悄的革命——课堂改变，学校就会改变[M].李季湄，译.北京：教育科学出版社，2014.

[3][荷]弗赖登塔尔.作为教育任务的数学[M].陈昌平，唐瑞芬，译.上海：上海教育出版社，1995.

[4]顿继安.从"备学生"转向"研究学生"——基于学生研究的数学教学[M].北京：教育科学出版社，2015.

［5］［美］G•波利亚．怎样解题——数学思维的新方法［M］．涂泓，冯承天，译．上海：上海科技教育出版社，2011.

［6］［美］布鲁纳．教育过程［M］．邵瑞珍，译．北京：文化教育出版社，1982.

3.5 初中语文"叙事文读写"单元的教学设计与实施

【案例导读】

叙事文是通过事件表达作者的思想感情、写作意图的。什么是事件？困境—困境解决是事件的基本结构之一，即主人公因为某种目的（动机）面临的某种问题或困境，凭自我或他人的帮助，解决了问题，摆脱了困境，这就是故事的结构。事件与意义的关系就在于主人公解决问题成功或失败，透露出他所用的方法是否适当，以及方法背后的世界观是否正确，读者把故事投射到自己的生活世界中，借此理解和解释故事的主题。用直观形象的思维工具——叙事弧线去指导学生在阅读中分析故事结构，在写作中构思故事提纲，最终解决叙事文结构的建构，是卓有成效的。

一、叙事文读写教学中存在的问题及知识分析

（一）叙事文读写教学中存在的问题

在以往的阅读教学中，教师一般通过重点语句、关键段、细节描写等指导学生理解叙事文主题，或者按教案的结论确定主题。教学过程从结果倒推主题，设置多个与主题相关的问题"引君入瓮"，诱导学生得出教师想要的答案，或者让学生各自发表见解，用解读的多元化来解释主题的不确定性，而学生得出的主题往往模糊、不通透。初中生叙事文写作存在的最突出的问题是事件的详略处理不当。学生往往不加思考地一气呵成，内容写了一大堆，但关键部分却一笔带过，由此引发另一问题，就是材料详略处理与主题没有对应关系，待事件叙述差不多了，就给文章加上一个"帽子"或贴上一个"标签"，导致主题与事件脱节，或者是主题不清晰。在写作教学中，教师对学生作文评价一般从详略角度进行指导，在讲评作文时只是强调学生习作结构上的详略处理不当，每一次费心费力地写一大堆评语，在作文讲评课上有针对性地讲详略处理，但学生作文的改进并不大。教师并不知如何操作，学生也不知道如何修改。有没有直观有效的办法让学生准确把握文章的主题，恰当安排

详略？

(二)问题背后的知识分析

叙事文读写教学中，学生的困难是缺少结构意识，往往不加思考地一气呵成，结构混乱也就随之而生。学生普遍缺少叙事文结构的建构，解决的思路是帮助学生构建叙事文的结构，并在良好的结构中生成叙事文的意义。教学中对于叙事文结构的知识所教甚少，缺乏知识分析的普遍性到一般性的规律性总结。写作教学中，教师只是片面、单纯地关注学生作文中的详略问题，对于主题散乱不集中的问题，却没有深入探究。学生在以时间组织的事件表层结构的叙述方面比较熟练，但文章的意义生成于问题—问题解决，（认识上的或现实的）矛盾冲突—冲突解决的深层结构里，在这方面我们的教学是不够的，这才是学生在叙事文写作中常犯详略不当毛病的根本所在。而要解决学生叙事文写作中详略不当的问题，首先要帮助学生建构叙事文结构，指导学生明确什么是叙事文结构及叙事文结构与主题之间的关系，也就是要明确关于叙事文结构的知识及叙事文构造的思维方法。

二、选择叙事弧线作为教学策略的理由

(一)什么是叙事文的结构和主题

事件是由什么构成的？简明地说，事件就是"主人公面临困境—解决困境"，或者是"主人公面临问题—解决问题"的框架结构。主人公因为某种目的(动机)面临的某种问题或困境，凭自我或他人的帮助，解决了问题，摆脱了困境，这就是故事的结构。

那么，在这样的结构中，事件怎么就有了意义呢？或者说意义是怎样产生的呢？事件与意义的关系就在于主人公解决问题成功或失败，透露出他所用的方法是否适当，以及方法背后的世界观是否正确，读者把故事投射到自己的生活世界中，借此理解和解释故事的主题。

(二)依据叙事理论寻找易于操作的直观的思维工具

叙事弧线是叙事文中事件或者故事的组织结构的图像化的表示，运用叙事弧线表示事件的本质更加直观(图 3-5-1)。在叙事弧线当中，横轴表示故事的时间，纵轴表示故事的发展变化。一个完整的故事，叙事弧线一般可划分为五个阶段来表示故事的发展变化。第一个阶段是阐述或者叫背景，作者要告诉读者故事的主人公是谁，介绍故事发生的背

景，为即将出现的困境做好交代。第二个阶段是上升阶段，即故事的展开。这里面可以编织主人公为实现目标希望的努力，过程中主人公的困惑、隐忍和坚持，以及危机出现前的伏笔悬念等，是人物陷入困境及困境层层加深的过程，也是人物动作行为和情感力量的积蓄过程。第三个阶段是危机，它是叙事弧线的尖峰，是人物面临严峻困境所采取的行动或决定，故事从此时开始出现转折。第四个阶段是高潮，这时人物将对危机采取行动，高潮是人物解决危机的一系列事件。第五个阶段是下降动作/结局，故事放缓接近尾声。依据这个可视化的弧线，可以写出一个完整的故事，也可以把阅读中读到的故事情节变化节点清晰地标注在弧线上面，从而准确地把握故事的结构。从图 3-5-1 中可以看到，在这个事件中，主人公陷入了困境，这个困境不断地深化，直到危急关头，最后解决结束。这一过程是动态变化的过程，而在解决困难的高潮部分里表现出来的人物特点就是文章的主题。

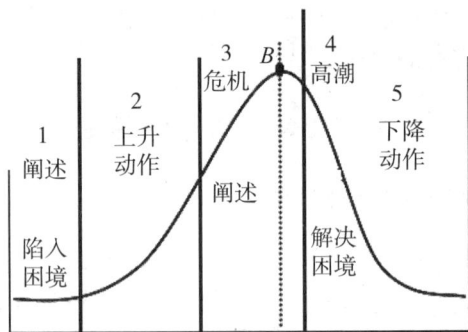

图 3-5-1　叙事弧线

"叙事弧线"的理论虽然无法解决语文教学中的方方面面的问题，但是，对于学生梳理文本内容，感知事件发展脉络，把握人物情感变化以及理解文章主题都有着积极作用。尤其是对于一部分语文学习"悟性"较弱的学生，效果比较明显。此外，掌握"叙事弧线"之后，学生们在写作中对于材料的详略处理，情节波折的设计都比之前有了一些进步。

三、单元教学设计方案

如表 3-5-1 所示，将叙事弧线作为思维工具，进行叙事文单元整合教学。

表 3-5-1

目标	教学内容	教学策略	教学评价
总目标： 落实核心素养，即培养在真实情境中解决复杂问题所需的必备品格与关键能力 具体目标： (1)把握叙事文事件问题—解决的基本结构 (2)把握叙事文问题解决结构与主题之间的关系，理解叙事文主题 (3)写出有叙事弧线的事件 (4)借助叙事弧线突破阅读测试难点	把握叙事文文章结构，理解结构与主题的关系	以胡适的《我的母亲》一文为例，借助叙事弧线引导学生理解叙事文结构与主题关系原理	对复杂叙事文事件把握要点全面，主题理解准确
	叙事文自由写作、扩写和修改	借助叙事弧线指导《对我影响最大的一个人》《青梅煮酒论英雄》扩写的修改	叙事文写作详略安排得当 叙议贴合
	叙事文阅读测试中主题及人物理解难点解析	借助叙事弧线进行科幻小说《黎明》、传统故事《三顾茅庐》阅读测试解析	阅读陌生复杂叙事文，对事件把握全面，主题理解准确

四、特色教学过程呈现

（一）在叙事文教学中运用叙事弧线把握文章结构，理解结构与主题的关系

学习胡适的《我的母亲》时，让学生尝试画出第8段和9~11段的叙事弧线，利用叙事弧线引领学生分析母亲处理除夕夜债主上门讨债和与两个儿媳妇相处艰难时不同的处理办法，以及在解决矛盾时所表现出来的隐忍、宽容、慈爱的美德，即得出文章的中心。从带领学生画的两个叙事弧线可以清晰地看出，作者都是把母亲如何处理矛盾、危机的部分写得非常详细，而在解决困难的高潮部分里表现出来的人物特点就是文章的主题。这样用叙事弧线教学，情节结构的设计直观、清晰，主题生成于详写部分内容的关系使学生易于理解。通过用叙事弧线对《我的母亲》讲授学习，基本达到了预期的教学目标，即学习多件事写人的方法；多件事写人处理详略；如何把一件事写出波澜，在突出事件主题的高潮部分要展开叙述和描写。

（二）运用叙事弧线进行作文写作和修改

讲授完《我的母亲》之后，要求学生完成一篇多件事写人作文《对我影响最大的一个人》，批阅完毕后发现学生的主要问题仍然是详略处理不当，具体表现在多件事之间只是机械的堆积，因为每件事的内部都没有写出具体的过程、没有曲折的情节和矛盾冲突的波澜，所以多件事之间是没有详略安排的。习作讲评课上，重点讲解了写两件事或多件事之间关系的要点：第一，如果写影响者是我面临困境时的帮助者、引领者。困境要有所区别，困境的程度、困境的解决问题的难度要显出差异。第二，如果写影响者自身面临某困境时在自我解决问题时对我有启示借鉴意义，困境、问题要有所区别，解决问题的难度要显出差异。然后让学生画出两件事里面详写的那个事件的叙事弧线，回去修改。

二稿返回来之后，发现有些学生的问题并没有解决，教师再进行一对一的面批。例如，张昕一的这篇文章，跟一稿相比，修改稿有了不小的进步：删掉了原稿当中空泛的众多材料，保留了母亲指导我数学学习的素材，作为略写素材；增加了一件母亲教导我诚信、自律的事件作为详写的事件，同时用叙事弧线帮助自己确立详写事件的结构；结尾的议论也有了点明中心的意识，即母亲对我产生了怎么样的影响的意识。

虽然该生有了如上的进步，但该生的作文仍存在一些很突出的问题，于是教师对该生进行了面批辅导，指导修改之处如下：第一，帮助该生重新画叙事弧线，把握一件事的结构和叙事重点。人物面临的问题、陷入困境的部分是我随父母外出旅游，提出要携带电子产品。情节的上升点有两个：一是我与母亲约法三章不过分使用电子产品；二是起初两三天我都能坚持规则不过分贪玩。困境的危机部分应该是一天我玩手机忘记了集合时间，害父母等了我很久。高潮部分是母亲对我所犯错误的处理：一是当时并没有责备我，保护了孩子的自尊心；二是等晚上没人的情况下再严厉地教育我。高潮部分是母亲对我的教育应展开详写，突出母亲教导我做人诚信、严格自律的做人原则。结局是这件事后我的领悟以及今后做人方面的变化。第二，该生两个素材的选择是合理的。在两件事中，我遇到的困境是不同的：一是母亲在学习方面影响了我，教我学习方法，让我掌握了做一类数学题的方法并懂得了坚持的治学精神；二是做人方面的，母亲引领了我，在我遇到困难时对我的影响写得较明确，但是在结尾的议论段里却写得不够鲜明准确，学生的议论完全脱离了两件事的主旨，这也是要做修改的地方。面批过程中，该生在我的辅导下当场画出了叙事弧线，重写了结尾的议论段，其余部分回家去完成。

此外，还将叙事弧线用于指导学生《三国演义》精彩章节的扩写。学生在扩写《青梅煮酒论英雄》这一回时，以金莘卉的文章为例，她的原作问题有以下几个问题。

问题1：对于情节的理解不够到位。《青梅煮酒论英雄》，实际上是一场波涛暗涌的心理战。应在扩写中叙述一些原作中没有的两人的心理对抗。原稿有一定的扩充，但是只注重了曹操一个人单方面的扩充，没有突出势均力敌、你来我往的跌宕起伏的情节特点。

问题2：没有明确的中心。原作中这一场精彩的心理战描写，表现出了《三国演义》中两位主要人物各自鲜明的个性特点。曹操是一代奸雄，狡诈多疑，反复试探刘备；刘备在走投无路时暂时依附曹操，又在玉带诏上签了字，他处处提防小心，韬光养晦，麻痹曹操，令曹操放松警惕之心。在《青梅煮酒论英雄》的故事里他还能随机应变。对于两位主角——刘备和曹操的心理描写应增加，并突出两人的性格特点，也就是突出了文章的中心。

面批提出修改意见如下。

修改1：把握原作这一章的中心，以塑造曹操、刘备两个人物的不同性格特点为中心。

修改2：通过尝试画叙事弧线找准扩点，在关键处进行扩充；故事的阐述部分是曹操邀刘备过府饮酒。上升过程中，原作中忽略了曹操遥想当年征讨张绣时讲述"望梅止渴"的情节，经过面批使学生明白，这个情节是不能忽略的。因为曹操请刘备来府饮酒，名义上是青梅已熟，这个理由名正言顺，并且谈起当年望梅止渴的经历，一则表现曹操对刘备的热络，打消他的警惕防备之心；二则表现曹操的自得之意。上升过程中，还有两人论天下英雄的情节。在弧线上可以清晰地看出，在情节的高潮部分，曹操否定了刘备列举的所有天下英雄，当然刘备此举也是收敛锋芒之计，曹操指出"天下英雄，唯使君与操耳"，曹操说这句话，分明是想试探刘备的反应，刘备先是被吓了一跳，以致掉了手中的筷子，但是他急中生智，用打雷吓得掉了筷子的谎言遮盖过去，一来一回，鲜明突出了两个人心中各有打算，真是一场漂亮的心理战的描写，那么对此时两个人物的心理活动和神态表情都应做细致的描写，曹操的老谋深算、猜忌多疑和胸怀宇宙的抱负以及刘备的韬光养晦、随机应变的特点都凸显出来了，在故事的高潮部分也就升华了文章的主题，修改时在此处应该有重点地进行扩充。

(三)运用叙事弧线理论指导学生突破阅读测试难点

运用"叙事弧线"的理论对于学生梳理文本内容，感知事件发展脉络，把握人物情感变化以及理解文章主题都有着积极作用，能较好地帮助学生解决平时测试中叙事文阅读文篇的相关题目，以下通过两个案例具体说明。

【案例1】

2017年北京西城区语文二模的记叙文是科幻小说《黎明》，这篇文章的第三题是这样的：

这篇科幻小说的结尾部分耐人寻味，请你针对这一部分提出一个问题，引发读者对主题的思考，并尝试做出回答。(4分)

这道题学生普遍答得不好。大多数同学理解为"人们对于美好生活、环境的一种向往""人类对于保护地球环境的重视和呼吁"等，答案几乎如出一辙。学生们对于小说的主题得出这样的结论，大多是因为在阅读文本时寻章摘句，只关注了一些细碎的环境描写的语句。例如，"天空依然是灰蒙蒙的。头顶的黑灰色云层又密又厚，那是由无数直径小于两毫米的碎石和矿物质粒子与冰晶混合而成的颗粒。在'大爆发'时期被火山喷发出来，一直悬浮在空中""四百二十座活火山，十三个月不间断喷发，大量的尘埃聚集到对流层。阳光遮蔽、高空风减弱、地转偏向力作用……幸亏我没活在那个年代""此刻太阳正从东方升起。人类再次沐浴在阳光中，人类再次沐浴在阳光中!"……学生认为柴虎和机器人登山、登珠峰的意义就在于能呼吸新鲜的空气，看到久违的阳光，所以理所应当地认为这篇小说的主题是对于美好环境的向往。

文章的文眼，是一篇小说的灵魂。它是隐含于文章的词句之下的一种东西，往往比较难以寻找。参加课题组之前的以往教学中，往往只让学生关注文本结尾的议论抒情句，便迫不及待地把主旨灌输给学生，当个别学生仍模糊不清时，因为课时的紧张，往往也没有给出充分的时间让学生交流讨论。学生把握文章主旨的能力并没有得到迅速有效地提升。运用"叙事弧线"理论来分析，比较轻松地解决了这个难题。

以下是运用"叙事弧线"理论的具体分析。

阐释：人类已经 100 多年没看到过日出了，100 多年，将近二三代人都是在严酷的自然环境下生存的，而且还不知道这种情况会持续多久。

陷入困境：休整后，"我"和柴虎从营地准备攀登，风更强了，空气中的雪粒被风吹起，一呼吸就会引起剧烈的咳嗽，借助冰爪和雪杖艰难地前行。

上升动作：丢失了炊具，后来柴虎又扭伤了手臂，最后一副雪杖也断掉了，而且他开始间歇性地哮喘——机器人由"人生的意义"引出柴虎"爬山的意义"再落到"此次登珠峰的意义"——北坡开始出现强降雪天气，通往峰顶的所有道路都被覆盖上了将近 60 cm 的雪。－50 ℃的低温使雪刚落到地面就结成了冰。——机器人的左腿轴承被冻坏，传动装置完全失灵。

危机：柴虎因高原反应缺氧奄奄一息。

高潮：柴虎拒绝下山，他临死时，跟机器人说："我的意义，就是你的。"这是把意义进行了一次升华，把"意义"的大旗由柴虎手中交给了机器人。这已经很明显告诉我们，通篇文章都是围绕着"登顶的意义"来展开的了。

下降动作：机器人登顶后，把黑云踩在脚下，把黎明告诉全人类，把自己的"人类部分"——心脏，沐浴在阳光中。

文章一直在提"登顶的意义"，那这个意义是什么呢？在第三部分，柴虎说他以往登山的意义，是征服高山。但当机器人问他这次登山的意义是什么的时候，他闭口不言。为什么？因为这次登山的意义不是他的本意，而是为了整个人类而登山。然而登上山顶，看到黎明，对于整个人类而言又意味着什么呢？正如文中所说："放眼望去，所有通往峰顶的路径都被隐没在风雪中，只有一条黑褐色的山脊，直直插入黑云深处，看不到尽头。""看不到尽头"这是人类的普遍情绪。一个持续这么久的巨型自然灾害，会消磨人类的求生欲，使人类精神受到摧残，使人类延续面临崩溃。所以，在这种背景下，柴虎——这名登山家，这名曾经战胜过许多自然困难而取得胜利的英雄，才会去向摆在人类面前最大的自然困难发起挑战。如果柴虎成功了，那么意味着人类也有可能成功，人类也就看到了战胜自然的希望，人类战胜困难的信心就会增强，才能保证人类的物种延续。

所以，这篇小说的主题不仅仅是人类对没有污染的美好环境的向往，而是通过对一名登山家柴虎和他的助手机器人在恶劣自然环境下挑战珠峰，而最终取得成功的详细描写，从而表达出人类能够战胜自然灾害，"人定胜天"的一种精神传承。

用弧线可以清晰地梳理把握叙事文的结构：事件主人公陷入了困境，这个困境不断深化一直到了危机的关头，最后解决。主人公在处理危机时采用的方法和表现出来的世界观，就是我们要找寻的作品的主题。

【案例 2】

下面是西城区 2018 年七年级某次测试中的试题。

阅读《三顾茅庐》故事，第三题是这样的：

分析故事情节和人物描写，用词语概括刘备、关羽、张飞的性格特征。（3 分）

学生作答这道题的时候，普遍是粗粗浏览文章，寻章摘句，再加上自己的大致分析，简单概括出几个词语而已，缺乏对作品主题的理解，对人物的性格特征分析仅仅是"贴标签"而已，对如何得出的结论，他们也不能说清楚。其实三顾茅庐的故事，叙述的是刘备克服种种困难，最终用诚意打动了孔明，请得孔明出山辅佐自己。那么刘备在解决困难过程中采用的方法和解决困难过程中表现出的人生观、价值观就是作品的主题，所以这道题虽然表面看是单独分析人物，其实还是要梳理整个文篇的结构，把握作品的主题，在此基础上就能较好地解决这道题。同样运用叙事弧线理论来进行讲解，如图 3-5-2 所示。

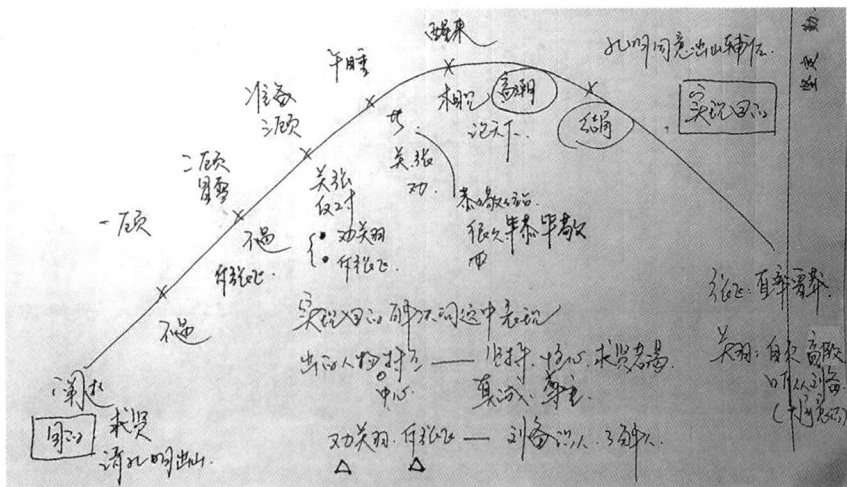

图 3-5-2

阐述：刘备听了司马徽和徐庶的推荐，要前往隆中拜访孔明，请他出山。

陷入困境：孔明云游不在隆中，刘备只得怅然离去。

上升动作：刘备准备第二次去隆中，张飞很不满，刘备斥责他；二顾茅庐又赶上天下大雪，孔明仍然不在家。刘备只得留下书信，怏怏而归。冬去春来，刘备准备三顾茅庐，关、张二人非常不满，刘备耐心向关羽解释求贤必须诚心，对张飞的无礼大声斥责。

危机：来到隆中，孔明在家，但是却在午睡。

高潮：刘备恭敬地站在房外台阶下，站了很久等先生醒来。

下降动作：刘备和孔明隆中对后对孔明佩服不已，再三恳请孔明出山辅佐自己，孔明被刘备的诚意感动同意出山。

整个故事里，刘备面对一次又一次的困难，表现出了求贤若渴、坚持不懈的可贵品质，正是文章的主题。同时，面对两个异姓兄弟，他"教育"的方式是截然不同的，为什么呢？正是因为刘备非常了解他们：关羽最大的特点是自负高傲，所以压根瞧不起布衣之身的孔明，才会反复阻拦刘备去隆中；张飞鲁莽、直爽、急躁，所有跟他讲理是没有用的，只能厉声斥责。但是关、张都很忠义，听从刘备，所以最终还是跟随刘备三顾茅庐。这样分析下来，关、张二人的性格特点也就清晰了，水到渠成，教学中取得了较好的效果。

五、运用叙事弧线提升叙事文读写的有效性

(一)提升学生叙事文读取写能力及核心素养

1. 叙事弧线是思维的方法，能教给学生把握叙事文的方法，提升叙事文读写的思维品质

以往学生在阅读文篇时经常把握不准作品的主题，或者根本不知道什么是主题，主题是从何而来的。直观的叙事弧线，能够帮助学生搭建起所写的材料与主题之间的桥梁。学生有时不懂什么能成为写作的素材。用叙事弧线告诉他事件最初的状态，起点是困境、生活中的矛盾，这就构成了叙事非常重要的开始；事件是要发展和解决的，要关注发展和解决的过程；日常生活中的过程可能比较长，不一定很顺畅，最终可能有不同的结果，这就构成了叙事性的题材。如上面作文案例中的学生一样，当该生知道了这些要素能构成事件后，构思时他就会去关注母亲

帮他解决问题的过程，过程中理解了母亲处理问题的方式，懂得了自律，懂得了信守承诺，重新自省，达到认识上的提升。这也是一种教育，而且跨越了学科教学本身。

2. 叙事弧线是培养学生核心素养的一条路径

核心素养是学生在知识、能力、特长、习惯、气质、品格等方面的综合体现。对精神提升有帮助的叙事文才是好的叙事文。学生认真深入地阅读叙事文，能够学习一个人面对纷繁复杂的生活场景、事情的解决问题的能力和必备品格；叙事文提供的是让他关注文章中的人物遇到了哪些困境，人物是如何解决困境的，背后运用了哪些正确的价值观、态度，具备了哪些必备的品格和哪些能力。一方面教给学生读懂文章，另一方面也使学生获得了人生的帮助。

（二）教师从学科教学转向学科教育的高度

1. 对于把握主题更加准确

教师在教学上并不缺乏专业的学科知识，但是在理论学习之前，教师的知识结构是散的，而现在的知识是结构化的，体现在阅读教学中单篇到系统建立了联系；写作和阅读的聚焦直接产生了变化。在以往阅读教学中，教师对作品的主题往往把握不准，他们会按教学参考书或者现成的教案的结论从结果倒推；现在教师能通过把握事件的本质得出主题，掌握了事件和主题的路径、从问题解决到主题的路径。现在能够依据叙事文的构造原理去发现主题，再用别的资料去加以印证。

2. 单篇到系统建立了联系

以往阅读教学和作文讲评都比较随意，知识不系统，迁移比较难；现在教完了一篇就可以在叙事结构理论的基础上进行迁移：从教材上的现代文、文言文教学，到分析中考记叙文命题，再到作文教学。既有共同点，又有个性化特点，记叙文建立起了系统性。

3. 阅读教学和写作教学读写结合的点高度聚焦

阅读中分析故事结构与写作中构思故事提纲是一回事，不论是阅读还是写作，都是聚焦在叙事文结构构思的方式上。阅读教学实际上要教的是作者如何用材料表现主题，材料之间的关系就是文章的结构，这与学生写作是一致的。

原先的读写结合的知识是散乱的，两者不能聚焦；现在聚焦是一致的，如何表达，如何叙事；作文的指导也发生了变化，有了知识的支撑；知道学生的问题在知识结构的哪个部分，指导的方向在哪里。以往的读写结合课型，教师在写的环节设计上并不清晰，没有什么规律，不知道写什么，与文章阅读解决的重点往往结合不到一个点上，使得有的读写结合变成了写收获、感悟、读后感之类。在阅读教学中，我们从文篇的结构和主题的分析获得叙事文是如何通过事件表达主题的经验，指导迁移到学生写作当中去，这才是有效的读写结合。

【案例评析】

1. 叙事弧线策略以叙事文生成机制知识为基础，与以往"六要素"知识有相通之处，也有差异，因为涉及知识更新，教师体验理解运用新知识需要时间。

2. 从教师理解与运用再到学生的体验、理解、运用的建构过程还是需要时间的。如何缩短知识更新时间，提高时效性是本研究的最大问题。

3. 关注叙事文结构作为解读文本的方法之一，不同教师对理论的理解不同，将理论运用在具体文本理解中及实际的教学操作中还有待完善。

参考文献

[1][美]杰拉德·普林斯. 叙事学——叙事的形式与功能[M]. 徐强，译. 北京：中国人民大学出版社，2013.

[2][美]杰克·哈特. 故事技巧——叙事性非虚构文学写作指南[M]. 叶青，曾轶峰，译. 北京：中国人民大学出版社，2012.

3.6 初中化学"实验研究物质的组成"单元的教学设计与实施

【案例导读】

在初中化学中，测定空气里氧气含量、水的电解等是研究物质组成的重要实验，且分散编排在不同主题或课题中。需要思考的是，教学中如何能顾及单个实验相对独立的具体知识和技能，又不忽视它们之间的内在联系，并将其蕴含的"实验研究物质组成的思路方法"加以贯通，从而给予学生科学思维的启迪？本案例在这方面做了积极尝试。

"物质的组成"是中学化学课程的重要组成部分。《义务教育化学课程标准(2011年版)》要求"认识身边一些常见物质的组成、性质及其在社会生产和生活中的初步应用"。对于生活中最为常见的空气、水、溶液等物质，人教版初中化学教科书中安排有测定空气里氧气含量、水的电解、溶液的形成与浓度等实验，这些分散编排在不同课题中的实验所涉及的具体知识和技能有所不同，但它们都承载着对"实验研究物质组成的思路方法"这一核心内容的渗透和具体化。关于这些实验，以往的教学往往关注具体知识的识记和技能训练，而忽视对这些具体实验所蕴含的化学学科研究物质组成的原理和思想方法的渗透与贯通，造成学生难以理解这些实验之间的内在学科逻辑及其解决相关问题的思路方法，这直接影响到了学生解决问题能力的形成与发展。针对这种情况，本研究以大概念为指导，通过整合相关内容来构建"实验研究物质的组成"单元，并试图在单元教学中以驱动性问题来引领学生把握相关知识间的内在本质联系，促进学生的认识逐步向纵深发展，从而帮助学生形成较为系统的知识结构以及解决相关问题的思路方法。

一、知识分析

实验研究物质的组成包括研究物质的组分(对混合物而言)和物质的元素组成(对纯净物而言)两大方面；可从宏观(组分或组成元素)和微观(微粒种类及其数量关系等)来进行，初中阶段以前者为主；有定性分析(如物质由哪些成分或元素组成、物质含有某种组分或元素、某水溶液中有哪些离子等)和定量研究(如混合物中某组分含量及各组分比例的研究、水溶液中离子的浓度及不同离子的数量关系等)之分。

实验研究物质组成的一般思路包括为什么测(目的)、测什么(物质)、如何测(原理)、用什么测(化学药品、仪器和装置等)等关键要素，明晰这些关键要素及其内在关系，有利于学生系统把握具体实验的原理和方法，从而建立起解决问题的一般思路。例如，"测定空气里氧气含量"研究，是根据氧气的化学性质(如助燃性)，通过氧气与某种物质的反应(如红磷燃烧)来消耗空气中的氧气，借助在密闭体系中反应前后的压强差把看不见的氧气减少量转化为能观察到的量。研究某化合物元素组成的原理和方法可借助"分解"或"化合"反应，分析元素种类和量的变化，从定性、定量等方面开展研究。例如，"水的组成"研究，是依据"化学反应前后元素种类不变"，借助氢气的燃烧、电解水等实验，通过实验现象和生成物的检验，从而推断水由氢、氧元素组成。随着这些内容的学习，学生将逐渐拓展和丰富对物质的组成与性质、组成与物质分类、实验研究物质组成的原理与方法等相关知识的认识。不仅如此，还需依据物质的组成和结构决定其性质、物质的性质反映物质的组成和结构等学科大概念，从物质的性质与其组成的内在联系的角度，进一步领悟到实验研究物质组成的核心思想：在常规实验中，需要借助或依据物质的外在性质与反应来研究物质的内在组成。因此，对于上述测定空气里氧气含量、水的电解等典型实验的学习，不仅期望学生了解某个具体实验的原理与方法，还要启发学生拓展到认识并形成解决一类问题的一般思路，如测定气体混合物中某种组分含量、纯净物元素组成的一般思路，进而能将其应用于解决一些简单的物质组成问题。

针对初中化学教学要求，现以"实验研究物质的组成"为统摄来整合相关内容，其中各教学内容及其所蕴含的实验研究物质的组成的一般思路如表 3-6-1 所示。

按照表 3-6-1 所示，以"物质的组成"及其实验研究的思路方法为统领，重组而成的主题为"实验研究物质的组成"的系列内容，是一个在知识结构上有内在本质关系、在原理方法上逐渐拓展的整体架构，有利于帮助学生打通和建立相关内容之间的联系，通过领悟具体知识背后的本质和思想方法，实现认识的拓展和深入。

表 3-6-1 "实验研究物质的组成"典型内容及一般思路

研究对象	典型内容	具体实验	实验研究物质的组成的一般思路
气体混合物	对人体吸入的空气和呼出的气体的探究	人们吸入的空气与呼出的气体有什么不同	利用混合气体中主要成分的典型性质进行检验，以比较其成分含量的多少和差异
	空气的组成	拉瓦锡测量空气成分的经典实验、红磷燃烧法测定空气里氧气含量的实验	借助混合气体中某种气体的性质与反应，从混合气体中除去或消耗某种气体进而测定其含量
纯净物	水的组成	电解水实验、氢气的燃烧	通过实验将该物质分解成简单且便于检测的其他物质或利用已知的物质通过反应生成该物质，依据化学反应中元素不变从而确定该物质的元素组成
反应后的混合物	反应后固体成分的探究	氢氧化钠、生石灰干燥剂、双吸收剂等变质问题	某些物质暴露在空气中会与空气中的二氧化碳、水或氧气等反应生成其他物质，利用该物质及其生成物的性质差异进行实验检测，可以确定该物质是否变质、是部分变质还是完全变质
	酸碱盐反应后溶液成分的探究	酸和碱的中和反应酸碱盐反应后溶液成分	依据常见物质或离子的性质与反应规律，利用常见酸碱盐的溶解性和溶液的相关知识，分析和确定反应后溶液的组成及溶液的酸碱性等

二、单元知识重组的意义

单元的构建依赖于教师对学科知识的本质把握，以及以此形成的对学生知识理解、思维发展和能力培养的系统考虑。从具体的学习内容出发，梳理和挖掘具体内容背后更为本质的思想或观点（大概念），就成为系统分析和重组单元知识的关键所在。在初中化学教学中，以大概念为统领确定"实验研究物质的组成"单元主要是基于以下考虑。

第一，实现具体知识内容与学科大概念的对接。学科大概念是反映学科本质、具有普遍适用性的统领性的思想或观点，体现了学科独特的视角和思维方式，具有认识论和方法论的意义。

从化学学科的研究对象及研究的问题看，物质的组成和结构特点是物质所具有的决定物质性质的基本属性。化学学科独特的视角之一是从物质的组成来认识物质，即研究物质究竟是由哪些最基本的物质或成分构成的，并依据物质的组成将其分类和归纳，以此达到深入了解和利用物质的目的，而实验是实现研究物质组成任务的重要手段和方法。以"物质的组成"这一学科基本问题及其实验研究的思想方法为统领，将空气的成分、水的组成等相关内容重组为"实验研究物质的组成"单元，有利于教师从学科大概念的视角来俯视这些具体知识内容，从而能够把握教学内容的本质和关键所在。通过大概念构建起简约而深刻的单元知识逻辑框架，可以起到提纲挈领、纲举目张的作用。

第二，统筹教学内容的联系性与学生认识发展的递进性之间的关系。学生的学习和发展是一个循序渐进的过程，需要教师结合课程内容和学生实际来整体规划学生的发展目标及其具体的课时目标。聚焦学科内容本质，以大概念为统领来组织教学内容，有利于教师把握知识内容的内在联系和递进关系。

从人教版教材内容来看，研究物质的组成实验涉及人体吸入的空气和呼出的气体成分的探究、空气里氧气含量的测定、溶液的组成等，也涉及纯净物元素组成的探究，如水的组成等，还涉及"酸碱盐反应后的溶液成分探究"等。这些内容是逐步学习的，其侧重点及教学要求有所不同，现从学科知识的本质联系入手设计"实验研究物质的组成"单元，通过具体知识背后更为本质的思想方法（大概念）打通这些处于分散编排且相对独立的具体内容之间的内在联系，从整体上把握个别与一般、个别与个别的关系，有利于教师把握教学的整体性和学生认识发展的递进性，促进教师思考如何根据学生的学习进程来设计和组织具体课时的教学，帮助学生以结构化的、连贯的方式来进行思考和理解。

第三，兼顾学生知识学习、思维发展和能力培养的协调同步。学科知识是学习的载体，是学生思维发展和能力培养的基石。围绕学科大概念组织单元教学，帮助学生厘清事实、概念、方法及价值等知识之间的关系与结构，领悟具体知识背后更为本质的学科思想或观点，对于学生思维发展和能力培养能起到方向引领、铺路搭桥、拾级而上的作用。

"实验研究物质的组成"始于"探索物质到底是由什么组成的"这一问题，对这一问题的分析以及利用实验解决这一问题的过程中蕴含丰富的教育功能，如对实验体系(原理、装置、操作及其相关关系)的认识，了解化学家是如何利用实验的方法研究物质组成的，体会实验在物质组成研究和学习中的重要作用；对实验现象的观察，从观察到的现象中发现"证据"，对"证据"进行分析和推理，进而获得物质的组成情况等，让学生经历这一系列的过程，将使学生获得科学思维与方法的启迪和发展。不仅如此，"实验研究物质的组成"单元教学可以逐渐而连贯地发展学生从组成的角度加深对物质及其变化的认识，帮助学生逐渐形成有关物质组成的知识结构以及利用实验解决相关问题的思路方法，提升解决相关问题的能力。

三、单元教学方案

依据上述对教学内容的系统分析和学生学习发展需要的考虑，确定单元主题为"实验研究物质的组成"，其教学目标兼顾知识与方法多个维度，在学习具体知识技能的同时，重在促进学生形成实验研究物质组成的思路方法，并能将其运用于分析和解决相关的简单问题。

为了便于在一定范围内可以较好地从整体上把握教学，围绕促进学生"形成实验研究物质组成的思路方法"这一单元核心目标，按照物质组成研究、反应后溶液成分研究两大方面构建单元教学内容(表 3-6-2)：从身边常见物质组成的研究入手，包括空气(混合物)的组成、水(纯净物)的元素组成，再深入研究反应后溶液的成分，将研究视角拓展到反应体系，这样引导学生从物质、反应两大维度形成对实验研究物质组成方面的知识和方法的整体认识，在学习实验研究物质组成的具体知识和技能的同时，能够体会到不管是纯净物还是混合物，研究其背后总有其内在相同的核心思想和方法做统领。

表 3-6-2 "实验研究物质的组成"单元教学安排

主要内容及认识角度		课时安排
物质组成的研究	气体混合物成分的研究	空气的组成(1课时)
	纯净物元素组成的研究	水的组成(1课时)
反应后溶液成分的研究	酸碱盐反应后溶液成分的探究	酸和碱的中和反应(1课时) 氢氧化钠溶液变质的研究(1课时) 酸碱盐溶液反应后溶液成分的研究(1课时)

限于初中生的认知基础和接受能力，如表 3-6-2 所示的教学内容不宜集中学习，而是结合相关内容逐渐完成的。为此，本单元的教学需要在整体中把握局部，处理好个别与个别、个别与一般的关系，即以促进学生"形成实验研究物质组成的思路方法"这一单元核心目标为导向，在具体知识和技能学习的同时采取适当的方法不断外显和强化，逐渐而连贯地扩展认识角度和知识体系，以此帮助学生形成结构化的知识和实验研究物质组成的思路方法。例如，对于空气这一混合物的学习，期望学生能够利用空气中不同物质其性质不同的特点来证明空气由不同物质组成，形成依据组分将物质分为混合物和纯净物的认识思路；通过实验研究空气里氧气含量，初步形成对实验体系（原理、装置、操作及其相关关系）的认识、对实验现象的观察与分析，而且其承载对实验研究气体混合物中某种组分含量的一般思路的学习；又如，对于"水的组成"的学习，通过对电解水、氢气的燃烧等实验现象的观察与分析，不仅要知道水由氢、氧元素组成，依据元素组成将纯净物分单质和化合物，从元素组成上区分氧化物等，而且更为重要的是启发学生认识到依据化学反应中元素不变形成实验研究纯净物元素组成的一般思路。

四、单元教学实施

现列举实验研究空气里氧气含量、水的组成、酸碱盐反应后溶液成分研究 3 个教学片段，以呈现"实验研究物质的组成"单元下的具体教学实施情况。每一个教学实践片段均从目标单元下的教学内容与目标、主要教学活动两部分进行介绍。

（一）教学实践片段：实验研究空气里氧气含量

【教学内容与目标】

"实验研究空气里氧气含量"包含两部分内容：一是科学家拉瓦锡通过测定空气成分的实验，改变了人们的错误观念，澄清了人们对空气的认识；二是仿照拉瓦锡的实验原理，利用红磷燃烧法测定空气里氧气含量实验。其主要教学目标如下。

（1）通过分析科学家研究空气组成的实验，初步形成对实验体系（原理、装置、操作等）的认识，能依据实验事实通过性质差异初步分析空气中有氧气、氮气。

（2）仿照拉瓦锡测定空气成分的实验，形成对用红磷燃烧法测定空气里氧气含量实验的理解，通过实验测定空气里氧气体积含量，体验依据实验目的，根据反应物、生成物的性质，以及反应特点进行实验方案设计对减小测定氧气体积含量误差的重要性。

（3）通过分析、对比不同科学家对空气的研究，初步体会科学家研究气体混合物组成的思想和方法，体会科学家研究物质的严谨的科学态度。

【主要教学活动】

围绕单元核心目标，"实验研究空气里氧气含量"教学思路如表3-6-3所示。本节课中注重对经典实验的分析，通过研读拉瓦锡的实验，经过思考、讨论，引导学生认识研究物质组成实验的三个必不可少的要素。①原理：选择适宜的化学反应体系（只与氧气反应、着火点适合、耗氧量高、生成物要求）；②装置：密闭反应装置连接呈现气体压强变化的液体装置；③操作：保证气密性、完全反应、减少温度影响，并初步形成对这三者之间关系的认识。然后按照这三要素来模仿用红磷燃烧法测定空气里氧气含量，将实验研究物质组成的方法再次巩固、加深，为学生以后再遇见混合物中某成分含量的测定时能迁移运用打下一定的基础，同时也为研究水的组成提供思考的路径。

表3-6-3 "实验研究空气里氧气含量"教学思路

学习任务	驱动性问题	学生认识发展
明确问题	问题1：如何证明空气里含有氧气？如何测定空气里氧气含量？	调用已有知识，能够依据氧气的助燃性，用实验证明空气中含有氧气，进而思考空气里氧气含量如何测定的问题
拉瓦锡测定空气成分实验	问题2：拉瓦锡是如何测定空气中氧气含量的？ 问题2.1：为什么选择汞作为消耗空气中氧气的物质？ 问题2.2：曲颈甑的作用？ 问题2.3：为什么要加热12天？ 问题2.4：如何确定容器内空气的体积减小了1/5？ 问题2.5：加热氧化汞实验有什么作用？	从原理、装置、操作等角度分析和理解拉瓦锡测定空气成分的实验

续表

学习任务	驱动性问题	学生认识发展
红磷燃烧法测定空气里氧气含量	问题3：你能模仿拉瓦锡的实验，验证空气中氧气体积含量吗？ 问题3.1：能用红磷代替汞测定氧气含量的理由？ 问题3.2：反应装置中如何体现氧气的量？ 问题3.3：如何操作能使测量结果更准确？	模仿拉瓦锡空气组成实验，按照实验体系三要素，对用红磷燃烧法测定空气中氧气含量的实验进行分析和设计，体验实验的过程和方法，体会化学实验的严谨性
总结提升	问题4：通过实验研究空气成分的学习，你有哪些收获？	从定性、定量角度总结实验研究空气里氧气含量的原理与方法，从中领悟实验研究气体混合物成分的一般思路

(二)教学实践片段：水的组成

【教学内容与目标】

"水的组成"教学以"化学反应前后元素种类不变"为指导，借助氢气的燃烧、电解水实验及其产物的检验，并结合用分子、原子的知识分析电解水的微观过程，即从宏观现象的分析转向微观本质过程的解释，通过实验验证纯净物水的组成元素，并以此为基础领悟实验研究纯净物元素组成的一般思路。其主要教学目标如下。

(1)通过对电解水实验和氢气燃烧实验的观察与分析，能从微观角度说明电解水反应的实质，了解实验研究水组成的方法，初步体会实验研究纯净物元素组成的一般思路。

(2)通过实验了解水由氢氧两种元素组成，学会从组成元素角度认识和区分纯净物，知道根据元素种类可以将纯净物分为单质和化合物(氧化物)。

(3)通过对实验方法的分析对比感受科学的严谨性，能对观察到的现象进行分析并发现"证据"，能依据所发现的"证据"进行推理获得结论，培养实事求是的科学态度。

【主要教学活动】

围绕单元核心目标，"水的组成"这节课的教学思路如表3-6-4所示，其中课的引入环节为一则新闻——火星上发现水。那么我们要思考，火星上发现水是靠物质性质确定的，还是靠组成、结构确定的呢？由此引导学生要从物质的组成、构成角度利用其本质特征进行判断，更加突出实验研究物质组成的重要性。本节课所承载的主要功能是通过宏微结合学习实验研究纯净物组成的思路方法，从元素组成，再到分子中原子构成，为后续学习打好基础。

表 3-6-4 "水的组成"教学思路

学习任务	驱动性问题	学生认识发展
明确问题	新闻素材：火星上发现水 问题 1：如何确认火星上发现的是"水"？	关注"水"这一常见物质，调研已有知识，从性质、组成的角度进行思考
实验研究水的组成	问题 2：如何验证水的组成元素呢？ 问题 2.1：科学家拉瓦锡是怎么做的？他的理论依据是什么呢？ 问题 2.2：观察电解水实验，根据电解水实验现象能得出什么结论？	学生猜想与讨论后提出自己设计的几种方法；阅读 81 页，学习和感悟科学家严谨的科学态度并获得新的研究方法，观察实验现象并记录在实验报告上，通过讨论得出结论；依据反应前后元素种类不变，体会实验研究纯净物组成方法
分析水电解的微观过程	问题 3：你能从微观角度分析水电解的过程吗？	学生画图或摆放小磁扣，阐述水电解的微观过程，分析水通电分解的微观本质，培养宏微结合的科学思维方法
依据组成元素的种类将纯净物分为单质和化合物（氧化物）	问题 4：比较水的电解反应前后，反应物和生成物的元素组成，它们有什么相同和不同，如何将它们分类？ 追问：为什么要研究物质的分类？	观察水、氧气、氢气的组成元素，寻找规律完成分类。陈述氧气、氢气、水的化学性质、类别和组成元素的不同，领悟物质组成与性质之间的关系，体会依据元素组成将物质分类对研究物质组成和性质的重要性
总结提升	问题 5：通过"水的组成"的学习，你有哪些收获？	从物质的分解、化合角度总结实验研究水的组成的原理与方法，从中领悟实验研究纯净物元素组成的一般思路

（三）教学实践片段：酸碱盐反应后溶液成分研究（复习课）

【教学内容与目标】

根据化学中考的要求，需要在复习阶段利用实验研究常见的酸碱盐反应后"溶液"的成分，将学生实验研究物质组成的能力进行综合提升。基于学生已有基础和发展需要，教学中要求综合运用所学知识（常见物质间的反应规律、常见酸碱盐物质的溶解性和溶液的相关知识），根据物质性质特性或差异性进行实验设计方案的分析，并进行有目的的观察，进而根据现象所反映的性质确定物质或水溶液中微粒的种类。其主要教学目标如下。

（1）利用所学知识分析反应后溶液中的成分，感受混合物中物质共存原则，能够应用该原则从宏微结合的角度分析反应后溶液中的物质组成。

（2）运用观察、比较、分析和归纳的方法，能对反应后溶液的信息进行收集、处理以及交流表达，培养科学严谨的态度、细致的观察能力，通过分析推理获得正确实验结论的学习习惯。

【主要教学活动】

本案例属于复习课，与前面实验研究物质组成的课进行前后呼应，并将研究物质的组成引向深入，引导学生将宏观现象与微观解释相结合，从离子角度把握水溶液中物质间的反应及反应后物质的主要存在形态，以此促进学生对实验研究物质组成的深入认识，其教学思路如表3-6-5所示。

表 3-6-5 "酸碱盐反应后溶液成分研究"教学思路

学习任务	驱动性问题	学生认识发展
明确问题	情境素材：实验后留下的溶液问题1：怎么知道这瓶溶液的成分？	关注常见的酸碱盐反应，并思考如何确定反应后溶液成分的问题
提出猜想	问题2：你能试着分析这份溶液的组成吗？	调用已有知识，依据常见酸碱盐之间的反应，从反应物的种类、性质、用量及反应后生成物的溶解性等角度来进行分析，能应用共存原则进行反应后溶液中物质组成的推测
实验验证	问题3：你能设计实验，验证你的猜想吗？	学会利用物质的性质设计实验，完成简单的反应后溶液组成的实验验证
微观分析	问题4：根据你所进行的实验验证，你能试着说一说哪些离子参与了反应？	了解用简单的离子反应可分析"溶液"问题，了解复分解反应的微观本质，体会到离子反应在分析一些酸碱盐反应后的混合物组成时，有一定的指导作用

续表

学习任务	驱动性问题	学生认识发展
总结提升	问题4：通过这节课的学习，大家在知识和方法上有哪些收获？有哪些新的认识？	依据常见酸碱盐物质或离子的性质与反应规律，利用物质的溶解性和溶液的相关知识，分析和确定反应后溶液的组成及溶液的酸碱性等

五、单元教学感悟

学生的学习与能力形成是一个循序渐进的过程，需要教师结合课程内容和学生实际整体规划学生发展目标及其具体的课时目标。以学科大概念为统领，聚焦学科内容的本质和关键问题，选择并实施以"实验研究物质的组成"为主题的单元教学，将单元目标的核心定位于促进学生形成解决问题的思路方法，对于学生的化学学习有着积极影响，其意义在于这一核心目标是通向迁移应用的方法性工具、是由知识转化为能力的重要桥梁。

要促进学生"形成实验研究物质组成的思路方法"，其教学策略不是局限于对具体知识的简单记忆和技能的机械训练，而是以学生思维发展为核心来组织教学活动，为此在本单元具体内容的教学中都设计有与学科大概念相呼应、有一定挑战性的"学习任务"和"驱动性问题"。通过任务驱动和问题引领等教学策略，引导学生对实验研究物质组成的典型实验展开分析与探究，促进学生形成对学科内容本质的认识，能够基于学科知识本质和思维方法去分析和解决相关问题，让学生思维发展、能力提升能够与具体知识的学习协调同步。

开展目标单元教学能够促进教师从教学实践改进中学习并获得专业发展。以前写教案都是学生要学哪儿了才写哪儿，经过一段时间的目标单元教学实践后有所发现，每个课题的内容都是和前后几节内容相互联系和逐渐发展的，只有通过整个目标单元的连贯掌握，才会真正体会它们之间的内在联系以及认识角度的拓展和认识深度的渐变过程。教师通过知识分析和学情分析来确定学生发展目标，促进了教师对学科知识结构与思维方法更为深刻的理解。对学情的了解，有利于教师对课程教学内容的宏观把握，教学过程中能较为自觉地聚焦于本单元的知识结构以及解决问题的思路方法，让学生体会到知识和方法学习的连贯性和生长性。单元教学能够衡量教师教学和驾驭教材的能力。如何建构基于学科内容本质与思维方法促进学生认识发展的目标单元，需要教师不断增进学科理解，提升课堂教学能力。

【案例评析】

学生知识学习与能力发展是分阶段和有明确路径的，需要教师结合课程内容和学生实际整体规划学生发展目标及其具体的课时目标。本案例聚焦学科内容本质，以大概念为统领来组织教学内容，依据知识间的联系性和递进性，采取任务驱动、问题引领、知识关联、方法提炼等策略，促进学生对知识的深刻理解，形成解决问题的思路方法，进而实现由知识向能力的转化。如何把握知识间的本质联系，并基于学生认识发展的递进性来开展目标单元教学，依赖于教师的学科理解以及教师对课程内容及其教学的系统把握。

参考文献

[1]中华人民共和国教育部．义务教育化学课程标准（2011年版）[S]．北京：北京师范大学出版社，2012.

[2]人民教育出版社，课程教材研究所，化学课程教材研究开发中心．义务教育课程标准实验教科书•化学（九年级上）[M]．北京：人民教育出版社，2012.

[3]人民教育出版社，课程教材研究所等．义务教育课程标准实验教科书•化学（九年级下）[M]．北京：人民教育出版社，2012.

[4]何彩霞．化学观念统领下的知识结构及认识思路——以"物质组成"知识为例[J]．化学教学，2015(8).

[5]余文森．核心素养导向的课堂教学[M]．上海：上海教育出版社，2017.

[6]季苹．如何落实三维目标？（一）——对教学"单元"的再理解[J]．基础教育课程，2005(8).

3.7 初中体育"身体素质"专项强化单元的教学设计与实施

【案例导读】身体素质是运动技能形成的基础，不同的运动项目学练要求不同的身体素质，如何结合学生身体素质发展敏感期以及学生身体发育阶段特点，去"定制"身体素质练习的内容，全面实效设计身体素质练习，构成基于大单元教学的"身体素质链"和"身体素质块"。同时练习安排恰到好处，练习形式多种多样，有兴趣、有强调、有实效、有质量达成体育与健康课程目标。因此，确定好初中阶段单元目标，整合练习内容，而设计单元活动是当前体育与健康课程实施中的热点难题，本案例仅仅提供一种参考。

一、关于身体素质锻炼的学生调研

（一）学生调研

学生的身体素质好坏是初中阶段学生学习动作技术的基础。每个年级学生的身心特点及身体素质各不相同，结合学生身体素质发展的敏感期，因此发展的重点也不同。

七年级的学生对于身体素质的发展认识还较模糊，肌纤维较细；力量、速度的基础较弱；关节活动的稳定性比较差；心肺功能的发育还不健全。在选择身体素质练习方法和手段时要符合该年龄段的特点，重点要培养学生的兴趣，在课时计划中要以游戏为主。同时要求素质练习运动量与运动强度要合理有效。

八年级的学生经过一年的基础训练，综合身体素质都有所提高，他们也渐渐适应了初中阶段的体育教学。身体素质练习的力量、柔韧、耐力都应该全面进行提高，方法和手段也需要多变、新颖，重点培养学生的成就感，在课时计划中要以比赛为主，素质练习的强度达到中等强度以上。

九年级的学生身体素质综合能力部分有了长足的进步，绝大多数的学生已经为九年级体育中考储备好了一些能量。在教学中，应该关注每个学生的身体素质情况，特别是部分身体素质较差的学生。同时也应关注学生体育中考项目的练习情况，学生选择项目的力量、速度、耐力以及身体的柔韧和灵敏应是教学设计中的关键。

（二）对学生表现的深度解读与单元教学目标

1. 学生表现的深度解读

身体素质是指人体机能活动的一种能力，包括力量、速度、耐力、柔韧和灵敏等能力。身体素质是衡量学生体质状况的一个重要方面，而体质测试、体育达标、体育中考成绩的好坏直接反映了学生身体素质的状况，同时也反映出学校的体育教学质量。从体育中考政策出台、文件颁布及其重要性分析来看，国家层面更多聚焦体育中考以增强学生体质，体育中考的确对学生身体素质有积极影响，体育中考项目的测验离不开学生身体素质的基础。两者之间存在着相互依存、协同的关系，互为影响、互为促进。

与此同时，良好的身体素质是学生掌握运动技术、技能和提高健康水平的基础。在初中阶段的体育课中，身体素质作为主教材内容的补充和辅助练习，以"课课练""天天练"等方式融入初中三年的学段教学计划中。身体素质的基本训练、提高训练以及强化提高是一个长期的过程，不仅需要正确有效的方法，更需要长期的坚持，日积月累，还需要将身体素质的训练放在学生整体系统的教学中通盘考虑，结合初中阶段教学内容、体育中考项目的运动技能学习和考前强化，针对性、嵌入型地融入初中学段的整体教学中，构成基于大单元教学的"身体素质链"和"身体素质块"，为体育中考取得优异成绩以及以后的体育学习奠定良好的基础。

2. 单元教学目标

(1)七年级单元教学目标。

认知目标：了解身体素质发展的重要性，让学生知道身体素质发展是学生运动技能的重要构成因素。

身体素质目标：通过力量、速度、耐力、协调、灵敏等身体素质练习，提高学生的综合能力。

情感目标：通过练习培养学生良好的自信心、相互合作、克服困难以及勇于突破自我的精神。

(2)八年级单元教学目标。

认知目标：让学生知道全面提高身体素质的重要性，激化学生参与练习的积极性和主动性。

身体素质目标：通过力量、速度、耐力、协调、灵敏等身体素质练习，提高学生的综合能力。

情感目标：通过练习培养学生竞争比赛、团结合作、克服困难以及勇于提升自己的精神。

(3)九年级单元教学目标。

认知目标：了解掌握多种不同中考考试项目的身体素质练习方法，并能够根据自己所选择的项目进行有效练习。

身体素质目标：巩固强化学生的力量、速度、耐力、柔韧和灵敏等身体素质能力。

情感目标：培养学生为了体育中考目标，不怕困难、勇往直前的精神以及良好的意志品质和团队意识。

二、单元教学设计方案

初中阶段身体素质教学符合教育教学整体性、连续性和针对性的教学规律，教师应该根据学生的具体情况，合理安排身体素质的练习内容、练习方法以及练习次数。另外，分层练习在体育课上运用是必不可少的，层次清晰、内容明确，最终才能取得整体提高的效果。课前部分多考虑柔韧、灵敏方面的身体素质练习，同时也搭配一些游戏提高学生的兴趣；课中部分多考虑耐力、速度方面的身体素质练习；课后部分多考虑力量方面的身体素质练习。依照大单元教学构建的思路，从提高学生身体素质发展规律入手，根据不同的学情、不同的教学内容、不同阶段的要求，制订较为全面的身体素质发展的单元计划。

七年级身体素质单元的基础练习

(一)力量练习

1. 练习内容

(1)俯卧撑、立卧撑、仰卧起坐、单腿跳、蛙跳。

(2)单杠直臂、屈臂悬垂及悬垂屈腿。

(3)单杠或双杠斜身引体。

(4)杠铃或哑铃组合练习(上举、划船、屈臂举)。

2. 练习方法及要求

(1)俯卧撑、立卧撑。

组织形式：集体做操队形，口令指挥，统一进行练习，根据学生的具体情况数量逐渐增加。

要求：俯卧撑躯干保持水平，大小臂接近 90 度；立卧撑双腿同时向后伸直及时收腿。

(2)仰卧起坐。

组织形式：集体每人一块小垫子进行练习，上体仰卧平躺于垫子，双脚并拢抬起与上体成 90 度，快速起落 15 次×3～4 组。

要求：男生完成动作要迅速，女生完成到位。

(3)双手正手握杠，使身体静力直臂、屈臂悬垂，前期采用直臂悬垂。单杠或双杠斜身引体：双手正手握杠，手臂伸直与躯体成直角，练习时，双臂用力拉引身体，使下颌接近杠后放下，重复动作 15～20 次×3～4 组。

组织形式：分组进行练习，教师强调学生练习时安全注意事项。

要求：动作到位，保证数量。

(4)杠铃或哑铃组合练习(上举、划船、屈臂举)。

组织形式：个人前后左右保持安全距离，集体进行练习 10～15 次×3～4 组。

要求：认真完成，注意安全。

3. 搭配方式

从教学内容中选择与教材内容搭配的练习项目，建议：排球(练习 1、4)、50 米(练习 1)、技巧(练习 1、4)、双杠(练习 1、3、4)、实心球(练习 1、3、4)。

(二)速度练习

1. 练习内容

(1)小步跑、高抬腿跑、加速跑。

(2)原地高抬腿接加速跑。

(3)让距离加速跑。

(4)200 米接间隙跑(耐力速度)。

2. 练习方法及要求

(1)小步跑、高抬腿跑、加速跑。

组织形式：学生四路纵队四人同时进行，到达指定位置从两侧快速回到队尾 15 米×3～4 组。

要求：动作到位，认真观察优秀学生动作。

(2)原地高抬腿接加速跑。

组织形式：学生四路纵队四人同时进行原地高抬腿，听老师的哨音统一起跑到达指定位置从两侧快速回到队尾 15 米×3～4 组。

要求：高抬腿动作到位，频率快，加速突然。

(3)让距离加速跑。

组织形式：八人同时进行，让的距离教师根据每名学生的能力决定，八人听到哨音统一起跑，到达终点前，后面同学追上为胜利 20 米×3 组。

要求：跑动过程中学生不能推、拉前面同学，防止发生危险。

(4)200 米接间隙跑(耐力速度)。

组织形式：分每组 10 人左右进行，每组交替进行练习，教师强调超越必须从外侧进行×3～4 组。

3. 搭配方式

从教学内容中选择与教材内容搭配的练习项目，建议：篮球(练习 1、2、3)、50 米(练习 1、2、3)、跳绳(练习 3、4)。

(三)耐力练习

1. 练习内容

(1)变速赶超。

(2)拼图游戏。

(3)你追我赶游戏。

(4)异程接力游戏。

2. 练习方法及要求

(1)变速赶超。

组织形式：分组沿一条跑道一路纵队进行，15～20 人一组集体匀速跑步，教师哨音，最后一名同学从外侧快速跑到排头领跑，以此类推。所有同学完成×2 组。

要求：匀速跑动时控制好前后间距，游戏开始教师尽量把耐力差的排在排尾。

(2)拼图游戏。

组织形式：分小组(每组 6～8 人)进行，以小组为单位在规定距离进行匀速跑步，每跑完一段规定路线，就可以拿到一张拼图的一部分，直到全组跑完规定距离，方可拿到所有拼图进行拼接。

要求：轻松自然有节奏跑进，同时配合有节奏的呼吸。

(3)你追我赶游戏。

组织形式：4～6 人一组进行游戏比赛，进行不同距离的几段折返跑，最终看谁先完成所有折返距离为胜利。

要求：学生一定要到达折返点才能返回，折返时注意减速降重心。

(4)异程接力游戏。

组织形式：四人一组进行游戏，四人依次跑完 100 米、200 米、300 米、400 米，再依次轮换进行完为胜利组，可以互换次序再进行比赛。

要求：跑动过程中控制好身体的平稳。

3. 搭配方式

从教学内容中选择与教材内容搭配的练习项目，建议：篮球、排球(练习 1、3)、50 米(练习 1、2、3)、技巧、双杠(练习 2、3、4)、武术(练习 1、2、3、4)。

(四)柔韧和灵敏练习

1. 练习内容

(1)两头起、前仰后合。

(2)纵跳转体。

(3)交叉步跑。

(4)移动中躲闪游戏。

2. 练习方法及要求

(1)两头起、前仰后合。

组织形式：集体做操队形，统一进行练习，两腿并拢自然伸直，两臂于头后自然伸直，坐起时，两腿两臂同时上举下压，向身体中间靠拢，以胯为轴使身体形成对折，然后恢复原状，10～15 次×3 组。

要求：动作到位，快速完成，每组之间休息一分钟。

(2)纵跳转体。

组织形式：集体做操队形，统一进行练习，原地蹬地向上跳起，由手臂力量带动身体旋转，空中按顺时针或逆时针方向进行不同角度(180

度、270 度、360 度)的旋转跳跃。5 次×3～4 组。

要求：起跳点和落地点基本上在同一个位置。

(3)交叉步跑。

组织形式：四路纵队四个人同时进行，到达指定位置从两侧快速回到队尾 15 米×3～4 组。

要求：两手侧平举保持身体平衡，交叉步时，身体协调配合用力。

(4)移动中躲闪游戏。

组织形式：将学生分成人数相等的两组，在半块篮球场进行游戏，一组分成人数相同的两拨，分别站在两边线，用两到三个排球击打场地内的另一组队员，在规定时间内，击中次数多为胜。

要求：球出场时，击打队员必须快速捡回，躲闪过程相互配合，注意安全。

3. 搭配方式

从教学内容中选择与教材内容搭配的练习项目，建议：篮球、排球(练习 2、4)、50 米(练习 2、3、4)、技巧(练习 1、4)、双杠(练习 1、3、4)、跳绳(练习 2、4)、武术(练习 2、3、4)。

八年级身体素质单元的提高训练

(一)力量练习

1. 练习内容

(1)平板支撑、仰卧起坐转体。

(2)单杠屈臂悬垂及悬垂屈腿。

(3)单杠或双杠斜身引体。

(4)杠铃或哑铃组合练习(上举、划船、屈臂举)。

2. 练习方法及要求

(1)平板支撑。

组织形式：集体做操队形，口令指挥，统一进行练习，比赛开始教师计时，两肘和两脚尖触地，小臂大臂躯干基本保持直角，身体保持水平×2～4 组。

要求：比赛过程学生保持规定动作，出现动作变化，该生比赛结束。

(2)仰卧起坐转体。

组织形式：集体，两人一块小垫子进行练习。

仰卧举腿：上体仰卧于垫子，双腿伸直，双手抓住另一名同学的脚腕，双腿上举与上体成 90 度，恢复成原状。教师鸣哨统一开始，规定时间完成次数多者为胜。

仰卧起坐转体：平躺于垫子，大小腿成直角，双手交叉放于头后，起坐时，左右肘各与左右膝各接触一次还原成平躺为一个，教师鸣哨统一开始，规定时间完成次数多者为胜。

要求：比赛过程动作到位，犯规动作计数不算。

(3)单杠屈臂悬垂及悬垂屈腿、单杠或双杠斜身引体。

组织形式：分组进行练习，教师强调学生练习时安全注意事项。

单杠屈臂悬垂：双手反手握杠，使身体静力屈臂悬垂，下颌过杠，计时开始，头顶低于杠面，计时结束，坚持时间长为胜。

悬垂屈腿：15～20 次×3 组，两名同学一组交替进行。

单杠或双杠斜身引体：双手正手握杠，手臂伸直与躯体成直角，练习时，双臂用力拉引身体，使下颌接近杠后放下重复动作 20～25 次×3～4 组。

要求：动作到位，保证数量。

(4)杠铃或哑铃组合练习(上举、划船、屈臂举)。

组织形式：个人前后左右保持安全距离，集体进行练习 15～20 次×3～4 组。

要求：认真完成，注意安全。

3. 搭配方式

从教学内容中选择与教材内容搭配的练习项目，建议：支撑跳跃(练习 1)、单杠(练习 1、3、4)、排球(练习 2、3、4)、跳绳(练习 2、3、4)。

(二)速度练习

1. 练习内容

(1)后踢腿、车轮跑、加速跑。

(2)原地高抬腿接转身加速跑。

(3)迎面接力比赛。

(4)200 米接力跑游戏(耐力速度)。

2. 练习方法及要求

(1)后踢腿、车轮跑、加速跑。

组织形式：学生四路纵队四人同时进行，到达指定位置从两侧快速回到队尾 15 米×3～4 组。

要求：动作到位，认真观察优秀学生动作。

(2)原地高抬腿接转身加速跑。

组织形式：学生四路纵队四人同时进行原地进行高抬腿，听老师的哨音统一快速转身加速跑，到达指定位置从两侧快速回到队尾 15 米×3～4 组。

要求：高抬腿动作到位，频率快，加速突然。

(3)迎面接力比赛。

组织形式：把学生分成人数相同的四组，每组队员平分相对站互相距 25 米，比赛开始一名同学完成跑步要与对面同学击掌，下一名同学才能起跑。先完成比赛组为胜。

要求：比赛过程每名同学都不允许抢跑。

(4)200 米接力跑游戏。

组织形式：分三到四组，每组 6～10 人进行，分组时教师可根据学生实力，第一棒分道起跑，后面同学先到先跑，先完成的组为胜×2 组。

要求：分配体力，加速合理，超越必须从外侧进行。

3. 搭配方式

从教学内容中选择与教材内容搭配的练习项目，建议：立定跳远（练习 1、2）、篮球运球（练习 1、2、3）、耐久跑（练习 3、4）、跳绳（练习 1、2）、50 米（练习 1、2、3）。

(三)耐力练习

1. 练习内容

(1)3 分钟领先跑。

(2)800～1000 米追逐跑。

(3)400 米重复跑。

(4)600 米计时跑。

2. 练习方法及要求

(1)3 分钟领先跑。

组织形式：分组沿一条跑道一路纵队进行，4～6 人一组集体进行，领跑者在跑动过程中进行变速跑，小组其他同学必须按照领跑者的节奏进行变化，所有同学完成×2组。

要求：学生在练习过程中体会变速跑的心率变化。

(2)800～1000米追逐跑。

组织形式：分小组(每组两人或多人)进行，教师把实力相当的人分在一组，分批次出发，小组内部进行比赛，先完成者为胜。

要求："出现"极点"及时克服。

(3)400米重复跑。

组织形式：6～8人一组跑道进行比赛，教师根据学生实力进行分组，小组内进行比赛，先完成者为胜。

要求：学生体会合理分配体力的重要性。

(4)600米计时跑。

组织形式：6～8人一组进行练习，教师根据学生实力进行分组，小组内进行比赛，先完成者为胜。

要求：身体重心平稳，弯道跑控制好身体。

3. 搭配方式

从教学内容中选择与教材内容搭配的练习项目，建议：耐久跑(练习1、2、3、4)、跳绳(练习1、3)。

(四)柔韧和灵敏练习

1. 练习内容

(1)击掌躲闪。

(2)蛇形跑。

(3)划小船。

(4)两人移动抛、垫排球。

2. 练习方法及要求

(1)击掌躲闪。

组织形式：前后两人一组进行比赛，两人一臂面对面站立，比赛开始，两人的脚不许移动，用两手的动作使对方两脚移动为一次成功，规定时间内，成功次数多者为胜。

要求：利用规则，合理选择动作。

(2)蛇形跑。

组织形式：学生四路纵队分人数相等四组进行比赛，每组前面间隔2米五个标志桶，教师示范让学生知道跑动过程中躲闪、侧身以及加速的方式，不断改变重心，先完成者为胜。

要求：比赛过程不能碰到标志桶。

（3）划小船。

组织形式：两人一组，屈膝相对而坐，相互坐在对方脚面上，两手互握住对方的大臂，听到信号后，两人同时蹬地，一人提臂伸腿前进，一人蹬地提臂收腿后撤完成移动，先完成的组获胜，5米×3~4组。

要求：双手不能离开对方的大臂，身体协调配合用力。

（4）两人移动抛、垫排球。

组织形式：两人一组，一人抛球，另一人进行垫球，然后进行互换，距离为5米左右。

要求：抛垫球需要左右（2米）移动，练习过程相互配合，注意安全。

3．搭配方式

从教学内容中选择与教材内容搭配的练习项目，建议：立定跳远（练习2、3）、篮球运球（练习1、2、3）、支撑跳跃（练习1、3）、排球（练习1、4）。

九年级身体素质单元的强化训练

（一）力量练习

1．练习内容

（1）俯卧撑、立卧撑。

（2）仰卧起坐。

（3）投掷实心球。

（4）引体向上。

（5）杠铃或哑铃组合练习（上举、划船、屈臂举）。

2．练习方法及要求

（1）俯卧撑、立卧撑15个×3组。

要求：俯卧撑躯干保持水平，大小臂等于或小于90度，立卧撑双腿同时向后伸直及时收腿。

（2）仰卧起坐（两头起、平板支撑、剪刀腿等）。

组织形式：集体每人一块小垫子进行练习。

要求：动作要迅速，动作到位。

(3)投掷实心球(后抛、胯下前抛等)20 次×3 组。

要求：发力顺序正确，鞭打有力。

(4)引体向上(屈臂悬垂、斜身引体等)15 个×3 组。

要求：下颌过杠，保证数量。

(5)杠铃或哑铃组合练习(上举、划船、屈臂举)。

组织形式：个人前后左右保持安全距离，集体进行练习 10～15 次×3～4 组。(建议选项实心球、引体向上多进行练习)

要求：认真完成，注意安全。

3. 搭配方式

从教学内容中选择与自己中考项目对应的练习项目，建议：篮球运球(练习 1、5)、排球(练习 1、5)、投掷实心球(练习 1、3、4、5)、仰卧起坐(练习 1、2、5)、引体向上(练习 1、2、3、4、5)。

(二)速度练习

1. 练习内容

(1)小步跑、高抬腿跑、加速跑、原地高抬腿接加速跑。

(2)200 米、400 米间隙跑(耐力速度)。

(3)20 米篮球直线快速运球(高、低手运球，运球急停急起等)。

2. 练习方法及要求

(1)小步跑、高抬腿跑、加速跑、原地高抬腿接加速跑。

组织形式：学生四路纵队四人同时进行，到达指定位置从两侧快速回到队尾 15 米×3～4 组。

要求：动作到位，认真观察优秀学生动作。

(2)200 米、400 米间隙跑(耐力速度)。

组织形式：分每组 10 人左右进行，每组交替进行练习，教师强调超越必须从外侧进行×3～4 组。

要求：分配体力，加速合理。

(3)20 米篮球直线快速运球(高、低手运球，运球急停急起等)。

组织形式：分组，4～6 人同时进行×3～5 组。

要求：控制好球的情况下加快速度。

3. 搭配方式

从教学内容中选择与自己中考项目对应的练习项目，建议：篮球运球(练习 1、3)、耐久跑(练习 1、2)、排球(练习 1)、武术(练习 1、2)。

(三)耐力练习

1. 练习内容

(1)走跑交替 1600 米。

(2)6 分组定时跑。

(3)800 米、1000 米计时跑。

2. 练习方法及要求

(1)走跑交替 1600 米。

组织形式：分组沿一条跑道一路纵队进行，15～20 人一组集体跑200 米走 100 米交替进行，最后 100 米加速冲刺。

要求：调整好呼吸节奏，分配好体力。

(2)6 分组定时跑。

组织形式：分小组(每组 15～20 人)进行，以小组为单位在规定时间匀速跑进。

要求：体会有节奏的呼吸方法。

(3)800 米、1000 米计时跑。

组织形式：8～10 人一组进行计时，以小组为单位，记录每组的第四个和最后一个的成绩，进行累加，来评比小组成绩。

要求：学生跑出节奏，教师掌控速度，两组跑步之间、之后集体进行放松及关节、肌肉拉伸。

3. 搭配方式

从教学内容中选择与自己中考项目对应的练习项目，建议：篮球运球(练习 1)、耐久跑(练习 1、2、3)。

(四)柔韧和灵敏练习

1. 练习内容

(1)垫上柔韧练习(前仰后合、侧撑摆腿、顶峰式等)。

(2)球类项目的练习。

2. 练习方法及要求

(1)垫上柔韧练习(前仰后合、侧撑摆腿、顶峰式等)。

组织形式：集体做操队形统一进行练习，10～15 次×3 组。

侧撑摆腿：屈肘侧撑，双腿伸直，一腿向正上方摆踢或旋转。

顶峰式：双脚脚掌撑地，双手撑地，当双脚不动时，双手前后左右移动，最后双手距双脚靠近时停住 10 秒。

要求：根据自己的柔韧程度，确定动作幅度的大小。

（2）球类项目的练习。

组织形式：两人一组，一人抛弃，另外一人进行垫球，然后进行互换，距离为 5 米左右。

要求：抛垫球需要左右（2 米）移动，练习过程相互配合，注意安全。

组织形式：分组进行（每组 6～8 人），一人一球绕过标志杆直线回；两人前后追逐运球绕去绕回；计时进行篮球绕标志杆运球×6～8 组。

要求：控制身体重心的变化，躲闪标志的转体探肩到位。

3. 搭配方式

从教学内容中选择与自己中考项目对应的练习项目，建议：篮球运球（练习 1、2）、耐久跑、排球（练习 1、2）、投掷实心球、仰卧起坐、引体向上（练习 1）。

三、教学实施过程

（一）指导思想与理论依据

根据《义务教育体育与健康课程标准（2011 年版）》的基本理念和要求，以"健康第一"为指导思想，促进学生健康成长。在教学过程中，由易到难，层层递进的学习技术动作，激发学生的学习兴趣，继而掌握技术动作。发展学生跑、跳、投等基本活动能力，以运动技能形成的规律为理论依据，在课堂教学中，重视学生的主体地位，调动学生学习的积极性，发挥学生自主学习的能力。

（二）教学背景分析

1. 教材内容分析

篮球教学是初中体育教学的主要内容之一，具有团队集体性、全面综合性等特点，也是学生比较喜爱的一项运动。本课的教学内容是初步学习同侧步持球突破技术动作。同侧步持球突破是八年级体育教材篮球部分的教学内容，也是篮球运动中最主要的基本技术，是进攻的重要手段。本课是学习同侧步持球突破的第一节课，因此，本课着重要解决同侧步持球突破的蹬跨转体探肩技术动作。

2. 学生情况分析

本节课的授课班级为八年级 4、8 班男生，共 28 人。这个年龄段的男生活泼、好动，有一定的求知欲，这是教学中比较有利的因素。但这一时期的学生由于处在青春发育期自尊心强、不自信、不敢做动作，而且学生篮球基础差，部分同学的运球和传接球技术还有待提高，身体素质一般，所以教学中教师要根据学生的具体情况及时调整教学过程中出现的各种问题，用肯定的目光、鼓励的语言让学生敢于展现自己。

（三）教学重点、难点

教学重点：蹬跨转体探肩。

教学难点：转体探肩与推放球的衔接。

（四）教学目标

认知目标：通过教学，使学生了解篮球的锻炼价值，从而吸引学生积极参与篮球学习与锻炼。

技能目标：初步学习同侧步持球突破的蹬跨转体探肩技术动作，85％学生掌握有防守的蹬跨转体探肩。

体能目标：提高学生上下肢、肩带、腰腹力量，发展学生的灵敏性和协调能力。

情感目标：通过教学，培养学生善于观察、善于思考、善于学习、积极向上、团结协作的优良品质。

（五）教学策略

1. 教学手段

（1）小场地的合理利用，提高学生练习的密度。

（2）充分利用场地复习各种运球的技术动作，增强学生实战的能力。

（3）教学过程由易到难层层递进分层练习，增强学生的自信心。

2. 教学方法

讲解示范、引导、设问、分组体会、教师纠正。

3. 教学资源

标志桶 4 个、假防守人 1 个、放球物 14 个、贴纸 4 张、篮球 30 个、篮球场地 4 个。

（六）教学流程

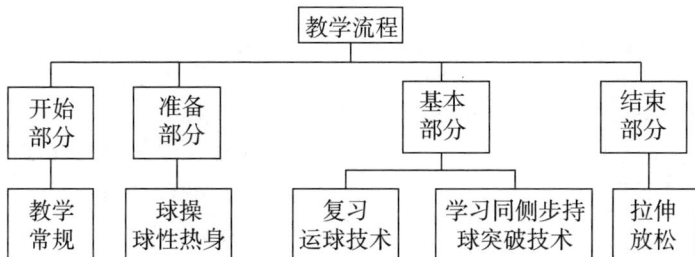

图 3-7-1　教学流程示意图

（七）教学过程

表 3-7-1　教学过程

教学内容				篮球：同侧步持球突破
部分	课的内容	次数	时间	组织教法与要求
开始部分（2 分）	一、体委整队，报告出勤人数，检查服装 二、师生问好 三、宣布本课的内容及任务，提出要求 四、安排见习生		2'	队形： ☆☆☆☆☆☆☆☆ ☆☆☆☆☆☆☆☆ ☆☆☆☆☆☆☆☆ ☆☆☆☆☆☆☆☆ ★ 要求： 1. 集合整队快、静、齐。 2. 练习认真，多观察，勤思考。 3. 见习生随队见习。
准备部分（7 分）	一、熟悉球性练习 1. 左右手拨球。 2. 体侧拉伸。 3. 体转运动。 4. 腹背运动。 5. 球环绕腹部、膝关节。 6. 弓步压腿球绕环、侧拉伸。 7. 胯下 8 字球。 8. 高抬腿交换球。 二、运球慢跑 方法：一路纵队沿篮球场线段运球慢跑。		7'	队形： ☆ ★ 教法：教师领做口令指挥，及时观察，对个别不正确的动作进行纠正。 要求：动作到位；控制好球。 组织：一路纵队沿段线跑进。 要求：注意掌握好距离，运球动作准确，控制好球。

续表

部分	课的内容	次数	时间	组织教法与要求
基本部分（32分）	一、运球练习 方法：学生在一块篮球场内自由选择动作运球（听到哨音时，急停低运球）。		3′	组织：一块篮球场散点进行。 教法： 1. 教师讲解练习方法及要求。 2. 练习过程中，教师语言提示，哨音指挥，教师参与。 要求：观察寻找路线，控制好球，动作规范。
	二、冲破封锁线 方法：两人一组（一人运球、一人防守），从篮球场一边线运球冲破防守到达另一边线为完成。	4～6次	3′ 23′	组织：边线两列横队。 教法： 1. 学生分组进行。 2. 听教师指挥统一练习。 要求：消极防守、合理运用自己掌握的技术动作，注意安全。
	三、学习同侧步持球突破 动作方法：突破前，假动作逼真，突破时，后脚蹬地有力，蹬跨突然，同时转体探肩，重心前移，加速运球超越对手。 重点：蹬跨转体探肩。 难点：快速摆脱和超越对手连贯。 1. 原地持球蹬跨转体探肩练习。 2. 原地假动作接蹬跨转体探肩练习。 3. 两人一组同侧步持球突破练习。 4. 同侧步持球突破—运球传球接防守相结合练习。 5. 分组（分层）同侧步持球突破接投篮练习。	4～6次 8～10次 8～10次	3′	组织：练习1、2、3同上。 队形：练习4。 ☆ ☆ ☆ ☆ ☆ ☆ ☆ ☆ ☆ ☆ ☆ ☆ ☆ ☆ ☆ ☆ ★ ☆ ☆ ☆ ☆ ☆ ☆ ☆ ☆ ☆ ☆ ☆ ☆ ☆ ☆ ☆ ☆ 教法： 1. 观察教师示范，领会动作要领。 2. 根据教师手势、信号进行练习。 3. 听教师口令练习1、2、3。 4. 优生展示，教师选出动作标准的学生做展示，给予评价。 要求：认真模仿，动作协调到位。认真观察优秀学生动作，根据教师点评总结自身优缺点。 易犯错误： 突破时，转体不够，探肩不明显。 纠正方法： 讲解规则要求，明确转体探肩的用途。

续表

部分	课的内容	次数	时间	组织教法与要求
	四、身体素质练习 两人一组俯撑推球（2～3组）。	8～ 10次		5. 组织：两个半场，学生分组进行。 教法： 1. 观察教师示范，领会动作要领。 2. 学生分组进行练习，相互评价。 3. 个别学生进行突破传球练习。 要求：消极防守，然后跟抢篮板。 组织：同上。 教法： 1. 教师讲解示范。 2. 教师巡回指导，重点指导差生。 要求：俯撑动作到位，推球准确。
结束 部分 （4分）	一、拉伸放松 二、总结评价 三、宣布下课		4′	队形： ☆ ★ 教法： 1. 教师示范，学生拉伸放松。 2. 教师总结、评价。 3. 师生再见。 要求： 1. 动作到位，调整呼吸节奏。 2. 下课后，帮助教师收放器材。
场地 器材	标志物4个、假防守人1个； 放球物14个； 篮球30个； 贴纸4张。		预计生理负荷	心率 练习密度： 50%左右　　平均心率： 130次/分钟左右
安全 措施	1. 课前检查场地器材是否有安全隐患。 2. 充分做好准备活动，加强组织管理，增强学生安全意识。 3. 对突发事件做好紧急处理。 4. 对学生发生的意外受伤及时处理并送医务室或医院就诊。			

四、教学效果及分析

根据北京市第十三中学分校 2017 届 319 名学生从九年级开始具体实施计划，通过对学生进行强化因素干预，分别从球类、耐久跑、力量项目予以指导与实施，采用实验前后对比，对北京市第十三中学分校九年级中考项目数据分析，可知 $p < 0.01$，说明成绩提高是显著的，强化因素是有效的，学生体育中考成绩是提升的（表 3-7-2）。

表 3-7-2　学生中考项目的干预数据对比分析

样本数据对比	标准差	均值的标准误	t 值	p 值
球类实验前—球类实验后	−1.6788	2.5706	−8.025	0.000
耐久跑实验前—耐久跑实验后	−1.2550	0.9745	−15.826	0.000
力量实验前—力量实验后	−0.6629	1.1197	−7.275	0.000

体育中考的测试全面地检测了学生中学阶段的体育学习效果，以北京市第十三中学分校学生的身体素质缺失与现状剖析，找出问题。以学生问题为出发点，构建大单元设计，进行针对性教学指导，效果自然会事半功倍，并让学生掌握动作方法时喜欢上体育运动项目，形成体育运动专长。

【案例评析】

保证一定的身体素质练习，是学生运动技能水平的关键。从目标单元构建出学生身体素质整体发展的思路与策略，强化身体素质大单元设计，以阶段性划分为节点，依据主教材内容搭配合理的身体素质练习内容，并在每节体育课合理安排 5～10 分钟的身体素质练习，运用多样的练习方法，采用活泼的练习形式，在学生全面发展身体素质的基础上，合理安排身体素质内容与运动负荷，补偿短板，强化专项运动能力的形成，提升学生的体质状况，从而为体育中考项目助力，培养终身体育锻炼意识。

参考文献

[1] 顾明远，教育大辞典[M].上海：上海教育出版社，1990.

[2] 毛振明，于素梅，杜晓红．初中体育教学策略[M].北京：北

京师范大学出版社，2010.

[3]李明.论运动技能在运动参与中形成[J].体育科技文献通报，2017(11).

[4]赵京华.加强身体素质训练　全面提高学生身体素质[J].森林公安，1997(4).

[5]何泉根.体育教学与体育中考及课余训练之间的关系[J].苏州教育学院学报，1997(2).

后　记

　　北京教育学院学科教育学研究中心团队自 2003 年开始，围绕着新课程理念转化为优质教学实践过程中的关键问题开展研究，形成了关于知识分析、学生研究、单元教学设计的系列成果。2015 年，受北京市西城区教育委员会的委托，团队进入北京市第十三中学分校，以这些理论为基础指导教学实践，并开展进一步的研究。这一研究为期三年，其中多维目标单元教学研究既是重要的研究内容，也是推动其他研究的重要载体。这一研究的成效是明显的。实践中，北京市第十三中学分校的教师和学生在各个方面都取得了预期变化；理论上，我们深化了对目标单元教学的认识。本书则是对这一研究中形成的目的单元教学案例做的整理。

　　案例绝非是教学实践的简单再现，而是理论与实践深度对话的产物，本书中的案例均为北京教育学院的学者与北京市第十三中学分校的教师有机合作完成，这种合作体现在教学的设计、实施以及案例整理的全过程，是学科教育的理论研究者与一线教师共同智慧的结晶。下表是本书案例的作者情况。

篇节	作者	篇节	作者
1.1	方美玲　林素华　李美惠	3.1	张素娟　石祝月
1.2	张素娟　樊爽	3.2	周　莹　安立艳
1.3	何彩霞　霍京梅	3.3	李宝荣　韩愈
1.4	周　莹　张炎	3.4	顿继安　徐轶璐　郝凤霞　高媛
1.5	卢　杨　孙琳	3.5	卢　杨　吕京京
2.1	李宝荣　张桂霞　樊萌萌	3.6	何彩霞　杨金萍
2.2	顿继安　宋薇　高媛　徐轶璐	3.7	潘建芬　张华甫　韩金明
2.3	陈　红　刘心蕊		
2.4	潘建芬　苏颖　韩金明		

　　书中三篇篇导读的撰写者分别为方美玲、李宝荣和顿继安，导言由顿继安撰写，全书由顿继安、卢杨统稿。

　　感谢北京教育学院、西城区教育委员会、西城区教育科学研究院和北京市第十三中学分校的领导为本次合作搭建平台、提供支持，没有这种支持，理论与实践的距离将无法弥合；还要特别感谢北京师范大学出版社教师教育部郭翔主任对本书的兴趣和出版支持。

　　感谢之余，我们也深知由于学识浅陋、视野狭窄、精力有限，加上时间仓促，不足之处在所难免，希望得到读者指正。

顿继安
2019 年 3 月